법구비유경

법구비유경

法句譬喻經

이동형 역

은주사

서문

『법구비유경』은 양梁나라 승우스님(僧祐, 445~518)의 『출삼장기집出三藏記集』에 『법구본말경法句本末經』이라 기록되어 전해온다. 이는 달리 『법구유경法句喩經』, 『법구비경法句譬經』이라고도 한다. 지겸支謙·축장염竺將焰이 역경한 『법구경』보다 70년 후에 역경되었다. 그러므로 『법구경』을 대본으로 해서 이루어진 경이며, 법구法句의 게송 하나하나가 어떠한 본말本末의 인연에 의해서 설해지게 되었는가를 밝히는 여러 비유담譬喩譚이 들어 있는 매우 흥미로운 경전이다.

그래서 이 경의 경명을 『법구본말경法句本末經』이라고도 하며, 법구의 비유를 설한 경이라는 뜻으로 『법유경法喩經』이라고도 한다.

이렇게 법구의 비유담을 설한 이유는, 법구의 이치를 일반인에게 쉽게 이해시켜 부처님의 가르침을 증득하게 하고자 하는 데 있다. 따라서 이 경의 최후 목적은 법구法句의 이치 체득에 있으므로 비유담은 그 수단에 불과하지만, 다른 한편으로 인도인의 풍부한 상상력의 소산인 이 작품은 비유문학譬喩文學의 백미白眉로서 그 작품적 가치를 또한 충분하다고 할 것이다.

이 경은 4권 42장章으로 구성되어 있고, 각 장마다 다섯 가지나 여섯 가지의 비유를 들고 있으며, 모두 합하면 68가지에 이른다.

『법구비유경』의 내용 구성은 각 장의 배열순서나 모든 것이『법구경』과 거의 일치한다. 다만『법구경』에 비해 3가지 품이 많은데, 이는 '호계품', '계신품', '유애욕품'으로, 이는『법구경』에 있는 게송을 비유로 설명하면서 분리, 첨가한 것이다.

『법구경』은 예로부터 많은 사람들이 읽어 왔고 또 많은 감명을 받았지만 그 뜻이 제대로 전달되지 않은 경우가 많았다. 그러므로 비유로 이를 설명한 것은 부처님의 말씀을 보다 쉽게 전하고자 하는 하나의 방편이다.

역자가 사용한 저본은 신수대장경「본연부本緣部」에 있는 한문본이며, 다만 독자들의 이해를 돕고자 전문적인 불교 용어는 되도록 풀어쓰고, 내용상 어긋나지 않는 범위에서 의역하였다.

이 책은『법구경』의 게송 가운데서 3분의 2는 그대로 옮겼으며, 그 인연 부분만을 추가하고 있다. 예를 들면『법구경』의 '파계품'은 '호계품'과 '계신품'으로 분류하여 상세하게 설명하는 등이다.『법구비유경』4권은 서진西晉 혜제(惠帝, 290~306), 회제(懷帝, 306~311)에 걸쳐 법거法炬와 법립法立 두 스님에 의해 한역漢譯되었다.

역자는 이 경 전체를 번역하여 독자들에게 제공하며, 각 품의 시작에는 그 품의 대의를 설명하고, 각 이야기의 끝에는 짤막하게 본문의 이해를 돕는 내용이나 역자의 생각을 서술하였다.

『법구경』과『법구비유경』, 그리고『출요경』을 비교하면 다음과 같다.

	법구경	법구비유경	출요경
1	무상품無常品	무상품無常品	무상품無常品
2	교학품教學品	교학품教學品	욕품欲品
3	다문품多聞品	호계품護戒品	애품愛品
4	독신품篤信品	다문품多聞品	무방일품無放逸品
5	유념품惟念品	독신품篤信品	방일품放逸品
6	파계품破戒品	계신품戒愼品	염품念品
7	자인품慈仁品	유념품惟念品	계품戒品
8	언어품言語品	자인품慈仁品	학품學品
9	쌍요품雙要品	언어품言語品	비방품誹謗品
10	방일품放逸品	쌍요품雙要品	행품行品
11	심의품心意品	방일품放逸品	신품信品
12	화향품華香品	심의품心意品	사문품沙門品
13	우암품愚闇品	화향품華香品	도품道品
14	명철품明哲品	유화향품喩華香品	이양품利養品
15	나한품羅漢品	우암품愚闇品	분노품忿怒品
16	술천품述千品	명철품明哲品	유념품惟念品
17	악행품惡行品	나한품羅漢品	잡품雜品
18	도장품刀杖品	술천품述千品	수품水品
19	노모품老耄品	악행품惡行品	화품華品
20	애신품愛身品	도장품刀杖品	마유품馬喩品
21	세속품世俗品	유노모품喩老耄品	에품恚品
22	술불품述佛品	애신품愛身品	여래품如來品
23	안녕품安寧品	세속품世俗品	문품聞品
24	호희품好喜品	술불품述佛品	아품我品
25	분노품忿怒品	안녕품安寧品	광연품廣演品
26	진구품塵垢品	호희품好喜品	친품親品
27	봉지품奉持品	분노품忿怒品	니원품泥洹品

28	도행품道行品	진구품塵垢品	관품觀品
29	광연품廣衍品	봉지품奉持品	악행품惡行品
30	지옥품地獄品	도행품道行品	쌍요품雙要品
31	상유품象喩品	광연품廣衍品	낙품樂品
32	애욕품愛欲品	지옥품地獄品	심의품心意品
33	이양품利養品	상유품象喩品	사문품沙門品
34	사문품沙門品	애욕품愛欲品	범지품梵志品
35	범지품梵志品	유애욕품喩愛欲品	
36	니원품泥洹品	이양품利養品	
37	생사품生死品	사문품沙門品	
38	도리품道利品	범지품梵志品	
39	길상품吉祥品	니원품泥洹品	
40		생사품生死品	
41		도리품道利品	
42		길상품吉祥品	

　비유라는 말은 실제로 부처님께서 불교를 가르치는 하나의 방편법문이다. 그러므로 이는 문학적으로도 매우 가치가 있다. 현대를 사는 사람들에게 불교를 피부로 느끼게 하는 점에서 비유만큼 가치가 있는 것은 드물다고 생각한다.

　끝으로 이 글을 읽고 많은 불자들이 진리의 의미를 깨닫고 또 자신을 돌아보는 식단이 되었으면 하는 마음 간절하다.

　　역여어중지亦如於衆指　화합이성권和合以成拳

이지이추구離指而推求 권체불가득拳體不可得
- 〈밀엄경密嚴經 변관행품辯觀行品〉

모든 손가락이 합하면 주먹이 되는 것과 같으니,
손가락을 벗어나 주먹을 만들려면 끝내 이룰 수가 없다.

우리는 제법실상을 정확히 인식하고 살아야 가치 있는 삶을 살 수 있다. 이 글은 제법실상을 명료하게 드러내서 우리들에게 올바르게 인식시키는 데 주안점이 있다.

2017년 2월

신락원信樂苑에서 이동형 합장

	서문	5
제1권	제1 무상품無常品	15
	제2 교학품教學品	37
	제3 호계품護戒品	48
	제4 다문품多聞品	53
	제5 독신품篤信品	74
	제6 계신품戒愼品	84
	제7 유념품惟念品	88
	제8 자인품慈仁品	94
	제9 언어품言語品	105
	제10 쌍요품雙要品	110
	제11 방일품放逸品	128
	제12 심의품心意品	133
	제13 화향품華香品	137
제2권	제14 유화향품喩華香品	143
	제15 우암품愚闇品	153
	제16 명철품明哲品	164
	제17 나한품羅漢品	175
	제18 술천품述千品	181
	제19 악행품惡行品	196
	제20 도장품刀杖品	206

제3권	제21 유노모품喩老耄品	218
	제22 애신품愛身品	228
	제23 세속품世俗品	237
	제24 술불품述佛品	241
	제25 안녕품安寧品	251
	제26 호희품好喜品	261
	제27 분노품忿怒品	267
	제28 진구품塵垢品	273
	제29 봉지품奉持品	278
	제30 도행품道行品	284
	제31 광연품廣衍品	290
	제32 지옥품地獄品	296
	제33 상유품象喩品	307
	제34 애욕품愛欲品	318
제4권	제35 유애욕품喩愛欲品	324
	제36 이양품利養品	340
	제37 사문품沙門品	346
	제38 범지품梵志品	351
	제39 니원품泥洹品	357
	제40 생사품生死品	362
	제41 도리품道利品	368
	제42 길상품吉祥品	388

법구비유경

제1권

제1 무상품無常品

● 모든 것은 변한다. 한 순간도 고정된 실체가 없음을 알아차려야 한다. 무상無常을 통해, 우리가 굳건히 존재한다고 믿는 자기 자신이 실제로는 실체가 없는 무아無我임을 알게 된다. 이 경의 첫 번째가 무상품인 이유는 무상을 알아차림이 불교공부의 시작이기 때문이다. 무상의 진리를 기초로 우리는 '참' 본성을 깨달을 수 있다.

첫째 이야기

하늘나라를 다스리던 제석천帝釋天은 어느 날 다섯 가지 덕(五德)이 다하여 하늘나라를 떠나야 한다는 사실을 알았다. 복덕이 다해 하늘 수명이 다하면 바로 인간세상의 천한 옹기장이 집에 태어나는데, 그것도 사람이 아니라 무거운 항아리를 운반하는 옹기장이 집 당나귀 새끼로 태어나야 한다는 것을 알았다.

다섯 가지 덕德이 떠나는 것은, 첫째는 몸에 윤기가 없어지는 것이며, 둘째는 머리 위에 꽃이 시드는 것이며, 셋째는 본래의 자리(하늘신의 자리)도 즐겁지 않으며, 넷째는 겨드랑이에서 땀 냄새가 나며, 다섯째는 진흙이 몸에 붙게 되는 것을 말한다.

"오! 하늘 신인 내가 당나귀로 태어나다니……"

제석천은 복덕이 다하여 몸에서 일어나는 변화를 보면서 깊은 시름에 빠져 고통스러워하였다.

한편 제석천은 윤회하는 존재들이 삼계三界에서 겪는 모든 고통에서 구해주시는 분은 오로지 부처님이라는 사실을 들어서 알고 있었다. 그는 바로 부처님이 계시는 곳으로 날아갔다.

그때 부처님께서는 영축산 기사굴耆闍崛의 석실에서 널리 중생을 구제하는 보제삼매普濟三昧에 들어 계셨다. 제석천은 부처님께 머리를 조아리며 예를 갖추고 지극한 마음으로 불법승佛法僧 삼보三寶에 진실로 귀의하였다.

그 순간, 제석천은 채 일어나지도 전에 생명이 다하면서 옹기장이 집 당나귀에 잉태되었다. 그때 갑자기 태胎에 든 제석천 때문에 놀란 당나귀는 펄쩍펄쩍 뛰면서 기와 사이를 달리면서 기와를 부수고 항아리들을 부셨다. 화가 난 옹기장이가 몽둥이로 거칠게 당나귀를 때리자 자궁이 상하여 잉태의 문이 닫혔다. 그러자 그는 다시 예전의 오덕의 모습을 갖춘 제석천으로 돌아올 수 있었다.

부처님께서는 삼매에서 이를 알고서 찬탄하여 말씀하셨다.

"착하고 착하도다. 제석천아! 생명이 다함에 이르러 삼보에 지극히 귀의하니 죄의 대가는 이미 없어졌다. 다시는 고통이 없을 것이다."

그리고 게송을 말씀하셨다.

所行非常　謂興衰法　夫生輒死　此滅爲樂[1]
소행비상　위흥쇠법　부생첩사　차멸위락

譬如陶家　埏埴作器　一切要壞　人命亦然[2]
비여도가　연식작기　일체요괴　인명역연

모든 행위는 영원하지 않나니
흥하고 쇠하는 게 진리라네.
무릇 태어나면 다 죽나니
이 멸도가 즐거움이라네.

비유하면 마치 옹기장이가
진흙을 개어 그릇을 만들어도
모두가 다 깨어지기 마련이니
사람의 목숨도 그러하다네.

제석천은 게송을 듣고 무상無常의 중요한 뜻을 알았으며, 죄와 복이 변하는 것을 통달하고, 흥하고 쇠하는 근본을 이해하였으며, 적멸寂滅의 행을 따라 지키고 기뻐하며 받들어 수다원도(須陀洹道: 근본불교 네 가지 도과道果 중 첫 번째)를 증득하였다.

---

1 법구경法句經 무상품無常品 제2게송.
2 법구경 무상품 제3게송.

❅ 이야기에 나오는 제석천의 오덕五德의 의미를 좀 더 살펴보자.

첫째, 몸에 광택이 있다는 말은 몸에 윤기가 있음을 말하는 것이다. 생명이 살아 있다면 그것이 윤기로 나타나며, 이것이 남에게 생생함으로 보이는 것이다.

둘째, 머리 위에 꽃이 시들지 않는다는 것은 자기의 생명이 살아 있음으로서 다른 생명들을 시들지 않게 한다는 것이다. 이는 자신의 생명과 남의 생명이 서로 연관관계를 가지고 있음을 말하는 것이다. 자기의 생명은 다른 모든 존재와 더불어 함께한다.

셋째, 본래의 자리(제석천)도 즐겁지 않다는 것은 삶의 의욕이 상실된 것을 말하는데, 인간에게 행복과 즐거움은 삶의 근본이며, 이를 위하여 살아간다. 그러나 먹을 것을 탐하고(식욕), 이성을 탐하고(성욕), 잠을 탐하고(수면욕), 재물을 탐하고(재물욕), 이름을 날리려고 탐하는 마음(명예욕)의 다섯 가지 즐거움(五慾樂)을 위해 다른 존재에게 고통을 주거나 생명을 해치면 안 된다.

넷째, 겨드랑이에서 냄새가 나는 것은 역한 냄새를 말한다. 역한 냄새는 사람들이 가까이하려 하지 않고 피한다. 사람은 누구나 나름대로의 냄새가 있다. 그 냄새를 좋은 향기로 만들어 가꾸어 나가야 한다. 이것은 부단한 수행을 통하여 이루어진다.

다섯째, 진흙이 몸에 붙는다는 것은 더러운 것이 몸에 있어도 그것을 떨쳐 버리지 못함을 말한다. 즉 우리는 더러운 것과 깨끗한 것을 구별하는 능력이 있어야 한다. 더러운 것을 더러운 것으로 보지 못할 때 죽은 목숨과 같음을 알아야 한다.

제석천의 이 이야기에서 오덕을 말하는 것은 정正-반反-합合의 변증

법적 논리로 설명하는 부처님의 지혜다.

둘째 이야기

어느 날 부처님께서 사위국舍衛國 기원정사祇園精舍에서 모든 천인天人과 용龍과 야차夜叉, 떠도는 귀신들을 위하여 법문을 하고 계셨다.

이때 코살라국에 파사익왕이 있었는데, 그의 어머니가 90살이 넘게 장수하시다 중병을 얻어 쾌유하지 못하고 돌아가시게 되었다.

왕과 대신들은 법도대로 장사를 지내고 시신을 분묘에 모시는 장례를 마치고 돌아오는 길에 부처님 처소를 지나게 되었다. 부처님을 뵙자 왕은 상복과 버선을 벗고 예를 드렸고, 부처님께서는 자리를 권하시며 물으셨다.

"왕은 어디에서 오시는데 의복이 남루하고 형색이 예전 같지 않으니, 무슨 일이 있었습니까?"

왕이 머리를 조아리며 말했다.

"어머니께서 90이 넘으셨는데 중병을 얻어 돌아가셔서 시신을 모시고 장사를 지내고 지금 돌아가는 길에 석가세존을 뵈옵게 되었습니다."

부처님께서 왕에게 말씀하셨다.

"예전부터 지금까지 사람에게 두려운 것이 크게 4가지가 있습니다. 태어나(生) 늙고(老) 병(病)이 들어 윤기가 없어지고, 죽으면서(死) 바른 정신이 나가서 누구도 알아보지 못하고 이별하는 생로병사이 네 가지 고통입니다.

모든 것은 무상하여 사람의 생명도 앞날을 모르기가 바람 앞의 촛불 같고, 사람에게 주어지는 모든 만물도 무상하여 오래 있지 못하니, 오하(五河: 인도에 있는 다섯 개의 큰 강)가 주야로 흐르면서 쉬지 않는 것과 같습니다. 사람의 생명이 빨리 달려가는 것도 이와 같은 것입니다."

이어 부처님께서 게송으로 말씀하셨다.

如河駛流　往而不返　人命如是　逝者不還[3]
여 하 사 류　왕 이 불 반　인 명 여 시　서 자 불 환

강물이 빨리 흘러
돌아오지 않는 것처럼
사람의 생명도 이와 같아서
세월이 지나가면 다시 돌아오지 않는다네.

부처님께서 왕에게 말씀하셨다.
"세상의 모든 것이 이와 같습니다. 영원히 존재하는 것은 없으며 모두가 죽음에 이르는데, 이를 벗어나는 사람은 없습니다. 옛날의 국왕과 부처와 진인(眞人: 아라한)과 오신통(五神通: 천안통, 천이통, 숙명통, 타심통, 신족통)을 얻은 선사들 또한 모두 과거가 되어 지금 머무는 사람은 없습니다. 왕께서는 공연히 슬픈 감정으로 그 몸을 손상하고 있는 것입니다. 무릇 효자가 되어 돌아가신 분을 생각하고

---

[3] 법구경 무상품 제4게송.

불쌍하게 여기는 것은 복이 되고 덕이 됩니다. 그 복과 덕이 되돌아 흘러 돌아가신 분을 좇아 따르니, 이것은 마치 멀리 떠나는 사람에게 필요한 음식과 같습니다."

 부처님의 말씀을 들은 왕과 신하들은 기뻐하며 걱정과 근심을 잊어버리고, 모두 도의 자취(道迹: 부파불교에서 수행하는 단계. 제1단계인 예류과에 들어간다는 의미: 수다원과)를 증득하였다.

❁ 효는 인간이 가져야 할 가장 기본적인 덕목이다. 그리고 효도의 공덕은 복덕으로 돌아온다. 하지만 돌아가신 분에 대해 너무 애착하고 슬퍼만 할 일은 아니다. 어느 누구도, 어떤 존재도 영원한 것은 없으니, 모든 것은 무상함을 깨달아 의연하고 담담하게 받아들이는 자세가 필요하다.

셋째 이야기

부처님께서 마가다국 왕사성王舍城 죽림정사에 계실 때에 공양 청을 받아 성으로 가셨다. 제자들과 함께 공양을 받으시고 사부대중들이 설법을 청하자 법을 설하셨다. 오후가 되어 부처님과 제자들이 성을 나갈 때 어떤 사람이 방목했던 소떼를 몰아 성으로 들어오고 있었다. 덩치가 크고 윤기가 도는 배부른 소들이 날뛰면서 서로 부딪치며 요란하자, 그 모습을 보고 부처님께서는 다음과 같은 게송으로 말씀하셨다.

譬人操杖 行牧食牛 老死亦然 亦養命去[4]
비인조장　행목식우　노사역연　역양명거

千百非一 族姓男女 貯聚財産 無不衰喪[5]
천백비일　족성남여　저취재산　무불쇠상

生者日夜 命自攻削 壽之消盡 如滎穽水[6]
생자일야　명자공삭　수지소진　여형정수

비유하면 사람이 몽둥이를 쥐고
소를 길러 잡아먹는 것처럼
늙고 죽음도 그러하여
목숨을 기른 다음 떠나간다네.

백천 명 중에 하나가 아니라
성씨를 가진 모든 남자와 여자가
재산을 저축하여 모아도
결국 줄어들고 없어지지 않음이 없다네.

태어나 밤낮으로
목숨은 스스로 치고 깎아서
수명이 줄어들어 없어지니
실개천의 물과 같다네.

---

4 법구경 무상품 제5게송.
5 법구경 무상품 제6게송.
6 법구경 무상품 제7게송.

부처님께서 죽림정사에 도착하시어 발을 씻고 앉으시자 시자 아난이 부처님 앞에 머리를 조아리며 여쭈었다.

"세존이시여! 오시는 길에 말씀하신 게송에 대해 제가 그 뜻을 알지 못하겠으니 알려 주시길 바랍니다."

부처님께서 말씀하셨다.

"아난아! 너는 어떤 사람이 몰고 가는 소의 무리를 보지 않았느냐?"

"보았습니다."

아난의 대답을 들으신 부처님께서 말씀하셨다.

"그 백정의 소는 본래 1,000마리였다. 매일매일 성을 나와서 좋은 물과 풀을 구하여 양육되니 살이 찌고 크게 자랐다. 그 백정은 살이 찐 소를 선택하여 매일 도살을 한다. 그렇게 죽은 소가 반을 넘었다는 것을 살아 있는 소들은 알지 못하고 서로 부딪치면서 날뛰고 소리를 지른다. 그것을 알지 못하는 소들이 가엽게 여겨져 게송을 말한 것이다."

부처님께서 더하여 말씀하셨습니다.

"아난아! 어찌 소뿐이겠느냐. 세상 사람들도 이와 같느니라. 내 몸이 항상하지 않음을 알지 못하고 오욕(五欲; 식욕, 수면욕, 음욕, 재물욕, 명예욕. 眼耳鼻舌身의 대상으로 色聲香味觸의 욕망을 말함)으로 그 몸을 키우며, 마음은 극단으로 쾌락만을 생각하며 결국 서로 해치고 죽인다. 무상의 숙명은 결국 기대하는 것에 미치지 못함을 깨닫지 못하니 소와 다른 것이 무엇이겠느냐."

그때에 그 자리에 있던 욕심이 많은 비구 200인이 이 설법을 듣고 스스로 육신통(六神通; 오신통에 누진통漏盡通을 더한 것)을 얻어 아라한(阿羅漢; 부파불교에서 부처님 제자가 배우는 4과四果의 최고위치)이 되었으며, 그들은 기뻐하면서 부처님께 예를 올렸다.

❊ 1990년대에 크게 유행했던 대중가요 중에 "네가 나를 모르는데 난들 너를 알겠느냐. 한치 앞도 모두 몰라~~"로 시작하는 '타타타Tatata'라는 노래가 있다. '타타타'는 본래 산스크리트어로 진여眞如, 여여如如를 뜻한다. 여여하게 산다는 것은 욕심을 비울 줄 알고 무상無常을 알아야 가능하다.
백정이 소를 키우는 목적은 도살하려는 것인데, 그것을 모르고 그저 많이 먹고 성문을 지날 때 먼저 지나려고 다투는 소들에게서 우리 중생들이 보인다. 이 세상에 온 목적과 의미, 인생의 가치를 생각하지 않고 그저 많이 가지려고 다투고 빼앗는 가련한 중생 말이다.

넷째 이야기

부처님께서 사위국舍衛國 기원정사祇園精舍에 머무실 때였다. 한 브라만(범지梵志; 인도의 네 종성種姓 중 첫째 계급)에게 열네 살 된 딸이 있었는데, 단정하고 총명하여 그는 지극히 딸을 사랑하였다. 그러나 그 딸이 갑자기 깊은 병이 들어 죽게 되었다. 거기에다 엎친 데 덮친 격으로 잘 익은 벼들이 뜻밖에 일어난 불로 다 타 버렸으니, 근심과 걱정으로 실의에 빠진 나날을 보내게 되었다. 비유해 말하면 미친 사람이 자기 스스로를 알지 못하는 것과 같았다.

그런 나날 중에 그는 문득 '부처님께서는 큰 성인으로 하늘과 사람의 스승이시며 경과 도리를 말씀하시어 모든 걱정을 없앤다'는 말을 들은 기억을 떠올렸다.

이에 브라만은 자신의 종교도 아랑곳하지 않고 부처님 처소로 달려가서 무릎을 꿇고 부처님께 예를 갖추고 여쭈었다.

"저에게 어린 딸이 있었는데, 저는 그 딸을 사랑하는 것으로 모든 걱정을 잊고 살았습니다. 그러나 그 아이가 모진 병을 얻어 저를 버리고 죽었습니다. 저는 애달프고 가슴이 아파서 제 감정을 억누를 길이 없습니다. 부처님께 바라오니, 아프고 쓰리고 응어리진 제 마음을 위로해 주십시오."

그를 가엾이 여기며 부처님께서 말씀하셨다.

"세상에서 네 가지 일, 이것은 영원할 수가 없다. 첫째 항상한 것은 반드시 무상하게 되고(有常必無常), 둘째 부귀함은 반드시 빈천해지고(富貴必貧賤), 셋째 만나면 반드시 헤어지고(合會必離別), 넷째 강건한 것은 반드시 죽게 된다(强健必當死)."

이를 다시 게송으로 말씀하셨다.

常者皆盡 高者必墮 合會有離 生者有死[7]
상자개진 고자필타 합회유리 생자유사

항상하다는 것은 모두 끝이 있고
높으면 반드시 떨어지며
만나면 반드시 헤어지고

---

[7] 법구경 무상품 제8게송.

태어난 것은 반드시 죽는다네.

고통으로 허덕거리던 브라만은 이 게송을 듣고 부처님 법문을 마음 깊이 이해하고 비구가 되기를 원하였다. 그러자 수염과 머리카락이 저절로 떨어져 비구가 되었으며, 그리고 항상하지 않음을 거듭 참구하여 아라한도를 증득하였다.

❀ 이 세상은 고통의 바다이다. 그런데 고통이 없다면 어떻게 깨달음이 있을 것인가? 딸을 잃고 농사까지 망친 브라만에게 그런 고통이 없었다면 아라한과위果位를 얻지 못하였을 것이다. 그래서 번뇌즉보리煩惱卽菩提이고 생사즉열반生死卽涅槃이다.

다섯째 이야기

부처님께서 마가다국 왕사성 영취산靈鷲山에 계실 때에, 성안에 연화라는 몸을 파는 여자가 있었다. 그녀는 매우 아름다워서 마가다국 안에서는 견줄 만한 여자가 없었다. 그러므로 많은 대신 자제들이 연화를 좋아하고 흠모하였다.

어느 날 연화는 허망한 세상사를 버리고 비구니로 출가할 올바른 마음이 일어났다. 그녀는 영취산을 찾아가서 부처님에게 귀의하려고 집을 나섰다. 부처님에게 가는 길을 걷다가 흐르는 샘물이 있어서 연화는 샘물을 먹고 세수를 하였는데, 맑은 샘에 비친 자신을 보니 얼굴은 코끼리 상아象牙처럼 윤기가 있고 굼실굼실한 머리카락은

흑단나무처럼 윤기가 나면서 푸르러서 다른 사람과 비할 것도 없이 아름다웠다.

그녀는 갑자기 후회하며 '사람으로 이 세상에 태어나 이와 같이 아름다운 모습을 지녔거늘, 왜 이렇게 아름다운 나를 포기하고 사문이 되려고 하는가! 이는 필시 일시적으로 나의 사사로운 감정에 이끌리어 이렇게 된 것이다'라는 생각이 들었고, 다시 돌아가려고 하였습니다.

이때에 부처님께서는 연화가 제도될 것을 아시고, 연화보다 훨씬 아름다운 절세미인을 화현化現시켰다. 연화는 이 여인을 보고 마음에 깊은 사랑과 공경심이 일어나 부인에게 어디서 왔느냐고 물었다.

"남편과 자식과 집안 어른들께서 모두 허락하셨는지요? 어떻게 종도 거느리지 않고 홀로 가십니까?"

아름다운 여인은 "성에 있는 집에 돌아가려는 길인데 같이 가자"고 하였다. 길을 걷다 샘물이 흐르는 곳에 이르러 쉬면서 서로 이야기를 나누었다. 두 사람이 물가에 앉아 이야기하던 중 여인은 피곤하다며 연화의 무릎을 베고 잠이 들었는데, 잠시 후에 갑자기 숨이 끊어지는 것이었다.

아름다운 여인은 숨이 끊어지니 한 순간 배가 부풀어 올라 터지면서 지독한 냄새가 나고, 시체에서 벌레가 기어 나오고, 치아는 썩어서 문드러지고 머리카락은 없어지면서 뼈만 남더니, 뼈도 삭아서 몸 전체가 흩어졌다.

연화는 한 순간 썩어 없어지는 아름다운 여인을 보고는 크게 놀라면서 '어떻게 그렇게 아름답던 사람이 이렇게 되는가? 이 사람이 이와 같은데 난들 어찌 오래 보존하겠는가? 부처님을 찾아뵙고 정진하여 해탈을 이루리라.' 이렇게 바른 마음으로 돌이켜 길을 갔다.

부처님 처소에 이르러 그녀는 오체투지五體投地를 하고 부처님께 예를 갖추니 부처님께서 이를 보시고 말씀하셨다.

"연화야! 인간에게는 결코 믿지 말아야 할 네 가지 일이 있다.

첫째, 젊고 건강하다는 것은 노쇠하게 된다.

둘째, 강건한 것은 죽음에 이르게 된다.

셋째, 가족들이 모여서 즐겁지만 이별이 있게 된다.

넷째, 재산과 보배는 모였다가 흩어지게 된다.

이 네 가지이니라."

이어 부처님께서 게송을 말씀하셨다.

老則色衰 所病自壞 形敗腐朽 命終其然[8]
노 즉 색 쇠　소 병 자 괴　형 패 부 후　명 종 기 연

是身何用 洹漏臭處 爲病所困 有老死患[9]
시 신 하 용　원 루 취 처　위 병 소 곤　유 노 사 환

嗜欲自恣 非法是增 不見聞變 壽命無常[10]
기 욕 자 자　비 법 시 증　불 견 문 변　수 명 무 상

非有子恃 亦非父兄 爲病所迫 無親可怙[11]
비 유 자 시　역 비 부 형　위 병 소 박　무 친 가 호

늙으면 모습이 쇠잔하고

---

[8] 법구경 무상품 제10게송.
[9] 법구경 무상품 제15게송.
[10] 법구경 무상품 제16게송.
[11] 법구경 무상품 제17게송.

병이 들어 저절로 무너지며
형체는 부패하고 썩으니
목숨을 마침이 그러하다네.

이 몸을 어디에 쓸까
언제나 더러운 냄새 풍기고
병이 들어 괴로워하며
늙고 죽음을 걱정할 뿐이라네.

욕망을 좋아하고 마음 내키는 대로 하면
법이 아닌 것만 늘어가고
변하는 것을 보고 듣지 못하나니
수명은 무상한 것이라네.

자식이 있으나 믿을 바 아니고
부모형제 역시 믿을 바 아니니
죽음이 닥쳐 다그치면
아무리 친해도 믿을 바 없다네.

연화는 이 게송을 듣고 흔쾌히 이해하고 몸을 관하되, '목숨은 이와 같이 변화하여 오래 머물지 않는구나. 오로지 도덕과 열반만이 영원한 안락安樂이구나.' 하면서 비구니가 될 것을 부처님께 서원하였다.

부처님께서 "선재로다!"라고 하시자, 머리카락이 저절로 떨어져 비구니가 되었고, 올바르게 지관(止觀: 사마타와 위파사나)을 사유하여 아라한이 되었다. 그러자 자리에 있던 모든 사람들이 부처님의 설법을 듣고 기뻐하지 않는 이가 없었다.

❋ 계율에 보면 다섯 가지 큰 죄, 오역죄가 있다. 어머니를 살해하는 것, 아버지를 살해하는 것, 아라한을 죽이는 것, 악심을 품고 부처님의 몸에서 피가 나게 하는 것, 승가의 화합을 깨뜨리는 것이다.
부처님의 사촌이며 아난존자의 형인 제바달다는 오계 중에 세 개의 죄를 지었다. 부처님 몸에 피가 나게 하고, 아라한 연화색비구니를 죽이고, 승가의 화합을 깨트리는 등 가장 큰 죄 세 개를 저지른 인물이다.
『증일아함경』에 보면 차마 겪어서는 안 될 일을 두 번이나 당하고 출가하여 부처님으로부터 신통제일 비구니로 인가받은 분이, 인도 말로 연꽃처럼 아름답다는 뜻으로 웁빠라완나이고, 한문 경전에는 연화색蓮花色 비구니로 불리던 분이다.
무슨 업장으로, 어쩌면 이다지도 기구한 인생이 있는가 할 정도로 부처님을 만나 출가하기 전 그녀의 삶은 무간지옥, 아비지옥이었다. 부처님 당시 서인도 아반티국 수도 웃자인에 사는 아름다운 처녀 웁빨라완나는 결혼하여 행복한 삶을 살았다. 얼마 후 임신한 웁빨라완나는 출산 때가 가까워 풍습에 따라 남편과 함께 친정으로 왔다. 친정에는 아버지는 죽고 어머니만 있었다. 그런데 어느 때부터인가 어머니와 남편이 패륜을 저지르고 있다는 걸 알았다. 하지만 남에게 알려져 손가락질을 받을까 두려워 내색을 못했다. 아이를 낳은 후 참고 참다가 남편과 싸운 후 집을 뛰쳐나와 정처 없이 떠돌며 살다가 한 상인을 만나 다시 결혼하였다. 세월이 흘러 남편은 웁빠라완나의 고향인 웃자인에 외상값을 받으러 갔다. 몇 개월 동안 체류하면서 남편은 한눈을 팔아 아름다운 소녀와 정을 통한 후 집으로 데리고 왔다. 마음에 큰 상처를 입었지만 얼마 지나지 않아 자기에게 자식이 없으니 이 둘째 부인에게서 자식을 낳게 해서 남편 가문의 대를 이어주면 되겠다고 편하게 마음을 바꾸었다. 그 후 둘은 친하게 지냈다. 어느 날 웁빠라완나는 둘째 부인의 과거사를 듣다가 소스라치게 놀라 하늘이 무너지는 심정이 되었다. 그 둘째 부인이 바로 전남편과의 사이에서 낳았던 딸이었다. 그녀는 죽기보다 힘든 절망의 구렁텅이에 빠졌다. 전남편이 친정어머니와 정을 통해 결국 같은 남편을 섬기더니, 이번에는 친딸과 함께 같은 남편과 살게 되는 고통을 이기지 못하고 집을 나와 천지사방을 헤매다 왕사성에 있는 죽림정사에서 부처님 법문을 듣게 되었다. 지치고 절망에 빠진 웁빠라완나를 보자마자 처지를 안 부처님은 법문 중에 그녀를 위한 말씀을 하셨다. "욕정에서 근심이 생기고 욕정에서 두려움이 생긴다. 욕정에서 벗어난 이는 근심이 없는데 어찌 두려움이 있겠는가."

이 설법을 들은 후 그녀는 자신의 기구한 운명은 인간의 애욕에서 비롯된 번뇌 때문이라는 것을 깨달아 부처님께 출가하여 부처님을 믿고 의지하여 부처님이 알려주신 촛불 수행을 열심히 하였다. 웁빨라완나는 불꽃에 관한 마음 집중을 통해서 불꽃이 끊임없이 변하는 이유, 새로운 불꽃에 의해서 먼저 불꽃은 사라져 버리는 모습을 관찰함으로써 삼매에 들었고, 제행무상 제법무아를 깨달아 아라한과를 성취하였다. 이러한 연화색 비구니를 악인 제바달다가 주먹으로 때려죽인 것이다.

어느 날 연화색 비구니가 부처님께 여쭈었다.

"부처님, 저는 무슨 인연으로 제 어머니와 딸에게 남편을 빼앗기고 또 여러 많은 남자들을 상대하는 창녀가 되었다가 오늘 이렇게 불법을 만나 출가를 하게 되었습니까?"

부처님이 대답하셨다.

"옛날 가섭부처님 당시 한 장자가 있었다. 마음씨는 곱고 착했으나 뛰어난 인물 때문에 색을 탐하여 홀로 된 장모를 범하고 아내를 버린 뒤 뭇 여성들을 편력하다 끝내는 남자 기생이 되었다. 하루는 산천경계에 꽃놀이를 갔다가 한 사문을 만나 자성을 깨달으니 내세에는 반드시 부처님을 만나 출리出離를 얻기 원했으므로 이번 생에서 그 과보를 갚고 마침내 나를 만나 해탈을 얻게 된 것이다."

우리들은 인과因果를 무겁게 받아들여 착한 행동을 하고 악한 행동을 멀리해야 한다. 외모를 분별해서 예쁜 것만 따라가는 마음이 생기면, 숨을 몇 분만 못 쉬면 죽어서 구더기가 들끓는, 오줌똥으로 꽉 찬 부정한 육신에 대한 부정관不淨觀으로 되돌려야 한다.

여섯째 이야기

부처님께서 왕사성의 죽림정사에 계실 때였다. 그때 마가다국에 네 명의 브라흐만 형제가 있었는데, 모두 오신통五神通을 얻어 유명하였다.

어느 날 이들은 자신들이 7일 후에 생명이 다하게 됨을 알게 되었고, 함께 의논하며 말하였다.

"우리들은 오신통의 힘으로 하늘과 땅을 뒤집고, 해와 달을 고치고, 산을 옮겨서 강물을 막을 수 있다. 어찌 죽음을 피하지 못하겠는가."

먼저 첫째가 자기 생각을 말하였다.

"내가 넓은 바다 속으로 들어가 바다 위로 나타나지 않고 가만히 있으면 무상의 살귀殺鬼인들 어찌 내가 있는 곳을 알겠는가?"

둘째가 말했다.

"제가 수미산(須彌山; 불교의 우주관으로 세계의 중심에 서 있는 아주 거대한 산) 가운데 들어가서 조그만 틈도 없이 다시 합해버리면 무상의 살귀인들 어찌 제가 있는 곳을 알겠습니까?"

셋째가 말하였다.

"저는 공기처럼 몸을 가볍게 하여 공중에 숨으려고 하는데, 무상의 살귀인들 어찌 제가 있는 곳을 알겠습니까?"

넷째가 말했다.

"제가 큰 도시로 들어가 사람들 사이에 숨으면 무상의 살귀인들 그 많은 사람 속에서 어찌 제가 있는 곳을 알겠습니까?"

네 형제는 의논을 마치고 왕에게 하직하며 말하였다.

"우리들의 수명이 앞으로 7일이 남았습니다. 이제 죽음이 찾을 수 없는 곳으로 가려고 합니다. 죽음을 벗어나 다시 찾아뵙겠습니다. 왕께서는 도道를 닦으시며 덕德을 널리 펴시어 수많은 생명을 이롭게 하십시오."

네 형제는 제각기 말한 곳인 바다, 수미산, 허공, 큰 도시에 숨었다. 그러나 7일의 기한이 이르자 그들은 각각의 운명이 다하여 죽었다.

7일이 지난 후 도시를 감독하는 신하가 왕에게 말하였다.

"네 형제의 막내 브라흐마니가 시장에서 죽었습니다."

왕이 바로 신하에게 말했다.

"나머지 3형제는 죽음을 피하였는가?"

신하가 대답하였다.

"한 사람이 죽었는데, 세 사람이 어찌 피했겠습니까?"

죽음에 관하여 골똘히 생각하던 왕은 예의에 맞게 엄숙하게 옷을 차려 입고 부처님을 찾아갔다. 처소에 이르러서 예를 갖추고 왕은 부처님께 여쭈었다.

"제 가까이 브라만 수행자 브라흐마니 4형제가 있었습니다. 제각기 오신통을 얻어 스스로 생명을 다하는 것을 알고 모두가 이를 피해보려고 하였습니다. 지금 그들이 죽음을 면하였는지를 알 수가 없습니다."

부처님께서 왕에게 말씀하셨다.

"인간에게 네 가지 일은 면하고 피할 수 없습니다.

첫째는 중음계中陰界에 있으면서 생명을 받지 않을 수 없습니다.

둘째는 이미 생명으로 생겼으면 늙고 죽는 것을 피할 수 없습니다.

셋째는 이미 생명이 늙고 약해지면 병을 받지 않을 수 없습니다.

넷째는 이미 생명이 병이 들면 죽지 않을 수가 없는 것입니다."

이어 부처님께서 게송으로 말씀하셨다.

非空非海中　非入山石間　無有地方所　脫之不受死[12]
비공비해중　비입산석간　무유지방소　탈지불수사

是務是吾作　當作令致是　人爲此躁擾　履踐老死憂[13]
시무시오작　당작령치시　인위차조요　리천로사우

知此能自靜　如是見生盡　比丘厭魔兵　從生死得度[14]
지차능자정　여시견생진　비구염마병　종생사득도

허공도 아니고 바다 속도 아니며
산속도 아니고 바위틈도 아니네.
어떤 곳 어떤 방향에도
죽음을 받지 않고 벗어날 곳은 없다네.

이에 힘쓰는 것이 내가 할 일이고
마땅히 이에 이르도록 해야 하나니
사람들은 안절부절 못하며
늙고 죽음의 근심을 밟고 살고 있다네.

이것을 알아 스스로 고요히 하고
이와 같이 나고 끝남을 보나니
비구는 마군의 병사를 싫어하고
나고 죽음으로부터 벗어나게 된다네.

---

12 법구경 무상품 제19게송.
13 법구경 무상품 제20게송.
14 법구경 무상품 제21게송.

왕은 부처님의 말씀을 듣고 수희 찬탄하며 말하였다.

"옳습니다! 진실로 높고 넓고 존경스러운 가르침입니다. 네 사람이 피하려고 하였으나 한 사람은 이미 죽었고, 생명에는 한계가 있으니 나머지도 그와 같을 것입니다."

모든 신하들이 왕을 따라서 부처님 말씀을 믿고 받아들였다.

❂ 무상품의 첫 이야기는 복진타락福盡墮落, 복덕이 다하면 하늘 신 제석천도 당나귀 새끼로 태어날 수 있다는 것이고, 마지막 이 이야기는 죽음은 누구도 피할 수 없다는 사실을 말하고 있다. 무상無常, 영원한 것은 없다는 것을 자각하고 부처님의 수승한 법에 따라 살려는 마음이 공부의 시작이다. 생로병사의 당연한 이치를 내 것으로 받아들이고, 모든 것은 변한다는 진리에 기반을 둔 무상으로 수면, 식욕, 성욕, 재물욕, 명예욕, 이 다섯 가지(五慾樂)에 쏠리는 집착에서 벗어나야 진정한 행복에 다가갈 수 있다.

제2 교학품教學品

◉ 어리석음과 두려움, 이 무명無明으로 인해 중생은 고통의 바다를 윤회한다. 무명을 깨트릴 깨달음을 얻기 위해 우리는 부처님 말씀을 배우고 실천 수행한다. 부처님의 가르침을 배우는 것이 교학教學이다. 우리가 어디를 여행하려고 하면 지도가 필요하듯이, 부처님은 팔만사천 법문이라는 친절한 지도를 보여주셨다. 지도를 보고 그 길을 잘 따라 가면 우리는 필히 법의 밝음을 증득하게 될 것이다.

첫째 이야기

부처님께서 사위국 기원정사에 계실 때에 모든 비구들에게 말씀하셨다.

"부지런히 도道를 닦아서 오온(五蘊; 색수상행식)의 장애를 제거해야만 마음이 밝아지고, 마음이 올바르게 되어야만 모든 고통을 면할 수가 있는 것이다."

이때 한 비구가 있었는데, 부처님 뜻을 제대로 알지 못하면서 음식을 많이 먹고 방에 들어가서 방문을 잠그고 잠자기 일쑤였다.

이 비구는 자기 몸을 사랑하는 것이 유별나서 눈뜨고 볼 수가 없었다. 게으름이 깊어 밤낮을 가리지 않고 계율을 어기는 일이 끊이지 않았다.

어느 날 부처님께서는 7일이 지난 뒤 그 게으른 비구의 운명이 다하게 됨을 아셨다. 부처님께서는 이를 불쌍히 여기시고, 그가 험한 악도惡道에 떨어지는 것을 걱정하여 그가 잠자는 방에 들어가셔서 손가락을 튕겨 깨우시고는 말씀하셨다.

| 咄起何爲寐 | 蚖螺蚌蠹類 | 隱蔽以不淨 | 迷惑計爲身[15] |
| 돌 기 하 위 매 | 웅 라 방 두 류 | 은 폐 이 부 정 | 미 혹 계 위 신 |

| 焉有被斫瘡 | 心如嬰病痛 | 遘于衆厄難 | 而反爲用眠[16] |
| 언 유 피 작 창 | 심 여 영 병 통 | 구 우 중 액 난 | 이 반 위 용 면 |

| 思而不放逸 | 爲仁學仁迹 | 從是無有憂 | 常念自滅意[17] |
| 사 이 불 방 일 | 위 인 학 인 적 | 종 시 무 유 우 | 상 념 자 멸 의 |

| 正見覺務增 | 是爲世間明 | 所生福千倍 | 終不墮惡道[18] |
| 정 견 각 무 증 | 시 위 세 간 명 | 소 생 복 천 배 | 종 불 타 악 도 |

---

15 법구경 교학품 제1게송.
16 법구경 교학품 제2게송.
17 법구경 교학품 제3게송.
18 법구경 교학품 제4게송.

정신차리고 일어나라. 어찌 그리 잠만 자느냐.
나나니벌, 달팽이, 조개, 굼벵이 같은 종류는
부정한 것으로 감추고 숨되
정신이 미혹되어 몸뚱이를 위한다고 생각한다.

어찌 베이는 상처만 입으랴.
마음도 병으로 고통스러움은 같나니
온갖 액난을 만났는데
반대로 잠만 자고 있구나.

심사숙고하고 방일하지 말라.
어짊을 배우고 어진 이를 따르면
이로 인해 근심이 없게 되니
항상 생각이 저절로 안정되어 있으리라.

바른 견해를 깨우쳐 증장시켜 가면
이는 세간을 밝게 하는 것이 되니
복이 천 배나 생겨나
결코 악도에 떨어지지 않는다.

비구는 이 게송을 듣고 놀라서 깨어나, 부처님께 친히 가르침을 받으니 공경하면서도 두려운 마음에서 숨을 죽이고 있다가 바로 일어나서 머리를 조아리고 부처님께 예를 갖추었다.

부처님께서 비구에게 말씀하셨다.

"너는 어찌 본래의 숙명을 알지 못하느냐?"

비구가 대답하였다.

"번뇌에 가려져서 스스로 알지 못하고 있었습니다."

부처님께서 말씀하셨다.

"옛날 유위불(維衛佛; 과거 7불의 하나)의 시대에 너는 일찍이 출가하였으나 몸의 즐거움만 탐하고, 계를 생각하지 않으면서 많이 먹고 자면서 몸을 살찌우는 일 외에 다른 것을 생각하지 않았다. 그러다 죽어서 벌레 중에서도 아주 미천한 벌레로 태어나서 5만년을 살았고, 다시 태어나서 고둥과 조개가 된 것이 5만년이며, 나무에 좀벌레로 지낸 것이 5만년이다. 이 네 가지 벌레는 깜깜한 암흑 중에 살면서 몸을 아끼고 깊은 어둠 속에 있는 것을 즐거워하는 것들이다. 그러므로 어두운 곳이 집이 되어 광명을 보지 못한다. 한 번 자는 것이 100년의 죄업이 되는 것을 알았지만 얽혀 있는 죄의 그물을 빠져 나오지 못하다가 지금 죄가 다함에 이르러 출가사문이 되었는데, 어찌 잠만 자고 헤어 나오지 못하느냐?"

이에 게으른 비구는 부처님이 해주시는 전생의 인연을 듣고 부끄러워하면서 스스로를 책망하며 마음을 다잡고 수행하여 오온(五蘊; 色受想行識)의 구름을 걷어 버리고 아라한이 되었다.

❀ 수행하는 사람들이 스스로를 책망하는 말이 있다. 공부의 길을 몰라서 못하는 것이 아니라 하지 않아서 못하는 것이라는 말이다. 게으름 때문이다. 수행修行의 수修는 보통 '닦을 수'로 쓰지만 '올바르게 고친

다'는 뜻도 있으며, 행行은 보통 '갈 행'으로 새기지만 '겪는다'는 뜻도 있다. 겪는다는 건 움직여서 어떤 것과 부딪친다는 것이다. 부딪쳐 올바른 길로 나아간다는 것이 수행의 말본言本 중 하나다. 게으름은 어리석음의 뿌리이고, 어리석음은 무명無明의 원인이다. 게으름을 떨치고 일어나 과감하게 현실의 장애와 부딪쳐 자신을 갈고 닦아 무명을 깨고 올바름으로 나아가는 것이 수행이다.

둘째 이야기

부처님께서 코살라국 사위성 기원정사에 머물며 천인과 사부대중을 위하여 법을 설하고 계실 때였다.

그때 이제 갓 비구계를 받은 젊은 비구가 있었는데, 그 사람됨을 보자면, 완고하고 어리석었으며, 질박하고 정직하였으나 거칠고 서툴러 아직 도의 요체要諦를 깨닫지 못하고 있었다.

그러나 그는 부처님과 아라한 스승들을 보면서 자신도 깨달음을 얻고 싶었다. 하지만 그 뜻과는 달리 젊은 몸에 넘치는 욕망의 불길에 힘들어 했다. 뻗치는 양기는 자제하려고 하면 할수록 더 거세게 일어났다. 그러다 그는 음욕의 번뇌를 부끄러워하며, '내가 번뇌덩어리인 성기를 잘라버려야만 번뇌가 사라지고 청정해져서 깨달음을 얻을 수 있을 것이다'라고 생각하였다.

탁발을 나간 그는 신도의 집에서 도끼를 빌려와 방에 들어가 문을 잠그고 옷을 벗어 던지고는 상위에 앉아서 스스로 성기를 자르려고 하였다.

"이놈의 성기는 나에게 고통에 시달리게 하였으니 생사의 무수한 겁 동안 삼도(三塗; 지옥, 아귀, 축생)와 축생에 있었던 것이 모두 이 색욕色慾으로 인한 것이니, 이 성기를 자르지 않으면 도를 얻을 인연이 없을 것이다."

그때 부처님께서는 그 젊은 비구의 어리석은 뜻을 아셨다.

"몸은 마음을 따르는 것으로 근원인 마음을 억제하는 것이 깨달음에 이르는 길인데, 어리석게도 스스로 자해하여 죽으면 오랫동안 죄악에 떨어져서 고통을 받는 것을 알지 못하는구나."

이에 부처님께서는 비구에게 나타나 물으셨다.

"무슨 짓을 저지르려고 하느냐?"

비구는 도끼를 버리고 옷을 입고 부처님께 예를 올리고 말씀드렸다.

"도를 배운 지가 오래 되었으나 아직도 법문을 이해하지 못하고, 매번 선정禪定에 들려고 하지만 양기가 치성하여 유혹에 빠집니다. 스스로 욕망으로 어두워지는 이유가 모두 성기로 인한 것을 알게 되었습니다. 그러므로 도끼를 빌려서 성기를 자르려고 합니다."

부처님께서 비구에게 말씀하셨다.

"너는 매우 어리석어 도의 이치를 전혀 알지 못하는구나. 도를 구하고자 하면 먼저 그 어리석음을 끊은 다음에 마음을 제어하여라. 마음은 선악의 근원이니, 근원을 끊고자 한다면 먼저 그 마음을 제어해야 한다. 마음이 가라앉고 뜻이 이해된 뒤에 도를 얻게 된다."

이어 게송을 말씀하셨다.

學先斷母 率君二臣 廢諸營從 是上道人[19]
학선단모 솔군이신 폐제영종 시상도인

배움이란 먼저 근본을 끊는 것으로
임금이 두 신하만 거느리고
다스리는 시종들을 그만두게 하니
이것이 최상의 도인이니라.

부처님께서는 이제 부끄러워하는 비구에게 말씀하셨다.

"12인연(十二緣起法)에서 어리석음이 근본이다. 어리석음은 모든 죄의 근원이며, 지혜로움은 모든 행동의 근본이다. 먼저 어리석음을 없앤 뒤에 뜻을 세워 선정禪定에 들라."

부처님께서 설법을 마치자 비구는 자신을 책망하며 말하였다.

"제가 어리석음에 미혹하여 오랫동안 경전을 이해하지 못하고 끝내 이와 같은 어리석은 짓을 하려고 했습니다. 이제 부처님께서 말씀하신 아주 묘한 법문을 따라 행하겠습니다."

그리고 안으로 마음의 고요를 생각하고 안반수의(安般守意; 들숨, 날숨에 정신을 집중하는 수식관數息觀 수행)를 하여 마음을 제어하여 모든 욕망을 일으키는 감정을 항복받으니, 마음이 선정에 들어 부처님 앞에서 응진(應眞; 아라한)이 되었다.

※ 부처님 게송에서 임금은 마음이며, 두 신하는 선악을 뜻한다. 마음은

---

19 법구경 교학품 제12게송.

길들이지 않으면 미친 말처럼 날뛴다. 미친 말이 끄는 수레에 탄 사람이 말의 고삐를 쥐어 다스리지 않고, 끌려가는 나무수레에 채찍질을 하는 것이 어리석음이다.

음욕에 불타는 젊은 스님의 이 이야기에서 누구도 자유로울 수 없다. 음욕은 한 번 일어나면 미친 말처럼 제어하기 힘들다. 음욕이 남녀 간 인과因果에 닿아 접촉이 되면 웬만한 수행의 힘이 아니면 벗어날 수 없다. 재물이나 명예보다 더 강력한 것이 음욕이다. 먼저 그런 인과가 나타나지 말기를 부처님께 기도해야 하고, 강물도 태워버린다는 욕정이 일어나는 대상이 나타나면 그 상대를 보며 똥오줌이 가득 찬 내장과 해골과 그 뼈 위에 거머리처럼 기어 다니는 핏줄을 떠올리는 부정관不淨觀을 해야 한다. 그렇게 인연 인과로 오는 이성에 대한 욕정을 무상無常으로 넘는다면 수행의 큰 힘을 얻을 것이다.

셋째 이야기

부처님께서 마가다국의 수도 왕사성 영취산에 계시면서 모든 천인과 국왕과 대신들을 위하여 감로법甘露法을 설하셨다. 이때 설법 자리에 한 비구가 있었는데, 그는 뜻이 강건하고 용맹스러웠다.

부처님께서는 그의 깨달음을 바라는 뜻을 아시고 영취산 뒤에 귀신이 사는 골짜기로 가서 수행에 전념하라고 하시며 호흡을 관찰하는 안반수의(安般守意, anapana-sati수식관)를 알려주셨다.

"고요히 앉아 자신의 코끝을 보면서 들이쉬는 숨과 내쉬는 숨을 지켜보아라. 그 알아차림으로 구하는 그 마음을 끊으면 괴로움이 없어지고 해탈을 하여 열반을 얻느니라."

비구스님은 부처님의 가르침을 받들어 귀신이 있다는 골짜기에 이르러서 나무 아래 단정히 앉아서 의식을 정리하고 수행에 들어갔다. 귀신 골짜기라는 이름과 달리 산속은 고요할 뿐 귀신의 말이나 소리와 형체는 없었다.

그러나 이 비구스님은 시간이 갈수록 아무런 소리도 들리지 않는 것이 두려워지기 시작했다. 차츰 공포와 두려움이 커져서 이제는 호흡에 마음을 모을 수 없었다. 시간이 가며 수행의 뜻을 그만 포기하고 돌아가고자 하는 마음이 커져만 가며 이런 생각이 들었다.

'나는 높은 가문의 부유한 집 자식이다. 출가하여 부처님 법을 배우고자 하였으나 이제 홀로 귀신이 있는 깊은 골짜기에 있으니 두렵고 무섭구나.'

이렇게 생각하고 떠나려고 하는데, 부처님께서 골짜기로 오셔서 나무 아래에 앉으며 물으셨다.

"너는 홀로 이곳에 있으며 공포와 두려움이 없었느냐?"

비구는 머리를 조아리며 대답하였다.

"여러 스님들과 승단에 함께 있을 때는 저는 전혀 두렵지 않았습니다. 그런데 혼자 이 귀신 골짜기에 있으니 차츰 외로움에 적적하더니 어느 때부터 두려움이 일어나 호흡도 알아차릴 수 없고 이제는 진실로 두렵습니다."

그때 홀연히 나타난 커다란 코끼리 왕 한 마리가 근처 나무 아래 와서 눕더니 이런 생각을 하였다.

'다른 코끼리들을 떠나 홀로 있으니 이 얼마나 편안한가.'

부처님께서 코끼리의 생각을 읽으시고 비구에게 말씀하셨다.

"너는 이 코끼리가 어디에서 온 것인지를 아느냐?"

"모릅니다."

"저 코끼리는 크고 작은 500마리 코끼리의 대장인데, 세상 환난을 싫어하여 코끼리무리를 버리고 이곳에 와서 나무에 기대어 편안히 누워 있는 것이다. 그것은 은애恩愛와 애욕愛慾의 감옥에서 벗어나 그저 쉬려는 것이다. 코끼리는 축생이면서도 한적하고 조용한 것을 바란 것이다. 하물며 너는 집을 버리고 출가하여 세상을 벗어나 깨달음을 바라면서, 홀로 있지 못하고 반려자가 있기를 구하는구나. 어리석고 아둔한 동반자는 공부를 어렵게 하고 게으르게 한다. 홀로 있으면서 동반자가 없어야 일을 만드는 모의도 없다. 혼자서 수행하는 것이지 어리석은 도반은 필요가 없는 것이다."

이어 부처님께서 게송으로 말씀하셨다.

學無多類　不得善友　寧獨守善　不與愚偕[20]
학 무 다 류　부 득 선 우　영 독 수 선　불 여 우 해

樂戒學行　奚用伴爲　獨善無憂　如空野象[21]
락 계 학 행　해 용 반 위　독 선 무 우　여 공 야 상

배움에는 많은 무리가 필요 없나니

좋은 벗을 얻지 못하면

차라리 홀로 지키고 잘하여

---

20 법구경 교학품 제13게송.
21 법구경 교학품 제14게송.

어리석은 사람과 함께 하지 말라.

계율을 배우고 행하여 즐거우니
어찌 도반이 있어야 하는가.
혼자서 잘하여 근심 없으면
빈 벌판의 코끼리왕과 같다.

부처님께서 이렇게 말씀하셨을 때, 비구는 그 뜻을 이해하고 안으로 성스러운 가르침을 생각하여 아라한 과위를 이루었다.

골짜기에 사는 귀신들도 모두 설법을 듣고 부처님 제자가 되었으며, 부처님의 서원과 계율을 받아들여 다시는 사람들을 괴롭히지 않겠다고 하였다. 그렇게 부처님과 비구스님은 함께 기원정사로 돌아왔다.

❋ 인간은 사회적 동물이라고 한다. 인간이라는 말 자체가 사람과 사람 사이의 관계를 뜻하는데, 인간은 다른 동물에 비해 육체적으로 약하기 때문에 생존을 위해서는 무리지어 살아야 했다. 살아남기 위해서는 많은 사람이 모여 사는 도시가 유리하지만 수행, 마음공부는 홀로 있어야 한다. 물론 경전을 배우거나 설법을 배울 때는 함께 있지만, 그때를 제외하면 늘 혼자 생활하는 것이 부처님이 계시던 초기 교단의 모습이다. 수행은 홀로 있을 때 완성을 향한다. 수행자는 번거로움을 떠나 홀로 공부하는 시간을 즐겨야 한다. 무리를 떠난 코끼리처럼.

제3 호계품護戒品

◉계율은 바른 생활규범으로서 수행자와 재가자가 지켜야 하는 도리道理이다. 도리란 선택이 아니라 꼭 지켜야 하는 필수이다. 그러므로 계율을 지키는 것 자체가 수행이다. 비구계 250가지, 비구니계 348가지를 지키는 자체가 수행이라는 말이다. 호계품은 계와 율을 지켜 잘못됨이 없게 하고, 후에 후회함이 없게 하려는 부처님의 당부이다.

부처님께서 사위성 기원정사에서 천상계 모든 천인들을 위하여 경과 율법(經法)을 설하실 때였다. 그때 마가다국에 이제 계를 받은 두 명의 비구가 있었다. 그들은 부처님을 뵙고자 기원정사를 향해 출발하였다. 그들이 두 나라의 경계 지점에 이르렀을 때 메마른 광야에는 사람도 없고, 가뭄이 심하여 샘물도 마를 지경이었다.

　두 비구는 광야를 걸으며 목이 마르고 열기에 의해 호흡도 곤란한 지경에 이르렀는데, 샘물 속에 남아 있는 약간의 물은 세균과 벌레가 있어서 계율 때문에 먹을 수가 없었다.

그러므로 두 비구는 서로 쳐다보며 말하기를

"부처님을 뵙고자 가는데 지금 우리가 여기서 목이 말라서 죽게 되었구나."

한 사람이 말하기를

"지금 이 물을 먹으면 내 생명을 구할 수 있는데, 먼저 살아남아야 부처님을 뵙는 것이니 우선 사는 게 문제다!"

그러나 다른 한 사람은 말하기를

"부처님께서는 계율을 밝히실 때 인의仁義와 자비慈悲가 최우선이라고 하셨다. 잔인하게 생명을 죽이고 내가 살아서 부처님을 뵙는 것은 이익 되는 것이 없을 것이다. 그러므로 계를 지키고 죽을지언정, 계를 범하지 않겠다."

한 사람은 살기로 마음을 먹고 바로 일어나서 자기가 뜻하는 대로 물을 먹었으며, 다른 사람은 물을 먹지 않고 죽게 되었다.

계율을 지키려 생명이 있는 물을 먹지 않고 죽은 비구는 즉시 두 번째 하늘 도리천忉利天에 하늘사람으로 태어났다. 그리고 스스로 성찰해 보니 계율을 범하지 않는 전생의 복덕으로 도리천에 태어났음을 알게 되었다. 그래서 그는 복덕을 받는 것이 먼 곳에 있지 않다는 교훈을 알았다. 그리고는 향기 있는 꽃을 가지고 부처님 처소에 이르러 부처님께 예를 갖추고 한 쪽에 머물러 있었다.

물을 먹은 비구는 먼 길에서 외롭고 피곤하였지만, 드디어 부처님 처소에 당도하여 신덕神德이 지존至尊하고 높고 높은 부처님을 뵙게 되었다. 그리고는 머리를 조아리고 눈물을 흘리면서 말을 하기 시작하였다.

"제 친구가 오는 도중에 생명을 잃어서 여기에 이르지 못하였습니다. 부처님께서 그 친구를 알아주시기를 바랍니다."

부처님께서 말씀하셨다.

"이미 알고 있느니라."

부처님께서는 한 편을 손으로 가리키며 말씀하셨다.

"지금 저기에 있는 천인이 바로 너의 친구이다. 계율을 온전히 지켰으므로 천상에 태어나 자네보다 여기에 먼저 이른 것이다."

이어 부처님께서는 가슴을 펼쳐 보이시며 말씀하셨다.

"너는 나의 몸을 보려 했을 뿐 나의 계율은 받들지 않았으니 비록 너는 나를 보았다고 할지라도 나는 너를 보지 못하였다. 그러므로 그대는 나와 만 리萬里나 떨어졌고, 계율을 지켜 봉행한 이 사람은 지금 여기 내 앞에 있는 것이다."

이 이치를 부처님께서 게송으로 말씀하셨다.

學而多聞　持戒不失　兩世見譽　所願者得[22]
학 이 다 문　지 계 불 실　양 세 견 예　소 원 자 득

學而寡聞　持戒不完　兩世受痛　喪其本願[23]
학 이 과 문　지 계 불 완　양 세 수 통　상 기 본 원

夫學有二　常親多聞　安諦解義　雖困不邪[24]
부 학 유 이　상 친 다 문　안 제 해 의　수 곤 불 야

---

22 법구경 교학품 23게송.
23 법구경 교학품 24게송.

배우고 많이 들으면서
지켜야 할 계를 잃지 않으면
세간과 출세간에서 영예를 보며
원하는 것을 얻으리라.

배우고 적게 들으면서
지켜야 할 계를 지키지 못하면
세간과 출세간에서 고통을 받으며
처음에 원했던 것을 잃게 되리라.

무릇 배움에는 두 가지가 있으니
항상 새로운 것을 많이 듣고
안으로 뜻을 자세히 살피고 이해하라
그러면 통하지 않음이 없으리라.

이에 계율을 어기고 목숨을 연명한 비구는 게송을 듣고 부끄러워하면서 머리를 수그리고 잘못을 참회하고 뉘우쳤다. 계율을 목숨으로 지켜 도리천에 태어난 천인은 이 게송을 듣고 마음과 뜻이 기뻐지면서 법안法眼을 얻었으며, 설법 자리에 모인 모든 천인과 사부대중 모두 받들어 행하였다.

---

24 법구경 교학품 25게송.

❈ 인도는 비가 많은 우기雨期와 비가 없는 건기乾期로 나뉜다. 우기에 안거를 한 이유는 불살생계不殺生戒 때문이다. 즉 인도에서 우기에는 수많은 벌레가 땅을 뒤덮어 살생을 하지 않고는 걸음을 옮기기 힘들 정도다. 그래서 우기 때에는 돌아다니지 않고 한 자리에 있는 것이다. 물론 스님들은 벌레들을 상하게 하지 않으려고 가느다란 풀로 만든 부드러운 빗자루를 가지고 다녔지만, 우기에는 소용이 없었다. 그것이 중국으로 와서 말총으로 만든 불진拂塵이 되어 우리나라까지 전해진 것이다.

빗자루와 사람들이 버린 헝겊조각이나 화장터에서 주운 옷가지 등을 잘라 잇대어 만든 옷, 밥을 빌어먹는 발우 등이 스님들이 소지할 수 있는 기본 물품이다. 그 외에 바늘과 아픈 비구를 위한 최소한의 약藥도 지참이 가능하였다.

인도는 북부 산악지역이 아니면 깨끗한 물이 드물다. 그래서 물에는 항상 벌레들, 생명을 가진 것이 살기 때문에 수행자들이 생명을 죽이지 않고 물을 마시기 위하여 아주 촘촘한 거름망을 소지하고 다녔다. 위 이야기의 이 두 비구는 이제 갓 출가했기 때문인지, 준비를 소홀히 하고 부처님을 뵈러 길을 나선 것이다. 이렇듯 계율만 지켜도 수행이 된다.

제4 다문품多聞品

◉ 듣고, 보고, 배우는 것이 시작이다. 물론 깨달음을 위한 바른 가르침이어야 한다. 나쁜 것은 쉽게 배우고 행하지만, 선하고 옳은 것은 배우고 행하기 어렵다. 끊임없이 듣고 배워서 나쁜 것들이 마음에 들어올 틈을 주지 말아야 한다. 이렇게 좋고 선한 말들이 내 마음에 쌓이고 쌓이면 깨달음을 얻을 수 있고, 성인이 될 수 있다.

첫째 이야기

옛날에 코살라국 사위성에 한 가난한 집이 있었는데, 가난하면 순박하다는 통념과 달리 그 집 부부는 인색하고 사악하면서 사람이 지켜야 할 도덕道德을 믿지 않았다. 부처님께서는 그 우매한 부부를 가엾게 여겨 평범한 사문의 모습으로 그 집 앞에 이르러서 걸식을 하셨다.

그때 남편은 없고 부인만이 집에 있었는데, 공손히 음식을 보시하는 일반 사람들과 달리 그녀는 모욕을 주었다.

사문(부처님)이 그 부인에게 말하였다.

"저는 출가자이며 길을 다니며 걸식합니다. 저를 욕하는 것은 괜찮으니, 한 끼의 식사만을 바랄 뿐입니다."

부인이 말하였다.

"당신이 서서 죽는다고 하더라도 먹을 것을 줄 수가 없소. 하물며 당신은 지금 건강해 보이는데 나에게 밥을 주기를 바라다니, 여기에 머물러 있지 말고 빨리 다른 데로 가시오."

그 말을 들은 사문은 그 모진 부인 앞에 서서 눈을 치켜뜨고 죽는 모습을 나타냈다. 한순간 몸에서는 송장 썩는 퀴퀴한 냄새가 나고 코에서는 벌레가 나왔으며, 배에서는 장이 훼손되어 더러운 물이 흐르는 것이었다.

부인은 이를 보고 겁에 질려서 소리를 지르는 것조차 잊어버리고 달아났고, 그 사문은 홀연히 사라졌다. 부인은 얼마를 도망가다가 나무 아래에서 쉬고 있는데, 남편이 집으로 돌아오는 길에 놀라고 두려워 떨고 있는 부인을 보았다.

남편이 이유를 묻자 부인은 "한 사문이 저를 이렇게 놀라게 하였습니다."라고 말하였다.

남편은 화를 내며 "그 사문은 어디로 갔소?" 물었다.

부인이 말하기를, 벌써 갔지만 아직은 멀리 가지는 못하였을 것이라고 대답했다.

남편은 활을 들고 칼을 차고 사문의 뒤를 쫓았고, 마침내 사문을 따라잡자 활을 겨누고 칼을 뽑아 들었다. 그는 앞에 가는 사문을 향해 활에 화살을 먹여 시위를 당겨 정확히 겨누어 쏘았다. 그러나 화살이 등에 꽂히려는 순간 무엇에 막힌 듯 허공에서 뚝 떨어졌다. 어느 사이에 사문이 유리로 성을 만들어서 자신을 둘러쌌기 때문이다. 화살이 먹히지 않자 칼을 빼든 남편은 유리성에 들어가려 했지만 그 성은 겹겹이 견고하게 둘러쳐져 사람이 들어올 수가 없었다. 남편은 사문에게 "어째서 문을 열지 않느냐!"고 큰소리로 물었다.

사문은 고요히 앉아 "문을 열기를 바란다면 너의 칼과 활을 버려라."라고 말하였다.

남편은 '일단 이 말은 들어주자. 그리고 문을 열기만 하면 주먹으로 때려 줄 것이다.' 이렇게 생각하고 칼과 화살을 멀리 던져버렸다. 그러나 문은 열리지 않았다. 이에 흑심을 품은 남편이 다시 사문에게 말하였다.

"활과 칼을 버렸는데도 어째서 문을 열지 않느냐?"

사문이 조용히 말하였다.

"나는 너의 마음속에 악의惡意를 버리라는 것이지 단순히 손에 든 활과 칼을 말한 것이 아니다."

이 말에 악의에 찬 마음을 들킨 남편은 심장이 두근거리기 시작하고 퍼뜩 바른 정신이 들었다.

'저 사문은 보통 분이 아니다. 정신이 성스러우니 내 마음까지 알고 있구나.' 이런 생각이 들자 바로 머리를 조아리고 잘못을 참회하며 말하였다.

"저와 제 부인이 진인眞人을 알아보지 못하였습니다. 저는 악한 놈이지만 작은 자비라도 내리시어 굽어 살펴 주십시오. 이제 앞으로는 과거를 참회하고 도를 닦겠습니다." 그리고는 바로 집으로 갔다.

"그 사문을 잡았어요?" 부인이 남편에게 어떻게 되었느냐고 물었다.

남편은 사문의 신통한 덕을 모두 설명하였으며, "지금 저기에 계시니 우리가 가서 회개하고 죄를 없애야 한다."고 하였다.

이에 부부는 사문의 유리성에 이르러서 온몸으로 오체투지하고 참회하면서 제자가 되기를 원하였다.

"스님의 신기한 변화와 성스러움은 유리 성처럼 견고하여 넘을 수가 없으며, 뜻(意志)이 밝아서 어떠한 우환이 와도 흔들리지 않고 영원히 안정되어 보입니다. 어떤 수행을 행하여야 이런 신묘함에 이르게 됩니까?"

스님이 대답하였다.

"나는 견문을 넓히는 것을 싫어하지 않고 법을 받드는 것도 게으르지 않았으며, 정진精進하고 지계持戒하고 인내하면서 방일放逸하지도 않았다. 그러므로 이런 도를 얻어 열반에 이르렀다."

그리고 게송을 지어 말하였다.

多聞能持固　奉法爲垣牆　精進難踰毁　從是戒慧成[25]
다문능지고　봉법위원장　정진난유훼　종시계혜성

多聞令志明　已明智慧增　智則博解義　見義行法安[26]
다문령지명　이명지혜증　지즉박해의　견의행법안

---

25 법구경 다문품 제1게송.
26 법구경 다문품 제2게송.

多聞能除憂　能以定爲歡　善說甘露法　自致得泥洹[27]
다 문 능 제 우　능 이 정 위 환　선 설 감 로 법　자 치 득 니 원

聞爲知法律　解疑亦見正　從聞捨非法　行到不死處[28]
문 위 지 법 률　해 의 역 견 정　종 문 사 비 법　행 도 불 사 처

많이 배워 굳게 지니고
법을 받들어 울타리 삼아
정진하면 넘고 헐기 어려우니
이로부터 계율과 지혜 이룬다네.

많이 배워 뜻을 밝게 하고
밝아지면 지혜가 증장하며
지혜로우면 곧 널리 이치를 이해하니
이치를 보고 법을 행하니 편안하다네.

많이 배워 근심을 없애고
선정으로 기쁨을 삼으며
감로법을 잘 설하여
스스로 열반을 증득한다네.

많이 배워 진리와 계율을 알아서
의심을 풀고 바르게 보나니

---

[27] 법구경 다문품 제3게송.
[28] 법구경 다문품 제4게송.

배운 것을 따라 법 아닌 것 버리고
죽지 않는 곳에 이른다네.

사문은 게송을 마치고 부처님의 광명光明한 모습으로 돌아와 천지를 찬란하게 비추었다. 부부는 너무나도 놀라서 두렵고 정신이 없었다. 이에 진실로 악한 마음을 고쳐먹고 마음을 씻고 머리를 땅에 부딪치니 부부가 쌓은 이십 억 겁劫의 악업이 무너져 소멸되었고, 수다원과(須陀洹果: 성문사과聲聞四果 중 첫 번째 도과道果로, 초과初果 또는 입류入流라고 한다)를 얻게 되었다.

❋ 불교 역사상 살인마 앙굴마라 같은 이도 없을 것이다. 그에 비하면 이 부부는 그저 순박하다고 할 정도다. 그런데 그 큰 악업을 지은 앙굴라마는 부처님의 법으로 아라한과를 얻었다. 죄가 큰 곳에 깨달음도 크다는 말이 맞는 듯하다. 물론 그렇다고 죄를 정당화해서는 안 되겠지만.

부처님 당시에 앙굴마라는 외도外道 마니발타라의 제자였다. 그는 지혜도 뛰어나고 잘 생긴 얼굴에 몸도 건장하여 마니발타라의 제자 500명 가운데 상수제자였다.

어느 날, 스승이 외출하고 없을 때 앙굴마라에게 욕정을 품어오던 스승의 아내가 앙굴마라를 유혹하였다. 앙굴마라가 완강히 거부하자 수치감과 모욕을 느낀 스승의 아내는 거꾸로 앙굴마라가 자신을 유혹했다고 남편에게 모함하였다. 분노한 마니발타라는 앙굴마라를 해치려고 악랄한 계략을 생각해 내었다. 그는 제자인 앙굴마라에게

100명의 사람을 죽여 그 죽인 사람의 손가락으로 목걸이를 만들면 도를 얻어 하늘 범천에 태어난다고 하였다. 도를 이루고 하늘나라에 태어나고 싶었던 앙굴마라는 예리한 칼을 가지고 사위성 거리로 나가 닥치는 대로 사람을 죽였다.

이 소식을 들은 나라에서 병사들을 보내 앙굴마라를 잡게 했으나 무술이 뛰어났던 그는 도리어 병사들을 해쳤다. 사위성에 걸식을 나갔던 비구들이 그 모습을 보고 돌아와 부처님께 말씀드리니 부처님은 제자들의 만류도 물리치고 혼자서 살인마 앙굴마라를 만나러 가셨다. 부처님께서 앙굴마라가 있는 곳으로 가는 것을 본 많은 사람들은 걱정이 되어 만류하였지만 부처님은 조금도 두려운 기색을 보이지 않으시고 앙굴마라가 사람을 해치고 있는 곳으로 향하셨다. 그때 앙굴마라는 99번째 사람을 죽이고 나자 사람들이 다 도망가 텅 빈 거리에서 100번째로 죽일 사람을 찾아 돌아다니고 있었다. 마지막 한 사람을 못 찾은 앙굴마라는 아들을 만나러 온 자기 어머니마저 해치려고 하였다. 마지막 한 사람만 죽이면 소원을 이룰 수가 있다고 생각하였기 때문인데, 자기 어머니를 막 해치려는 순간 부처님께서 나타나자 어머니를 죽이지 않아도 되니 잘되었다고 생각하고 칼을 들고 부처님께 달려들었다. 그러나 무술이 뛰어난 앙굴마라가 아무리 있는 힘을 다하여 부처님께 달려가도 부처님과의 거리를 좁힐 수 없었다. 부처님은 천천히 걸어가시는데도 도저히 붙잡을 수가 없게 되자 앙굴마라가 소리를 질렀다. "거기 멈추지 못해!" 이 소리를 들으신 부처님께서는 앙굴마라를 돌아보면서 말씀하셨다. "나는 이미 오래 전에 멈추었는데 너는 아직도 멈추지를 못하는구나."

아무리 달려가 잡으려 해도 잡을 수가 없는데, 부처님의 이미 멈추어 있다는 말뜻을 알 수가 없어 앙굴마라가 부처님께 말했다.
"당신은 내 앞에 가면서 이미 멈추어 있다 말하고, 쫓아가는 나에게 오히려 멈추지 않는다 하니, 당신은 멈추었고 나는 아직도 멈추지 못했다는 뜻을 말해 주시오."
부처님이 대답하시길
"나는 일체중생을 해치려는 마음을 멈추었으나, 너는 아직도 살생업을 멈추지 못했노라. 나는 자비심에 머물러 일체중생을 사랑하는데, 너는 악업을 멈추지 못하여 삼악도의 고통을 멈추지 못했노라. 나는 번뇌, 망상과 게으름을 멈추어 진리에 머물러 있으나, 너는 진리를 보지 못하여 게으름을 멈추지 못했노라."
총명했던 앙굴마라는 부처님의 말씀에 눈이 번쩍 뜨이면서 비로소 자신을 돌아보고 깊이 후회하면서 부처님 앞에 참회하고 제자로 받아주기를 간청하였다. 그리고 부처님 제자가 된 앙굴마라는 깨달음을 얻어 아라한이 되었다. 하지만 앙굴마라는 결국 자기의 악업으로 인해 죽음을 당하는데, 피해자 가족들에게 살해당하지만 죽음의 고통을 편안히 받아들이며 생을 마감했다고 한다.
이 두 이야기에서 모든 존재에게 불성이 있음을 여실히 알 수 있다.

둘째 이야기

옛적에 부처님께서 코삼비국 구시나성拘尸那城 미음정사美音精舍에서 사부대중들과 함께 계시면서 큰 법을 말씀하셨다.

그때 바라문인 외도外道 수행자가 한 사람 있었는데, 그는 지혜가 뛰어나 모든 경전을 두루 통달하고 있다고 스스로 자부하였다. 그는 또 지혜와 언변이 뛰어난 탓에 천하에 자기와 비교할 사람이 없다고 하면서 즐기고 있었다. 논쟁을 즐기는 그는 상대할 적수를 구하여도 감히 응하는 사람이 없었다. 그는 또 낮에 횃불을 들고 성안을 다녔기에 사람들이 물었다.

"왜 대낮에 횃불을 들고 성안을 다닙니까?"

그는 사람들에게 오만하게 대답하였다.

"세상 사람들이 모두 우매하고 어리석고 분별이 없어서 눈으로 보지 못하니, 횃불을 들어 세상을 비추어 세간의 일을 관찰한다."

이렇게 말하고 다녔지만 그에게 맞서는 사람이 없었다.

부처님께서는 그런 그에게 전생의 복덕자량이 있어 부처님과 인연이 있음을 아셨다. 그가 지혜가 남보다 뛰어남을 구실 삼아 무상無常함을 생각하지 않고 물거품과 같은 높은 명예를 구하려고 오만하고 교만하니, 이와 같이 행동한다면 복덕을 다 까먹고 반드시 태산지옥에 떨어져서 셀 수 없는 겁을 지나도 태산지옥을 빠져 나오기 어렵다는 것을 아셨다.

부처님께서는 바로 현인賢人으로 변하여 횃불을 들고 가는 그를 불러 무엇을 하고 있느냐고 물으셨다.

그가 대답하였다.

"모든 사람이 어리석고 분별이 없어서 밤낮으로 밝음을 볼 수가 없으므로 횃불을 들고 이를 비추고 있습니다."

현인이 거듭하여 바라문에게 물었다.

"경經에 4가지 밝은 법(四明法)이 있는데 그대는 알고 있는가?"
답이 떠오르지 않자 의기소침하여 그가 대답하였다.
"저는 생각해 보지 않았습니다. 어떤 것이 4가지 밝은 법입니까?"
교만함과 오만함에 상처입어 난처해하는 그를 보고 현인이 말하였다.

"첫째는 천문지리의 조화와 사시四時에 밝은 것이고, 둘째는 별자리의 분별과 오행五行에 밝은 것이고, 셋째는 나라를 다스리고 곡식을 기르는 데 밝은 것이고, 넷째는 군사軍士로 나라를 지키고 잃지 않는 것에 밝은 것이다. 횃불을 든 그대는 이 4가지 법이 있는가? 그렇지 못한가?"

그는 횃불을 던지고 부끄러워하면서도 자존심에 상처를 받아서인지 마음에서 우러나오지는 않았다. 부처님께서는 그런 마음의 상태를 아시고 현인에서 다시 본래의 모습으로 돌아오시니 온 천지에 광명이 밝고 휘황찬란하게 비추며 하늘의 소리로 바라문을 위하여 게송을 말씀하셨다.

若多少有聞　自大以憍人　是如盲執燭　照彼不自明[29]
약 다 소 유 문　자 대 이 교 인　시 여 맹 집 촉　조 피 불 자 명

만약 들음의 많고 적음으로
스스로 훌륭하다고 교만하면
이는 장님이 촛불을 잡은 것과 같아

---

[29] 법구경 다문품 제7게송.

남은 비추지만 스스로는 밝아지지 않는다네.

부처님께서 게송을 마치시고 바라문에게 말씀하셨다.
"어리석고 분별이 심한 것은 세상 사람들이 아니라 바로 그대다. 그대는 어찌 허공의 한 티끌만큼 아는 것으로 교만하게 대낮에 횃불을 들고 돌아다니느냐."
이제야 그는 진실로 부끄러워하며 자신의 어리석음을 참회하고 부처님 앞에서 머리로 땅을 쿵쿵 두드리며 제자가 되기를 원하였다.
부처님께서는 그를 제자로 받아들이셨고, 그는 부처님의 뜻을 이해하고 망념妄念이 없어져 응진(應眞; 아라한)이 되었다.

❀ 비워야 채울 수 있다. 가득찬 그릇에 무엇을 채울 수 있겠는가? 더군다나 그 마음그릇에 오만함과 교만함이 차 있다면 그 무엇도 담을 수 없다. 이 이야기에 나오는 교만한 브라흐만에게도 어쩌면 많은 사람들이 충고했을 것이다. 하지만 그는 알량한 지식과 언변술, 마음에 꽉찬 교만함으로 주위의 충고를 무시하고 오히려 사람들을 얕보았을 것이다. 그리고 결국 인천의 스승인 부처님을 만나 벽을 깨고 아라한이 되었다.
그런데 이런 일은 정도의 차이일 뿐, 우리 주변에서 혹은 우리 자신의 모습에서 흔히 볼 수 있는 일이다. 어줍잖은 지식이나 지위에 기고만장하여 코가 하늘을 뚫을 듯한 처신을 하는 사람들이 많다. 마음을 열고 비우는 것, 이것이 마음공부의 시작이자 바탕이다.

셋째 이야기

부처님 당시 코살라국 사위성에 아주 부유한 장자長者가 있었는데 이름은 수달(須達, 수닷타)이었다. 수달은 기타태자와 함께 부처님께 기원정사를 보시한 사람으로 급고독장자給孤獨長者로 불렸으며, 열심히 수행하여 수다원(須陀洹; 성인의 지위에 처음 들어감)과를 얻은 이였다.

그에게 호시好施라는 친구가 있었다. 호시는 부처님 법은 물론 모든 의술도 믿지 않는 사람이었다. 그런 호시가 병을 얻어 자리에 눕게 되자 종친과 친구들이 문병을 와서 모두 병을 치료하라고 권하였으나 이를 받아들이지 않고 죽음에 이르러서 사람들에게 말하였다.

"나는 일월日月을 섬기고, 임금과 부모에게 충성하고 효도하였다. 죽음에 이르더라도 이 뜻은 변하지 않을 것이다."

병문안을 간 수달장자가 호시에게 말하였다.

"이보게, 내가 믿고 의지하고 따르는 스승님은 부처님이라네. 그분은 신묘한 덕(神德)이 있으셔서 많은 사람들이 고통을 해결하고 복을 얻네. 그대가 부처님을 청하여 말씀을 들어보시게. 그분이 오신다면 병이 낫는 것은 당연하고 감로수甘露水와 같은 말씀으로 자네를 해탈의 길로 인도하실 것이네. 그분께 마음을 내고 안 내고는 자네의 뜻이지만, 친구로서 나는 부처님을 의지하라고 권하네."

곰곰이 생각한 호시는 수달장자에게 부탁하였다.

"그대가 나를 위하여 부처님과 제자들을 청하여 주시게."

수달장자는 친구를 위해 바로 부처님과 제자들을 청하였다. 청을 허락한 부처님께서 그 집에 와서 광명을 나타내시니 집의 안과 밖의 모든 장애가 사라졌다. 호시장자가 신묘한 그 빛을 보자 죽어가던 몸이 가벼워져서 부처님 앞에 앉을 수 있게 되었다.

부처님은 장자를 위로하면서 물으셨다.

"병은 어떠한가? 예전에는 어떤 신을 섬겼으며, 어떻게 치료를 받았는가?"

장자가 부처님께 말씀드렸다.

"저는 해와 달과 군주와 조상을 받들고 섬기고 공경하였으며, 몸과 마음을 깨끗이 하고 모든 것이 상서롭기를 청하였습니다. 그러나 병을 얻어 시간이 지나도 은덕과 도움을 입지 못하였습니다. 또한 제가 의술을 믿지 않아 약과 침과 뜸은 집에 갖추는 것을 금하였습니다. 경전을 배우고 계율을 지키면 얻는 복덕이 어떤 것인지를 알지 못합니다. 조상님들이 지켜온 것처럼 죽음을 맞을 것입니다."

장자의 말을 들은 부처님께서 말씀하였다.

"사람이 세상에 태어나 횡사하는 이유가 3가지가 있다오. 병이 발생하였는데 치료하지 않아 죽는 것이 첫 번째 횡사요, 치료하되 조심하지 않아 죽는 것이 두 번째 횡사요, 교만하고 어리석어서 잘 알지 못하면서 치료 순서를 반대로 하여 죽는 것이 세 번째 횡사라오. 이와 같은 병자는 일월日月과 천지天地와 조상과 임금과 부모도 치료할 수 없다오. 반드시 밝은 도리로 때를 잘 따라야 편안히 구제될 수 있다오.

첫째 사대四大가 차갑거나 뜨거워 몸이 아프면 반드시 의사가 처방한 약을 복용하고, 둘째 모든 사악한 귀신의 병은 반드시 경전을 공부하고 계율을 지키고, 셋째 현인과 성인을 받들어 모시면 가난과 재앙을 제거해주고, 덕의 위신력威神力으로 모든 중생들이 고통을 벗어나 복을 얻게 도와주고, 큰 지혜(大智慧)로 오음(五陰; 색수상행식 色受相行識五蘊)의 덮음을 없애준다오. 이와 같이 받들어 행하면 현세에서 편안하고 길하며, 종국에는 계율과 지혜가 청정하고 세세생생 편안함을 얻을 것이오."

이어서 부처님께서 게송으로 말씀하셨다.

事日爲明故	事父爲恩故	事君以力故	聞故事道人[30]
사 일 위 명 고	사 부 위 은 고	사 군 이 력 고	문 고 사 도 인
人爲命事醫	欲勝依豪强	法在智慧處	福行世世明[31]
인 위 명 사 의	욕 승 의 호 강	법 재 지 혜 처	복 행 세 세 명
察友在爲務	別伴在急時	觀妻在房樂	欲知智在說[32]
찰 우 재 위 무	별 반 재 급 시	관 처 재 방 락	욕 지 지 재 설
爲能師見道	解疑令學明	亦興清淨本	能奉持法藏[33]
위 능 사 현 도	해 의 령 학 명	역 흥 청 정 본	능 봉 지 법 장
聞能今世利	妻子昆弟友	亦致後世福	積聞成聖智[34]
문 능 금 세 리	처 자 곤 제 우	역 치 후 세 복	적 문 성 성 지
能攝爲解義	解則戒不窮	受法狩法者	從是疾得安[35]
능 섭 위 해 의	해 칙 계 불 궁	수 법 의 법 자	종 시 질 득 안

---

30 법구경 다문품 제12게송.
31 법구경 다문품 제13게송.
32 법구경 다문품 제14게송.
33 법구경 다문품 제5게송.
34 법구경 다문품 제15게송.
35 법구경 다문품 제6게송.

是能散憂恚　亦除不祥衰　欲得安隱吉　當事多聞者[36]
시능산우에　역제불상쇠　욕득안은길　당사다문자

해를 섬기는 것은 세상을 밝게 비추어주기 때문이고
어버이를 섬기는 것은 은혜가 있기 때문이고
임금을 섬기는 것은 다스려 도움을 주기 때문이며
도인을 섬기는 것은 배우는 것이 있기 때문이라네.

사람은 목숨을 위해 의사를 섬기고
이기기를 바라서 굳센 세력에 의지한다네.
진리는 지혜가 있는 곳에 있나니
복을 행하면 세세생생 밝게 빛난다네.

벗을 생각하는 것은 일을 하는 것에 있고
도반과 이별하는 것은 급한 기한에 있고
아내를 바라보는 것은 방안의 즐거움에 있고
지혜를 알고자 하는 것은 설법함에 있다네.

뛰어난 스승은 도를 나타내어
의심을 풀어주고 배움을 밝게 해주며
맑고 깨끗한 근본을 일으켜 주어
법장을 받들어 지니게 한다네.

---

[36] 법구경 다문품 제16게송.

배움은 현세를 이롭게 하니
처자식과 형제와 벗들이라네.
또한 이들에게 후세의 복이 되나니
배움이 쌓여서 성인의 지혜 이룬다네.

잘 섭수하여 이치를 이해하고
이해를 곧 계율로 삼아 멈추지 않으니
법을 받아들여 법에 의지하는 사람은
그로부터 빠르게 편안함을 얻는다네.

근심과 성냄 흩어버리고
상서롭지 못함과 쇠퇴함을 없애며
안은함과 길함을 얻고자 한다면
응당 많이 듣고 배운 이를 섬겨야 한다네.

호시장자는 부처님의 설법을 듣고 마음에 맺혔던 것이 풀어지는 것이 구름이 활짝 걷히는 것과 같아서, 부처님께 귀의하고 좋은 의사가 진료하니 마음과 몸이 전부 구제되었다. 그는 감로수 같은 부처님 법으로 사대四大가 안정되고 모든 걱정이 없어지고 기뻐서 몸은 편안하고 마음도 안정되어 수다원과를 얻었다. 그러자 집안사람들과 백성들 모두 부처님을 존경하여 받들지 않는 이가 없었다.

❋ 새로운 것을 받아들이는 일은 결코 쉽지 않다. 이미 교육과 학습을

통해서, 그리고 알게 모르게 내려오는 관습이나 전통에 젖어서 자신의 신념체계가 형성되어 있기 때문이다. 그리고 그 신념을 지키기 위해서 죽음까지도 불사하는 의지를 보이기도 한다. 그런 의기는 한편으로 칭찬받아 마땅하지만, 다른 한편으로는, 그 신념체계가 정말 올바른 것인지 항상 새겨보아야 한다. 그러기 위해서는 다른 사람들의 경험과 지식과 지혜를 많이 듣고 배워야 한다.

성경에 보면, 부자가 천국에 가기는 낙타가 바늘구멍을 통과하는 것보다 더 어렵다고 했다. 기원정사를 보시하고 어려운 이들을 돕는 것으로 유명한 보시제일 수닷타장자의 친구이니 호시장자도 어려운 이들을 돕기 좋아하는 사람이었을 것이다. 이는 그의 이름 호시好施에도 나타나 있다. 혹 착한 일을 즐기고 베풀기를 좋아한다는 뜻의 낙선호시樂善好施의 줄임말 아닐까. 그렇다면 이 수달과 호시 두 부자는 요즘 표현으로 노블레스 오블리주Noblesse oblige, 부자로서 사회에 대한 책임과 의무를 모범적으로 실천하는 사람이라고 할 수 있겠다.

넷째 이야기

중인도 마가다국摩伽陀國 남쪽 200리에 큰 산이 있는데, 남쪽 나라로 가는 모든 길은 이 산으로부터 시작하였다. 골짜기는 깊고 산길은 험한 이 산에 500명의 도적들이 살고 있었다. 남쪽으로 가는 사람들은 오래 전부터 산적들에게 많은 피해를 입으면서도 그 산을 거치지 않으면 먼 길을 돌아가야 하기 때문에 행운을 바라고 그 산길을 지나다녔다. 그러나 귀중한 물건을 지닌 장사꾼들은 도적의 피해로 지름길을 택하지 못하고 먼 길을 돌아가야 해서 나라에 원망이 많았다. 국왕도 이를 토벌하기 위한 계책을 세워 군사를 보냈으나 도둑들을 섬멸할 수는 없었다.

부처님께서 그 나라 수도 왕사성 죽림정사에 계셨는데, 도둑들로 인해 고통 받는 백성들을 가엾게 여기시고, 한편으로 생각하시기를 '산적들이 죄와 복을 알지 못하는구나. 세상에 여래가 있어도 눈으로 보지 못하고, 법고法鼓를 매일 두드려도 알아듣지 못하는구나. 내가 가서 제도하지 않으면 마치 돌이 깊은 연못에 잠기는 것과 같으리라.'

그리고는 좋은 의복을 입은 고귀한 모습으로 변신하여 좋은 말을 타고 장엄하게 꾸민 안장에 활과 화살을 메고 보석이 박힌 칼을 차고 명월주明月珠와 영락瓔珞으로 말을 치장하였다. 이런 말에 앉아 악기를 타면서 산으로 들어가니 모든 도둑들은 이를 보고 의아해하였다. 도둑질을 오래 하였지만 이런 일은 일찍이 없었기 때문이다. 혼자 산에 들어온 바보 같은 귀족의 재물을 빼앗는 것은 돌을 던지는 것과 같이 쉬운 일이라고 도둑들은 즐거워하였다.

도둑들은 두목의 지휘 아래 지나가는 길 앞에 서서 사방을 포위하고 화살을 당기고 칼을 빼어들고 재물을 빼앗으려고 하였다.

이때 변신한 사람(부처님)이 활에 살을 먹여 한 발을 쏘았는데 그 화살이 오백 개로 쪼개져 500의 도둑들이 모두 화살에 맞고 쓰러졌다. 또한 칼을 뽑아 도둑들에게 겨누니 500명의 산적들 몸에 하나씩 칼에 베인 상처가 나타났다. 화살은 살짝 박히고 칼에 베인 상처도 깊지 않은데 고통이 심하여 도둑들은 땅에 뒹굴고 아우성을 치며 머리를 숙여 항복하였다.

   그리고 도둑들은 '어떤 신의 위력이 이와 같겠는가? 빨리 용서를 구하여 미천한 목숨이라도 살려야겠다. 화살이 뽑고 상처를 낫게 해달라고 해야겠다. 아픔을 도저히 참지 못하겠구나.'라고 생각하였다.

   변신한 사람(부처님)이 산적들에게 말하였다.

"조금 전 그대들의 상처는 깊지도 않고 아프지도 않다. 천하의 상처 중 걱정보다 크고 깊은 것이 없고, 천하의 사나운 재해 중 어리석음보다 큰 것이 없다. 그대들이 일으키는 탐욕의 독화살과 사람을 해치려는 어리석음의 칼로 인한 상처는 결코 치료할 수가 없는 것이다. 이 두 가지는 근본적으로 깊고 견고하여 힘센 장사도 이를 제거할 수 없다. 오로지 계율을 지키고 경전을 통해 지혜로운 뜻을 많이 배워서 법을 밝혀야 이 두 가지 마음의 뿌리 깊은 병을 치료할 수가 있다. 근심과 애착함과 우매함과 어리석음과 교만함을 없애버리고, 강하고 부유하고 귀하게 되려는 욕망을 제어하여 항복받고, 복덕을 쌓고 지혜를 배워 무명無明의 뿌리를 없애버리면 영원한 평안을 얻을 것이다."

   그리고 다시 원래의 거룩하고 장엄한 황금빛 몸과 상호로 돌아가신 후 부처님께서 게송을 말씀하셨다.

斫瘡無過憂　射箭無過愚　是壯莫能拔　唯從多聞除[37]
작 창 무 과 우　사 전 무 과 우　시 장 막 능 발　유 종 다 문 제

---

[37] 법구경 다문품 제17게송.

盲者從得眼　闇者從得明　示導世間人　如目將無目[38]
맹자종득안　암자종득명　시도세간인　여목장무목

是故可捨癡　離慢豪富樂　務學事聞者　是名積聚德[39]
시고가사치　이만호부락　무학사문자　시명적취덕

근심을 넘어서는 상처는 없고
어리석음을 넘어서는 화살은 없나니
이것은 어떤 장사도 뽑아낼 수 없으며
오직 많이 듣고 배워서 없앨 수 있다네.

눈이 먼 이는 이로부터 눈을 얻고
어두운 이는 이로부터 밝음을 얻는다네.
세상 사람을 이끌어 보여주니
눈 있는 이가 눈 없는 이를 이끄는 것과 같다네.

그러므로 어리석음을 버리고
교만과 권세와 부유함과 즐거움을 떠나며
힘써 배우고 많이 듣고 배운 이를 섬기면
이를 이름하여 덕을 모아 쌓는 것이라 한다네.

이에 500인의 산적들은 부처님의 광명을 보고 다시 이 게송을 들으면서 참회하고 본래의 마음으로 돌아오니 화살은 저절로 빠지고

---

[38] 법구경 다문품 제18게송.
[39] 법구경 다문품 제19게송.

칼에 베인 상처는 순식간에 아물어 자연히 치유되었다. 500인의 도적들이 기쁘게 마음을 열고 오계(五戒: 불살생不殺生, 불투도不偸盜, 불음행不淫行, 불망어不妄語, 불음주不飮酒)를 받으니 나라가 편안해졌고 기뻐하지 않는 사람이 없었다.

❋ 부처님과 보살님들은 상대의 근기에 따라 다양한 방편을 사용하여 중생을 깨달음의 길로 인도하신다. 석가모니 부처님의 전생담前生談을 보면, 배고픈 어미 호랑이에게 자신의 몸을 보시하는가 하면, 배의 선장이던 때 강도들이 승객들을 해치려는 것을 알고 먼저 그 강도를 죽이는 행위도 하셨다. 제자들을 깨우치고자 고양이의 목을 벤 남전선사의 경우도 다르지 않을 것이다. 보리심菩提心을 바탕으로 한 적극성과 치열함, 이것이 불교의 생명이다.

제5 독신품篤信品

●독篤은 두터울 독, 신은 믿을 신信이다. 믿음의 두터움이란 흔들리지 않는 것을 말하기에 뿌리라고 할 수 있다. 뿌리가 약藥이면 나무도 가지도 열매도 약이고, 뿌리가 독毒이면 나무도 가지도 열매도 독이라는 티베트 속담이 있다. 착한 마음에서 자란 신심의 뿌리가 공부의 근본이다. 믿음의 뿌리 깊은 나무는 세속의 여덟 바람(世俗八風; 쇠퇴함, 이로움, 비난, 명예, 칭찬, 꾸짖음, 고통, 즐거움)에 쓰러지지 않는다.

첫째 이야기

코살라국 사위성 동남쪽에 깊고 넓은 큰 강이 흐르고 있었고, 그 강변에는 하층민 500여 가구가 허름한 집을 짓고 살고 있었다. 그들은 부처님을 알지도 못하니 법을 모르고, 도덕道德이 세상을 제도하는 행위라는 것도 알지 못하고 살았다. 그러므로 그들은 생존이 우선이어서 억세고 강한 것만을 익히고 나쁜 꾀로 사기만을 일삼았으며, 이익을 탐내어 다른 사람에게 험악하게 굴고 방탕한 마음이 극치에 다다랐다.

부처님께서는 그들을 불쌍히 여기셔서 제도할 것을 염두에 두고 몸소 가서 제도하고자 하셨다. 그것은 그 마을 사람들이 부처님 법을 얻을 복이 있기 때문이었다. 부처님께서 그 마을 강가에 이르러 한 그루의 나무 아래에 앉으셨다.

강가로 나온 부락의 한 사람이 부처님의 상서로운 빛을 보자 놀라고 숙연해지지 않을 수가 없었다. 소식을 들은 마을 사람들 모두가 부처님께 절을 하거나 몸을 굽혀 존경의 예를 표하며 여기에 거처하신 연유를 여쭈었다. 부처님께서는 마을 사람들에게 앉으라고 하시고 가르침을 펴셨다. 그러나 마을 사람들은 가르침을 듣고도 마음에 불신이 가득하고 여태껏 속이고 태만했던 습관 때문에 참된 말을 믿지 않았다.

그런 그들을 위해 부처님께서는 방편을 쓰셨다.

부처님께서는 신통력으로 한 사람을 만들어 강 아래쪽에서부터 물위를 걸어오게 하셨다. 그 사람은 강물 위를 걷는데도 봉숭아 뼈만 잠겼고, 이윽고 부처님 앞에 이르러서 머리를 조아리고 예를 올렸다. 마을 사람들은 이 모습을 보고 놀라고 괴이하게 여기며, 강물 위를 걸어 온 사람에게 물었다.

"저희는 조상들 대대로 이 강가에서 살았지만, 아직까지 사람이 물위를 걷는다는 말을 들어본 적이 없습니다. 당신은 어떤 분이고 어떤 도술道術이 있기에 강을 걸어도 빠지지 않습니까? 그것을 말하여 주십시오."

"나는 강 아래편에 사는 어리석은 사람인데, 부처님이 여기에서 귀하고 수승한 법문을 하고 계신다는 소식을 듣고 급하게 달려와 남쪽 강가에 이르렀는데, 배도 없어 강을 건널 수가 없었소. 그때 저쪽 언덕에 사람이 있어 얼마나 깊고 얕은지 물었더니, 그 사람이 말하기를 '저 물은 발목 복숭아뼈 깊이인데 왜 건너지 않소?'라고 하였소. 나는 그 말을 듣고 강물을 걸어 왔을 뿐 다른 도술이 있는 것이 아니오."

그때 부처님께서 찬탄하며 말씀하셨다.

"선재로다 선재로다! 무릇 진실한 법을 믿으면 생사의 강도 건널 수 있는 것인데, 몇 리의 강을 건너는 것이 어찌 기이하겠는가?"

이어 부처님께서 게송으로 말씀하셨다.

信能渡淵　攝爲船師　精進除苦　慧到彼岸[40]
신 능 도 연　섭 위 선 사　정 진 제 고　혜 도 피 안

士有信行　爲聖所譽　樂無爲者　一切縛解[41]
사 유 신 행　위 성 소 예　락 무 위 자　일 체 박 해

信乃得道　法致滅度　從聞得智　所到有明[42]
신 내 득 도　법 치 멸 도　종 문 득 지　소 도 유 명

信之與戒　慧意能行　健夫度恚　從是脫淵[43]
신 지 여 계　혜 의 능 행　건 부 도 에　종 시 탈 연

40　법구경 독신품 제5게송.
41　법구경 독신품 제6게송.
42　법구경 독신품 제4게송.
43　법구경 독신품 제7게송.

믿음은 연못을 건너게 하고
받아들임은 배의 선장이 되게 하며
정진은 괴로움을 없애 주고
지혜는 피안에 이르게 한다네.

사람이 믿음과 행함이 있으면
성인이 인정하여 칭찬하고
함이 없음을 좋아하는 이는
모든 속박에서 벗어나게 된다네.

믿음으로 도를 얻고
법으로 멸도에 이르며
듣고 배움으로 지혜를 얻으니
이르는 곳마다 밝음이 있다네.

믿음과 계율이 함께 하고
지혜로운 생각으로 행하면
굳건한 장부로 성냄을 건너가니
이로부터 생사의 연못을 벗어난다네.

마을 사람들은 부처님께서 말씀하시는 법을 듣고 믿음의 증거를 보면서 마음이 열리고 믿음이 견고해져 모두 오계五戒를 받아 청신사淸信士가 되었으며, 확실하게 믿고 날마다 법과 가르침을 닦아 널리까지 들리게 되었다.

❀ 부처님 당시부터 지금까지도 인도에는 네 가지 계급이 존재한다. 제사장과 학문이나 여타 일을 하는 브라만Brahman, 나라의 정치와 군사를 다스리는 왕족계급 크샤트리아Kshatriya, 농업과 공업과 상업을 하는 바이샤Vaisya, 위 상층계급을 도와 허드렛일을 하는 수드라Sudra, 이렇게 네 계급 또는 종성種姓이 있다. 이 계급은 자손으로 유전되어 각각의 계급에 따른 일들을 대대손손 물려받는다. 그런데 이 이야기에 나오는, 강가에 사는 사람들은 하층계급인 수드라에게도 천대받는, 그야말로 최하층 취급을 받는 불가촉천민(Untouchable) 하리잔Harijan일 것으로 생각된다.

지금도 인도의 수도 델리를 흐르는 야무나Yamuna 강변에 보면 누더기 텐트에서 사는 하리잔 마을을 볼 수 있다. 인도의 대도시 옆 강에는 이런 사람들이 마을을 이루고 살고 있는데, 그들의 숫자가 무려 1억 명이 넘는다는 통계도 있다.

부처님께서는 천대 받는, 천대 받기에 험악한 일로 살아야 하는 그들을 구제하고 제도하여 부처님 법을 믿고 의지하고 따르는 제자들로 바꾸신 것이다.

둘째 이야기

부처님께서 세상에 계실 때에 수라타修羅陀라는 이름의 장자가 있었다. 그는 헤아릴 수 없이 많은 재물을 소유하였는데, 삼보三寶를 향한 믿음이 지극하였다. 그는 스스로 서원하기를 '섣달 8일에는 항상 부처님과 승려들을 초청하여 공양 올리는 일을 종신토록 하고, 자손들도 삼보에 공양하는 봉행이 끊어지지 않도록 하겠다'고 하였다. 장자는 죽을 때가 되자 자식들에게 유언하기를, 섣달 8일에 부처님과 승려들을 초청하여 공양을 올리는 일이 끊어지지 않게 하라고 신신당부하였다.

아들의 이름은 비라타比羅陀였는데, 그는 점점 빈궁해져서 가진 것이 없게 되었다. 섣달이 가까워오자 공양을 제대로 차리지 못할까 근심에 싸여 즐거움이 없었다.

부처님께서는 제자 목련目連존자를 보내어 비라타에게 물으셨다.

"그대의 아버지께서 이 달에 응당 어떤 것을 하라고 말씀하셨는가?"

비라타가 대답하였다.

"아버님께서 가르치고 당부하신 것을 어찌 어기겠습니까. 오직 바라건대 부처님께서는 저희를 소홀히 여겨 버리지 마시고, 8일에 왕림하셔서 광명을 내려주시기를 원합니다."

목련존자는 부처님께 돌아가서 그대로 전하였다.

한편 비라타는 자신의 집을 담보로 백 냥의 금을 빌려서 집으로 돌아와 부인과 자식들과 함께 공양 일체를 구족하게 차렸다.

섣달 8일이 되자 부처님께서는 1,250명의 대중과 함께 비라타의 집에 와서 흔쾌히 공양을 받으시고 정사로 돌아가셨다. 이에 비라타는 비록 집이 담보로 잡혔지만 마음은 기뻤고 후회하거나 여한이 없었다.

그런데 그날 밤 텅 비어 있던 비라타의 창고에 재물이 저절로 가득 찼다. 그 다음날 비라타의 부부는 신기한 이 일을 보면서 기쁘면서도 두려웠다. 왜냐하면 관리가 어디서 이 큰 재물들이 생겼느냐고 묻는다면 대답할 말이 없었기 때문이다. 부부는 함께 의논하기를, 부처님께 이 일을 말씀드리기로 하였다. 부부가 부처님 처소에 가서 자초지종을 말씀드리자, 부처님께서 비라타에게 말씀하셨다.

"비라타여! 의심하거나 어려워 말고 편안한 마음으로 마음껏 사용하여라. 창고에 쌓인 재물은 모두 자네의 것이다. 그대의 믿음은 어려운 가운데서도 부친의 유언을 어기지 않았다. 계를 지키는 것을 부끄러워하면 복이 생기지 않는다. 보시布施와 지계持戒는 복덕을 쌓는 지름길로 칠재(七財; 불도를 성취하기 위한 7가지 법의 보물. 신信, 계戒, 문聞, 참괴慙愧, 사捨, 혜慧를 말함)를 원만히 구족하게 되는 것이다. 보시하는 것과 지계로 생겨난 복덕은 재앙으로 변하지 않는다. 지혜로운 사람에게는 복이 자연스러운 것이다."

이어 부처님께서 게송으로 말씀하셨다.

信財戒財　慙財愧財　聞財施財　慧爲七財[44]
신 재 계 재　참 재 괴 재　문 재 시 재　혜 위 칠 재

從信守戒　常淨法觀　慧而履行　奉敎不忘[45]
종 신 수 계　상 정 법 관　혜 이 리 행　봉 교 불 망

生有此財　不問男女　終已不貧　賢者識眞[46]
생 유 차 재　불 문 남 여　종 이 불 빈　현 자 식 진

---

[44] 법구경 독신품 제16게송.
[45] 법구경 독신품 제17게송.
[46] 법구경 독신품 제18게송.

믿음이라는 재물과 계율이라는 재물
부끄럽게 여김의 재물과 수치스럽게 여김의 재물
듣고 배움의 재물과 남에게 베풂의 재물
그리고 지혜의 재물, 이를 7가지 재물이라 한다네.

믿음을 좇고 계를 지키며
항상 청정하게 법을 관하고
지혜를 따라 행하고
가르침을 받들어 잊지 말아야 한다네.

살아서 이런 재산이 있으면
남녀를 불문하고
끝까지 빈궁하지 않을 것이니
현명한 사람은 진실임을 안다네.

비라타 부부는 부처님 말씀을 듣고 믿음이 더욱 돈독해져서 부처님의 발에 예배하고 기쁨에 차서 집으로 돌아왔다. 그리고 그 집안은 부처님의 수승한 법을 자식들에게 가르치면서 대대로 계승하며 모두가 수다원(須陀洹: 道跡)과를 증득하였다.

❀ 자비와 지혜가 깨달음으로 가는 두 날개라면 보시普施와 지계持戒는 세상에 내려앉는 새의 두 다리라고 할 수 있다. 보시와 지계는 불자라면 당연히 해야 하는 실천항목으로, 더불어서 함께 사는 보시의

기쁨과 계율을 지킬 때 일어나는 기쁨은 맛 본 사람만이 알 수 있다. 내일이나 모레, 아직 일어나지도 않은 일에 대한 걱정으로 나눔의 기쁨을 놓치지 말아야 한다.

가난하지만 온 마음으로 부처님을 공양한 빈자일등貧者一燈의 이야기는 많은 것을 생각하게 한다.

코살라국의 사위성에 난타라는 가난한 여인이 살고 있었다. 어느 날 부처님께서 사위성에 오신다고 하자 왕을 비롯한 백성들은 각자 자신의 능력에 맞게 등공양을 준비하였다.

난타는 비록 가난하였지만 자신도 이 세상에서 가장 존귀한 부처님께 등공양을 올리고 싶었다. 하지만 가진 게 아무것도 없었다.

'나는 전생의 죄 때문에 천하고 가난하게 태어나 모처럼 부처님을 뵙게 되었지만 공양할 것이 아무것도 없구나.'

이렇게 한탄하며 하루 종일 구걸하여 얻은 한 푼의 돈을 가지고 기름집에 가서 기름을 사고자 했다.

"이 돈만큼 기름을 좀 주세요."

주인은 어이없다는 듯 물었다.

"그렇게 적은 돈으로는 기름을 살 수 없습니다. 그런데 어디에 쓰시려고 그러십니까?"

"네, 부처님께서 오신다기에 등공양을 올리려고 합니다. 그러니 제발 이 돈만큼 기름을 주시면 안 될까요?"

주인은 난타의 뜻이 기특하여 등을 켤 수 있을 정도의 기름을 주었다. 난타는 깊은 환희심으로 등을 밝혀 부처님께 바쳤다. 이윽고 밤이 깊어 모든 등불이 꺼졌으나 유독 허름한 등 하나만은 바람 속에서도 꺼지지 않고 있었다. 부처님의 시자인 아난이 바람을 일으켜 등불을 끄려고 하였으나 어찌된 일인지 꺼지지 않았다. 이를 본 부처님께서 말씀하셨다.

"아난아, 그 등불은 가난하지만 착하고 믿음이 깊은 한 여인의 정성으로 켠 등불이므로 나 여래가 아니고는 끌 수가 없으리라. 그 여인은 그 공덕으로 앞으로 30겁 뒤에 반드시 성불할 것이니 이름을 '수미등광여래'라 할 것이다."

제6 계신품戒愼品

◉ 계戒는 경계하여 지키는 걸 말하고, 신愼은 진실로 삼간다는 뜻이다. 무엇을 경계하여 지키고, 무엇을 진실로 삼가야 하는가? 악惡을 경계하여 삼가고, 선善을 지켜야 한다. 악을 억제하고 선을 증장시키라는 말이다. 착하게 살며, 삿되고 그릇된 것을 멀리하라는 것이다.

첫째 이야기

부처님의 초전법륜지 녹야원에서 가까운 성스런 갠지스 강변, 바라나 시성에서 4~50리 떨어진 곳에 산이 하나 있었고, 다섯 스님이 수행하고 있었다. 그들은 매일 아침 일찍이 일어나 계율에 따라 성까지 걸어가서 일곱 집 걸식을 하였고, 걸식을 마치면 늦게 산으로 돌아왔다. 오십 리 길을 왕복하여 하루 백 리를 걸은 까닭에 스님들은 돌아와서는 피곤해서 파심치가 되었으므로 선정에 들어 수행을 하지 못하였다.

날이 지나고 해가 지나도 이와 같음이 계속되면서 스님들은 도를 얻을 수가 없었다. 부처님께서는 공부에 진전이 없는 제자들을 가엾이 여기시어 도인으로 변하여 스님들을 찾아가셨다. 그리고 스님들에게 물으셨다.

"이렇게 은거하면서 도를 닦으면 피곤하거나 싫증나지 않습니까?"

"우리들이 이곳에 지내면서 성까지 다녀오려면 너무나 멉니다. 하지만 사대四大로 이루어진 이 몸은 반드시 음식을 섭취하여야 하니, 매일 매일 음식을 얻기 위해 성안을 다녀오면 하루가 그냥 지나갑니다. 성까지 왕복 백리 길이라 너무 멀어 피곤하고 공부할 시간도 없습니다. 은거하여 도를 닦은 지가 오래되었어도 얻는 것이 없이 힘들기만 합니다. 이렇게 세월이 지나가면 필경에 얻는 것도 없이 죽을 것입니다."

도인이 말하였다.

"무릇 출가자는 계율로 근본으로 삼고, 몸과 마음 이 두 가지 문門을 총섭總攝하여 수행해야 합니다. 몸을 천하게 여기고 진리만 귀하게 여기는 것은 깨달음을 얻기 전 목숨을 재촉하는 것입니다. 먹는 것으로 몸을 유지하면서 편안한 마음, 안정된 마음, 깨끗한 마음으로 선정禪定에 들어 뜻을 지켜야 합니다. 안으로 사마타(止)와 위파사나(觀)를 배워 깨달음을 얻겠다는 생각도 버려야 합니다. 몸을 받들고 감정에 끌려 다니면서 어떻게 고통을 면할 수 있겠습니까? 내일 음식을 구하러 탁발을 가지 마십시오. 내가 공양물을 준비해 주겠습니다."

덕분에 다섯 스님들은 하루를 쉬게 되었다. 그날 다섯 스님은 마음에 큰 환희심이 일어나니 일찍이 없던 괴이한 일이었으나 곧 마음을 안정시키고 생각을 고요하게 하고 다시 마을에 갈 걱정을 하지 않았다. 날이 밝자 도인이 음식을 가지고 왔고, 음식을 먹은 스님들은 마음이 안정되고 평화로웠으며 마음과 뜻이 담백해져 욕심도 집착도 없어졌다. 이에 도인이 게송으로 말하였다.

比丘立戒　守攝諸根　食知自節　寤意令應[47]
비구입계　수섭제근　식지자절　오의령응

以戒降心　守意正定　內學止觀　無忘正智[48]
이계항심　수의정정　내학지관　무망정지

明哲守戒　內思正智　行道如應　自淨除苦[49]
명철수계　내사정지　행도여응　자정제고

비구가 계율을 세우고
모든 감각기관을 다스려 지키며
음식을 스스로 절제할 줄 알면
뜻을 깨달아 상응하게 된다네.

계율로써 마음을 항복받고
뜻을 지켜 바른 선정에 들며

47　법구경 계신품 제8게송.
48　법구경 계신품 제9게송.
49　법구경 계신품 제10게송.

안으로 지와 관을 배우고
바른 지혜를 잊지 않아야 한다네.

명철하게 계율을 지키고
안으로 바른 지혜를 생각하며
도를 이치에 따라 행하면
스스로 깨끗해져 괴로움 없어진다네.

이렇게 게송을 설하고 부처님 본연의 빛나는 모습을 나타내시니 다섯 스님들은 정신이 번쩍 들어 모두 계율을 사유하였으며, 곧 아라한도를 증득하였다.

❋ 수행자에게 몸과 마음은 똑같이 중요하다. 사람 몸이 없으면 수행이란 어불성설이다. 반대로 수행하려는 마음이 없다면 깨달음은 어불성설이다. 몸을 유지하려면 음식을 먹어야 하고, 마음을 닦으려면 수행을 하여야 한다. 재가수행자들의 본보기는 유마거사다. 그분을 본보기로 삼아야 한다. 세속의 일도 열심히 하고 수행도 열심히 해야 한다. 그래서 유마거사는 둘이 아니라는 불이법문不二法門을 하셨다.

주위에 보면 수행을 한다고 가정을 등한시하여 부인에게 모든 짐을 떠넘기는 사람들이 있다. 물론 이면의 사정이야 다 알 수는 없지만, 그래도 양변兩邊에 치우치지 않는 중도中道를 생각해 보았으면 한다.

제7 유념품惟念品

◉ 유惟는 생각이고, 념念은 또 한 번 생각하는 것을 뜻한다. 생각에 생각을 더하는 것은 신통하고 묘한 것이기에 생각을 두 번 하는 것이다. 무엇이 신묘한가? 바로 숨이다. 숨이 없다면 생명은 없다. 그래서 신묘한 것이다. 부처님은 날숨과 들숨을 알아차리는 수식관數息觀 수행을 하셨고, 안반수의경安般守意經을 설하셨다. 들숨 날숨을 알아차림이 여여如如해지면 도道의 실마리를 이해하게 된다.

부처님께서 세상에 계실 때이다. 탁실라국 불가사(弗加沙; 푸쿠사티)왕과 마가다국 병사왕(甁沙王; 빔비사라)은 아주 다정한 친구 사이였다. 그런데 불가사왕은 아직 부처님 법을 알지 못하고 있었다. 불가사왕은 칠보七寶로 꽃을 만들어서 친구 병사왕에게 보냈는데, 병사왕은 그 꽃을 부처님께 올리며 여쭈었다.

"친구인 불가사왕이 저에게 보낸 이 꽃을 부처님께 올리오니, 원하옵건대 불가사왕이 마음을 열고 진리를 이해하며, 부처님을 뵈옵고 법을 듣고 성스러운 스님들을 받들어 공경하게 해 주시길 바랍니다. 그리고 저는 어떤 물건을 답례로 보내는 것이 합당하겠습니까?"

부처님께서 병사왕에게 말씀하셨다.

"12인연경十二因緣經을 정성껏 써서 보내십시오. 불가사왕이 경을 보면 진심으로 믿고 이해할 것입니다."

병사왕은 바로 경전을 쓰고 달리 글을 첨부하였다.

"왕께서 칠보로 만든 꽃을 저에게 보내주셔서 저는 감사한 마음으로 불법의 꽃을 보내드립니다. 왕께서 경을 읽고 인연 그 뜻을 깊이 생각하시면 훌륭한 과보를 받으실 것입니다."

탁실라의 불가사왕은 12인연경을 거듭 읽고 깊이 성찰하기를 반복하여서 경전의 뜻을 확연하게 알게 되었다. 왕은 연신 기쁨에 차서 신하들과 태자를 불러 말하였다.

"참으로 부처님의 법은 오묘하고 신묘하여 모든 사람의 정신이 안정되고 나라가 번영할 수 있겠구나. 오욕(五欲: 재물욕, 색욕, 식욕, 수면욕, 명예욕)이 번뇌의 근본인데, 나는 여러 겁 동안 습관적으로 오욕락五欲樂에 미혹하였다가 지금에야 깨달았구나. 세속의 시류時流와 풍속을 아무리 살펴보아도 욕심내고 좋아할 것이 아무것도 없구나."

왕은 태자에게 왕위를 물려주고 스스로 머리를 깎고 출가를 하였다. 왕은 사문이 되어 법복과 발우를 지니고 부처님을 찾아 길을 떠났다. 그리고 부처님이 계신 마가다국 왕사성에 늦게 도착하여 옹기 굽는 집 빈 가마에서 하룻밤 기거하게 되었다.

그는 '내일은 성에 들어가서 걸식하고 부처님 처소에 가서 가르침과 계戒를 받으리라'며 기쁜 마음이었다.

부처님께서는 신통력으로 불가사왕이 다음날 탁발하여 밥을 먹기 전에 그 운명이 다할 것을 아셨다. 그리고 지극한 신심으로 먼 곳에서 와서 부처님을 뵙지 못하고, 또 가르침을 듣지 못하고 죽는 그를 가엾게 생각하셨다.

그날 밤 부처님께서는 스님으로 변하셔서 옹기 굽는 집에 이르러 하룻밤 자기를 청하였다. 주인은 '한 스님이 저 빈 가마에 있으니 함께 주무시라'고 하였다.

부처님께서는 한쪽에 넓은 파초 잎을 깔고 앉으시더니 불가사왕에게 물으셨다.

"어디에서 오셨고, 스승은 누구십니까? 어떤 인연으로 사문이 되었고, 부처님을 뵈었습니까?"

"저는 아직 부처님을 뵙지 못했습니다. 12인연경을 읽고 바로 사문이 되었으며, 내일 성안으로 들어가면 반드시 부처님을 뵈올 수 있을 것입니다."

스님으로 변화하신 부처님이 말씀하셨다.

"사람의 운명은 바람 앞의 촛불처럼 위태로워 아침저녁으로 어떻게 변할지 알 수 없습니다. 모든 것이 늘 변하여서 무상無常하므로 죽음은 기약이 없이 다가옵니다. 인간의 몸은 지地, 수水, 화火, 풍風 사대四大가 모이며 이루어지고, 흩어지면 죽어서 본래대로 돌아갑니다.

공의 뜻을 깨우쳐 생각하고, 일체 생각을 끊어 청정히 하며, 삼보와 보시와 지계에 마음을 집중하여 무상의 이치를 알게 되면 부처님을 뵙는 것과 다를 것이 없습니다. 그러니 '내일은 어떤 이익될 일도 없다'고 생각하십시오. 오늘 이 순간이 중요합니다."

그리고 게송으로 말하였다.

夫人得善利　乃來自歸佛　是故當晝夜　常念佛法衆[50]
부 인 득 선 리 　내 래 자 귀 불 　시 고 당 주 야 　상 념 불 법 중

己知自覺意　是爲佛弟子　常當晝夜念　佛與法及衆[51]
기 지 자 각 의 　시 위 불 제 자 　상 당 주 야 념 　불 여 법 급 중

念身念非常　念戒布施德　空不願無相　晝夜當念是[52]
념 신 념 비 상 　념 계 포 시 덕 　공 불 원 무 상 　주 야 당 념 시

무릇 사람이 좋은 이익을 얻으려면
곧 스스로 와서 부처님께 귀의하고
그리고 응당 밤낮으로
항상 불법승 삼보를 생각해야 한다네.

스스로 마음을 깨달아 알게 되면
이 사람을 부처님의 제자라고 하니
항상 마땅히 밤낮으로
불법승 삼보를 생각한다네.

---

50 법구경 유념품 제10게송.
51 법구경 유념품 제11게송.
52 법구경 유념품 제12게송.

몸을 생각하되 항상하지 않음을 생각하고
계율과 보시의 공덕을 생각하며
공하여 원함도 없고 실상도 없다고
밤낮으로 마땅히 이렇게 생각해야 한다네.

부처님이 변화한 스님은 가마 속에서 불가사왕을 위하여 근본이 무상하여 항상하지 않는 진리를 말씀하셨다. 이에 불가사왕은 마음이 안정되고 사유하였고, 바로 아나함도(阿那含道; 성문사과, 즉 수다원도 須陀洹道, 사다함도斯陀含道, 아나함도阿那含道, 아라한도阿羅漢道 중 세 번째 도과道果)를 얻었다.

부처님께서는 불가사왕이 법의 뜻을 이해하고 있음을 아시고 원래의 모습으로 돌아가서 광명한 상호를 나타내셨다. 불가사왕은 크게 기뻐하면서 온몸으로 땅에 엎드려 절하여 부처님께 예를 올렸다.

부처님께서는 불가사왕에게 거듭 말씀하셨다.

"죄는 무상無常한 것이니, 더 이상 두려워할 것이 없소."

불가사왕이 부처님께 말하였다.

"부처님의 고귀한 가르침을 경건히 받들겠습니다."

부처님께서는 홀연히 떠나가셨다.

다음날 공양 때가 되어 불가사왕이 성에 들어가서 걸식을 하였다. 그때 성에는 막 태어난 송아지를 돌보던 암소가 있었는데, 불가사왕이 근처에 오자 새끼를 보호하려고 달려들어 뿔로 배를 들이받아 목숨을 마치게 되었고, 곧바로 아나함천(阿那含天: 아나함과를 깨달은 성자가 태어나는 곳)에 태어났다. 부처님께서 제자들을 보내 다비를 하고 탑을 세웠다.

부처님께서 제자들에게 말씀하셨다.

"죄를 대하는 근본根本 인과因果에는 신중하고 신중해야 한다."

❋ 빔비사라왕이 불가사왕에게 어떤 답례품을 보내는 것이 좋겠느냐는 물음에 부처님은 12연기경을 사경寫經하여 보내라 하셨다. 평생 산속 골짜기에서 밭을 일궈 먹고사는 농부라면 그다지 많은 인연을 만들지 않았을 것이지만, 나라의 왕을 지낸 그는 얼마나 많은 인연이 있었겠는가? 인연경을 통해 모든 것은 무상하다는 것을 깨우치고, 그 인연으로 부처님을 뵙고 법을 듣고 아나함이 되었지만, 결국에는 암소에 치여 죽는 과보를 피하지는 못하였다. 인과의 무거움과 절대성을 다시 한 번 생각하게 한다.

제8 자인품慈仁品

● 자인慈仁은 자애롭고 인자함, 자비심이 깊음 등을 뜻하며, 그 최고봉은 바로 어머니의 자식에 대한 사랑일 것이다. 그런 어머니의 마음으로 살아있는 모든 중생을 대한다면 그것이 바로 복덕을 받는 지름길이다.

첫째 이야기

그때 부처님께서는 마가다국 왕사성에 계셨다. 성을 지나 500리 떨어진 곳에 산이 하나 있었고, 산 속에는 한 집안이 살고 있었는데 식솔이 122명이나 되었다. 그들은 숲 속에서 사냥을 하는 것으로 생업을 삼고 있었다. 그들은 도통 농사를 짓지 않고 사냥을 하여 고기를 먹고 짐승 가죽옷을 입고 살았다. 또한 그들은 귀신을 섬기면서 불법승 삼보를 알지 못하였다.

그렇게 법도 알지 못하고 살생을 하며 사는 그들을 불쌍히 여기신 부처님은 성스런 지혜로 그들을 교화하고자 그 집 앞 나무 아래에 앉으셨다.

남자들은 사냥을 나가고 집안에는 여자들과 아이들만 있었는데, 부처님의 성스러운 빛이 천지를 밝히고, 산 속의 나무와 돌들이 모두 금색으로 변하는 것을 보고 어른 아이 할 것 없이 모두 놀라면서도 기뻐하였다. 그들은 부처님이 신인神人인 줄 알았다. 이에 모두 와서 부처님께 예배하고 자리를 잡고 앉아 부처님 말씀을 들었다.

부처님께서는 그들에게 살생의 죄를 말씀하시고 살생을 그쳐 자애로운 복을 지으라고 하셨으며, 가족이 사랑으로 모여 사는 것은 한때일 뿐 결국에는 이별을 할 수밖에 없다고 말씀해 주셨다. 여인들은 부처님 말씀을 듣고 기뻐하며 여쭈었다.

"산에 사는 저희들은 고기밖에는 먹을 것이 없습니다. 미천한 공양이나마 올리고자 하오니 원컨대 받아 주십시오."

부처님께서 말씀하셨다.

"모든 부처님의 법은 고기를 먹지 않는 것입니다. 그리고 나는 이미 공양을 하고 왔으니 다시 준비할 필요가 없습니다."

그리고 이어서 말씀하셨다.

"목숨을 이어가기 위해 세상에는 먹을 것이 무수히 많습니다. 그런데 그대들이 농사를 지어 이익이 되는 음식을 먹지 않고 생명들을 죽여서 몸을 유지한다면 죽어서 필히 악도에 떨어지는 손해를 입을 것입니다. 사람은 땅이 주는 오곡五穀을 먹고, 응당 모든 살아있는 중생을 어여삐 여겨야 합니다. 꿈틀거리는 벌레도 삶에 대한 애착이 있으니, 살아있는 생명을 죽이면 죄의 재앙은 끝이 없습니다. 이제부터라도 자애로움과 사랑으로 살생을 하지 않는다면 세세생생 우환이 없을 것입니다."

부처님께서는 곧바로 게송으로 말씀하셨다.

爲仁不殺 常能攝身 是處不死 所適無患[53]
위인불살 상능섭신 시처불사 소적무환

不殺爲仁 愼言守身 是處不死 所適無患[54]
불살위인 신언수신 시처불사 소적무환

垂拱無爲 不害衆生 無所嬈惱 是應梵天[55]
수공무위 불해중생 무소요뇌 시응범천

常以慈哀 淨如佛敎 知足知止 是度生死[56]
상이자애 정여불교 지족지지 시도생사

인자한 마음으로 살생을 하지 않고
항상 몸을 잘 다스리면
이로써 죽지 않는 곳에 가게 되니
가는 곳마다 근심걱정 없다네.

살생을 하지 않아 인자한 마음이 생기고
언행을 삼가고 몸을 잘 지키면

---

53 법구경 자인품 제1게송.
54 법구경 자인품 제2게송.
55 법구경 자인품 제5게송.
56 법구경 자인품 제6게송.

이로써 죽지 않는 곳에 가게 되니
가는 곳마다 근심걱정 없다네.

가만히 내버려두어 함이 없고
중생들을 해치지 않으며
번뇌에 휘둘리는 바가 없으면
이것이 범천(만유의 근원)에 응하는 것이네.

항상 자애로움과 연민으로
깨끗하기가 부처님 가르침과 같고
만족함을 알고 마음을 그칠 줄 알면
이것이 생사를 건너는 것이네.

부처님께서 게송을 마쳤을 때 남자들이 사냥을 갔다가 돌아왔으나 모든 부녀자들은 가르침을 듣느라 나가서 맞이하지 않았다. 남자들은 평상시와 같지 않았으므로 놀라고 괴이하게 여기면서 집에 돌아가 잡은 고기를 내려놓고 무슨 일이 있는지 알아보았다.

그때 모든 부녀자들은 부처님 앞에 앉아 두 손을 모으고 말씀을 듣고 있었다. 남자들은 성내는 마음에 소리를 지르며 부처님을 해치려고 달려들자 부녀자들이 말리면서 말했다.

"이 분은 신인神人으로, 악의가 없으십니다."

그들은 여자들의 말과 부처님을 보고는 바로 죄를 뉘우치고 부처님께 예를 올렸다.

부처님께서는 집안사람 모두에게 거듭 생명을 죽이지 않는 복과 살생과 상처를 입히는 죄를 말씀하셨다. 이에 남자들은 뜻을 이해하고 무릎을 꿇고 부처님께 여쭈었다.

"저희들은 깊은 산 속에 살면서 사냥으로 생업을 삼고 있으니 죄의 과보가 깊고 깊은데 어떻게 이 무거운 재앙을 면할 수 있겠습니까?"
이에 부처님께서 게송을 말씀하셨다.

履仁行慈　博愛濟衆　有十一譽　福常隨身[57]
리 인 행 자　박 애 제 중　유 십 일 예　복 상 수 신

臥安覺安　不見惡夢　天護仁愛　不毒不兵[58]
와 안 각 안　불 견 악 몽　천 호 인 애　불 독 불 병

水火不喪　所在得利　死昇梵天　是爲十一[59]
수 화 불 상　소 재 득 리　사 승 범 천　시 위 십 일

인을 행하고 자비를 행하며
널리 중생을 사랑하고 구제하면
열한 가지 칭찬이 있어
복이 항상 그 몸을 따른다네.

자면서도 편안하고 깨어서도 편안하며
악몽을 꾸지 않는다네.

---

57 법구경 자인품 제14게송.
58 법구경 자인품 제15게송.
59 법구경 자인품 제16게송.

하늘이 인자함과 사랑으로 보호하니
독으로도 병사로도 해치지 못한다네.

물과 불이 죽이지 못하고
머무는 곳마다 이익을 얻으며
죽어서는 범천에 오르니
이것이 열한 가지 복이라네.

　부처님께서 게송을 마치자 남녀노소 122명의 사람들이 모두 기뻐하며 부처님 법을 믿게 되었고, 오계五戒를 받들어 지녔다.
　더불어 부처님께서는 빔비사라왕에게 부탁하여 농사지을 땅과 추수할 때까지 먹을 곡식을 내어주게 하니, 자애로움이 널리널리 퍼져 국가를 안녕安寧되게 하였다.

✺ 경전에 나타나는 석가모니 부처님의 행적을 보면, 가난하고 아프고 소외받는 사람들을 가엽게 여기고 자비를 베푸시어 교화하는 모습을 많이 볼 수 있다. 몸을 파는 여인을 제자로 받아 아라한이 되게 하셨고, 석가족의 천대받는 이발사 출신을 지계제일 제자로 거듭나게 하셨으며, 가난한 여인이 올린 볼품없는 작은 등잔에 담긴 정성을 외면하지 않으셨다. 여기에 나오는 외진 산 속에 사는 사냥꾼들처럼, 부처님은 낮은 곳에서 고통 받는 중생들을 더욱 더 사랑하셨다. 부처님은 모든 중생을 고통에서 구제해주시는 중생의 어머니다.

둘째 이야기

부처님이 계시던 중인도에서 멀리 떨어진 곳에 큰 나라가 있었는데 왕의 이름은 화묵和默이었다. 변경에 위치하고 있었으므로 성스럽고 오묘한 삼보의 가르침을 아직 만나지 못하였고, 대신 브라만과 외도와 요사스런 것을 받들고 있었다. 때문에 온 나라가 삿된 것을 받들어 생명을 죽여서 제사의 제물로 바치고 있었다.

이때 화묵왕의 어머니가 병이 들어 자리에 눕게 되었는데, 모든 의사들의 탕약도 효험이 없었다. 또한 무녀들을 보내 구해달라고 기도하게 하였지만, 세월이 지나도 차도가 없었다. 그러자 왕은 나라 안에 있는 바라문 사제 200명을 초청하여 음식을 공양하며 말하였다.

"어머니께서 병이 깊이 들었는데, 어떤 연유인지 알지 못하고 이렇게 있습니다. 그대들은 다양하고 명철한 지식을 가지고 있고 천지의 성수星宿를 아니 어머니의 병을 어떻게 고쳐야 하는지를 말하여 주십시오."

바라문들이 말하였다

"별자리가 전도되어 음양이 조화롭지 못하여 그렇습니다."

"어떤 방법으로 이를 치료할 수 있겠습니까?"

"성 밖에 깨끗하고 정갈하고 평평한 땅에 제단을 마련하여 일월성수日月星宿와 동서남북 네 산에 제사를 지내야 합니다. 100마리의 짐승을 각각 종류를 달리하고, 어린 아이 하나를 하늘에 제사지내야 합니다. 그런 후에 왕께서는 어머니에게 가서 무릎을 꿇고 살아주시기를 청하면 차도가 있을 것입니다."

왕은 즉시 그러한 공양물을 준비하게 하고는, 코끼리, 말, 소, 양 각각 100마리를 끌고 가게 하니 길을 따라 비명소리가 천지를 진동하였고, 동문을 따라 가면 생명을 죽여 하늘에 제사를 지내는 제단이 마련되어 있었다.

부처님께서는 대자비로 중생을 널리 구제하고자 하셨으므로, 그 왕의 완고한 어리석음을 가엾게 여기셨다.

'왜 그 많은 중생의 생명을 죽이는 나쁜 짓을 하여 한 사람을 구하려고 하는가.'

이에 부처님께서는 대중들을 이끌고 그 나라로 가셨는데, 성의 동문 도로에서 왕과 바라문 무리와 마주쳤다. 그들의 뒤로 축생들의 비명소리가 함께 따라오고 있었다.

화묵왕은 부처님을 뵈니 해가 처음 뜨는 것과 같고 달이 둥근 것과 같았으며 상서로운 빛이 천지를 두루 비추었다. 모든 사람들은 이를 보고 존경하는 마음이 저절로 일어나 공경하지 않는 사람이 없었고, 제사로 희생될 짐승들 또한 부처님께 희생의 억울한 제물이 되지 않기를 원하였다.

왕은 타고 가던 수레에서 내려 부처님에게 다가가 두 손을 모으고 한쪽 무릎을 꿇고 예를 드렸다. 부처님께서는 답례하고 나서 왕에게 물으셨다.

"짐승들의 비명이 있는 이 행차는 어디로 가는 것입니까?"

"제 어머니가 병을 얻은 지가 오래 되었습니다. 훌륭한 의사들이 치료도 하고 신들에게 제사도 지냈으나 효험이 없어, 오늘 하늘의 별들과 이 나라의 네 방향에 있는 다섯 개의 큰 산에 제사를 지내

어머니가 병이 낫게 되기를 청하고자 합니다."

부처님께서 왕에게 말씀하셨다.

"왕이여, 한 마디 할 테니 잘 들으시기 바랍니다. 음식을 얻기를 바라거든 마땅히 씨를 뿌려서 키워야 하고, 큰 부자가 되려면 보시를 행해야 하며, 오래 살기를 원하거든 큰 자비를 베풀어야 하고, 지혜를 얻기를 바라거든 학문을 해야 하는 것입니다. 이 네 가지 일은 뿌린 대로 거두는 것입니다.

대개 부귀한 집안은 가난한 사람의 빈천한 음식을 탐내지 않습니다. 그렇듯이 하늘나라는 일곱 가지 보석으로 궁전을 짓고 필요한 음식과 옷들은 생각만 해도 만들어지는데 어찌 천상의 감로의 음식을 버리고 울부짖는 짐승들의 피에 젖은 더러운 제사 음식을 먹겠으며, 그 추한 음식을 먹으러 이 땅까지 내려오겠습니까? 생명을 죽여 생명을 구한다는 것은 도리에 어긋나 생명을 멀리하는 것인데, 뭇 생명을 죽여서 한 사람의 생명을 구하는 것이 어찌 이루어지겠습니까?"

이어서 부처님께서 게송을 말씀하셨다.

若人壽百歲　勤事天下神　象馬用祭祀　不如行一慈[60]
약인수백세　근사천하신　상마용제사　불여행일자

만약 사람이 100세를 살기를 바라서
천하의 신을 성심껏 섬기면서
코끼리나 말을 제사의 제물로 쓰는 것은

---

60 법구경 자인품 제19게송.

한 번 자비를 행하는 것만 못하다네.

부처님께서 이 게송을 말씀하셨을 때 신령한 빛이 천지를 뒤덮었고, 고통 받는 삼도(三塗; 지옥과 축생과 아귀의 세계)와 팔난(八難; 배고픔, 목마름, 추위, 더위, 물, 불, 칼, 전쟁)에 처한 중생들이 모두 기뻐하며 원하는 것을 모두 얻었다.

국왕 화묵은 이 귀한 설법을 듣고 또한 신령한 빛을 보고 매우 기뻐하며 바로 수다원(道迹)과를 증득하였고, 병든 어머니도 법을 듣고 다섯 감각기관이 활기차게 되어 병이 나았다. 200명의 바라문들도 부처님의 거룩한 광명을 보고 거듭 그 말씀을 되새기면서 부끄러워하며 제자가 되길 원하였다. 부처님께서는 이들 모두를 받아들여 사문이 되게 하였고, 모두들 원하는 것을 얻었다.

왕과 대신들은 부처님께 청하여 한 달 동안 가르침을 듣고 공양을 올렸다. 불법으로 바르게 다스리자 나라가 두루 융성하였다.

❁ 역사적으로 보면, 옛적에 인도와 중동의 여러 나라와 마야 잉카문명에서는 살아있는 생명을 죽여 제사를 지냈다. 히브리민족 유대교에서 믿음의 조상 아브라함이 늦게 얻은 자기 자식을 제물로 쓰려고 했으니, 다른 뭇 생명이야 말할 필요도 없다. 그들이 생명을 해치는 이유는 단지 신神에게 잘 보여 원하는 걸 얻거나 분노한 신을 달래기 위함이었다. 그들의 신은 피를 좋아하는 흡혈신인가?

부처님은 하늘나라 신들은 부족한 것이 없으며, 맑고 깨끗한 것만 먹는데, 원망과 피로 얼룩진 부정한 시체를 원하겠느냐고 묻는다.

희생제의犧牲祭儀는 인간이 어리석음과 두려움으로 맹신에 빠져 스스로 신을 만들어 자기 식으로 숭배한 결과이다. 그래서 어느 철학자는 말한다. '신은 만들어졌다'고.

제9 언어품言語品

◉언어품은 입을 경계하는 것이다. 나쁜 말과 꾸미는 말, 이간질시키는 말, 교만하게 남을 업신여기는 말에서 미움과 원한이 생긴다. 항상 말하는 것을 조심할 것이며, 말을 하거나 남의 말을 논할 때에도 마땅히 도리에 맞아야 한다.

(제7 유념품에서 본 것처럼) 불가사왕이 암소에게 뿔에 받혀 죽자 소 주인은 무섭고 두려워 소를 다른 사람에게 팔았고, 새 주인이 소를 끌고 가서 물을 먹이려 하자, 뒤에서 따라가던 소가 또다시 그 주인을 뿔로 받아 죽였다. 소 주인의 아들은 화가 나서 소를 죽여 시장에 고기로 팔았는데, 농부 한 사람이 소머리를 사서 꿰매어 가지고 어깨에 짊어지고 집으로 가다가 어느 나무 아래에서 쉬게 되었다. 그래서 소머리를 나무 가지에 잠시 매달아 두었는데, 잠시 후 끈이

끊어져 그의 머리 위로 소뿔이 떨어져 농부 또한 생명을 잃었다. 하루 동안에 세 명의 생명이 죽은 것이다. 병사왕은 친구인 불가사왕부터 시작된 이 기묘한 일을 듣고 신하들과 함께 부처님이 계신 곳에 가서 예를 갖추고 그 연유를 여쭈었다.

"세존이시여! 아주 괴이한 일이 일어났습니다. 암소 한 마리에 의해 세 사람이 목숨을 잃었습니다. 어떤 변고가 일어날 징조가 아닌지, 그 뜻을 알고자 합니다."

부처님께서는 병사왕에게 말씀하셨다.

"모든 죄는 다 원인이 있습니다. 지금 당장만 볼 것이 아닙니다."

왕이 부처님께 여쭈었습니다.

"그 원인을 듣고자 합니다."

부처님께서 그 연유를 이야기해 주셨다.

오래 전에 장사꾼 세 사람이 다른 나라에 가서 장사를 하였는데, 홀로 사는 할머니의 집에서 방값을 주기로 하고 머물렀다. 그러나 그들은 할머니가 혼자 사는 것을 알자, 할머니가 없는 틈을 타서 돈을 갚지 않고 소리없이 도망쳐버렸다.

할머니가 집에 와 보니 장사꾼들을 볼 수 없었고, 이웃사람들에게 물어보니, 모두 떠났다고 하였다. 할머니는 화가 나서 그들을 뒤쫓아 힘들게 만나게 되었고, 방값을 달라고 따졌다. 하지만 세 장사꾼은 적반하장으로 "우리가 이미 방값을 주었는데 왜 다시 달라고 합니까?"라며 되레 큰소리를 쳤다.

이렇게 서로 소리치며 드잡이를 하였으나, 할머니는 혼자였으므로 방값을 받아낼 수 없었고, 결국 분노에 차서 그들을 향해 저주의 서원을 말하였다.

"내가 지금 이런 고통을 당하니, 나에게 닥친 이런 사기를 참을 수가 없구나. 내가 후세에 태어나는 곳에서 너희들을 만나면 응당 너희들을 죽여 상응하는 값을 치르게 하겠다. 비록 도를 얻었을지라도 결코 용서하지 않겠다."

부처님께서 병사왕에게 말씀하셨다.

"그때의 노파가 지금의 암소이고, 그 당시 세 명의 장사꾼은 불가사 등 세 사람으로 오늘 그 암소에게 죽은 것입니다."

이어서 부처님께서 게송으로 말씀하셨다.

惡言罵詈 憍陵蔑人 興起是意 疾怨兹生[61]
악 언 매 리　교 능 멸 인　흥 기 시 의　질 원 자 생

遜言順辭 尊敬於人 棄結忍惡 疾怨自滅[62]
손 언 순 사　존 경 어 인　기 결 인 악　질 원 자 멸

夫士之生 斧在口中 所以斬身 由其惡言[63]
부 사 지 생　부 재 구 중　소 이 참 신　유 기 악 언

나쁜 말로 남을 욕하고 꾸짖으며
교만한 마음으로 사람을 업신여기는
이런 생각이 자꾸 일어나면

---

[61] 법구경 언어품 제1게송.
[62] 법구경 언어품 제2게송.
[63] 법구경 언어품 제3게송.

괴롭고 원망하는 마음이 생긴다네.

겸손하고 순리에 맞는 말로서
다른 사람을 존경하고 받들며
맺힌 것을 풀고 악한 마음을 참으면
괴롭고 원망하는 마음 저절로 없어지리라.

무릇 사람의 삶은
입에 도끼를 물고 있는 것과 같아서
자기 몸을 망치는 것은
그 악한 말 때문이라네.

부처님 말씀과 게송을 들은 병사왕과 그 권속들 모두 다른 사람을 공경하고 정중하게 대했으며, 모두 다 착한 행실을 숭상하기를 원하면서 예를 갖추고 물러갔다.

❀ 우리 속담에 '콩 심은 데 콩 나고, 팥 심은 데 팥 난다'는 말이 있다. 우리나라뿐만이 아니라 세계적으로 이와 유사한 속담이 많다. 인류가 살아오면서 체득한 보편적 지혜라고 하겠다. 그러나 우리는 머리로만 알고 있을 뿐, 이 이치를 생활의 규범으로 받아들지는 못하고 있는 것 같다. 그것은 원인과 결과, 일점일획도 틀리지 않는 인과因果의 철저함을 모르기 때문이다. 부처님이 3일 동안 두통을 앓으신 적이 있었다. 그 이유는 전생에 큰 물고기(석가족을 학살한 유리왕의 전신)

머리에 꿀밤을 세 번 때렸기 때문이었다. 부처님조차도 인과의 과보에서 자유로울 수 없으셨다. 하물며 우리 중생들이랴! 이 점을 명심하여 늘 말과 행동을 조심하며 살아야 한다. 과연 우리는 오늘 하루 어떠했는가?

제10 쌍요품雙要品

●쌍雙은 짝을 이루는 것을 말하고, 요要는 중요한 것, 요점이나 관건을 뜻한다. 즉 쌍요품은 어떤 주제에 대해 두 방향으로 바라봄으로서 그 뜻을 명료하게 드러내준다. 한 방향에서만 바라볼 때 생길 수 있는 결핍을 예방하고, 대상을 온전히 이해하기 위한 방편이다.

첫째 이야기

코살라국 파사익왕은 부처님이 계신 기원정사에 이르자 마차에서 내려 행차에 쓰는 일산日傘을 펼치지 못하게 하고 칼을 풀어 놓고 두 손을 모아 합장하며 부처님 앞으로 나아갔다. 부처님 앞에 이르러 온몸을 땅에 대고 오체투지를 하고는 무릎을 꿇고 부처님께 여쭈었다.

"제가 내일 사거리에 부족한 음식이나마 차려놓고 부처님께서 지극히 존엄하심을 백성들에게 알리고자 합니다. 그리하여 모든 중생들이 귀신이나 요사스러운 것을 멀리 하고 오계를 받들게 하여 나라의 걱정을 없애고자 합니다."

부처님께서 왕에게 말씀하셨다.

"훌륭합니다! 무릇 국왕은 마땅히 정의롭게 나라를 다스려 백성들을 인도하고, 바른 법으로서 내세의 행복을 구하게 해야 합니다."

왕이 말하였다.

"부처님께 지극한 정성으로 청하오니 부디 허락해 주시기 바랍니다."

왕은 손수 음식을 만들었으며, 직접 나가서 부처님과 제자들을 환영하여 받들고 사거리까지 모셨다. 부처님께서는 자리에 앉으시자 역시 직접 손 씻을 물과 음식을 준비하였다. 부처님께서 공양을 마치시자, 왕은 자신과 구름같이 모인 많은 백성들을 위해 부처님께 설법을 청하였다. 부처님의 말씀을 듣는 많은 사람들 중에 두 명의 상인이 있었다.

그들 중 한 사람이 다른 상인에게 말하였다.

"부처님은 제왕과 같고 제자들은 충신과 같구려! 부처님은 밝은 법을 말씀하시고 제자들은 이를 외워서 널리 퍼뜨리니 부처님 법이 끊이지 않고 흐르겠구려. 저 파사익왕 또한 참으로 명철하구려. 부처님을 높이 받들고 자기의 뜻을 다하여 받들 줄 아니 말입니다."

그러자 다른 한 상인이 말하였다.

"저 파사익왕은 어리석구려. 나라의 왕이면서 장차 어떤 것을 더 구하려고 이런 일을 하는가. 부처는 소와 같고 제자들은 마차와 같으니, 저 소가 마차를 동서남북 이리저리 끌고 다니는구려. 그대는 저 부처에게 어떤 도가 있어서 뜻을 다하여 이리 좋아하는가?"

법회가 끝나고 두 사람은 함께 30리를 걸어가다가 주막에 머물러 쉬어가게 되었다. 저녁이 되어 두 사람은 술을 마시면서 이 일 저 일을 논의하였다.

그때 부처님을 바르게 생각하는 사람은 사천왕이 보호해 편안했으나 부처님을 나쁘게 생각하는 사람은 태산지옥의 귀신이 배에 들어가 술을 불로 바꾸어 불이 몸을 태우는 것과 같았다. 온몸이 타들어가는 열기에 나쁜 말을 한 상인은 주막을 나와 길에서 잠들었고, 아직 어두운 새벽에 지나가는 마차 바퀴 속으로 굴러 들어가 고통스럽게 죽고 말았다. 그 위로 500대의 마차가 지나간 것이다. 상인은 날이 새자 친구가 비참하게 죽은 사실을 알았다. 그는 죽은 친구를 장사지내고 생각하였다.

'이대로 나라로 돌아가면 친구를 죽이고 재물을 빼앗았다는 의심을 받을 것이다. 옳지 않은 일이지만 재물을 버리고 멀리 가야겠다.'

다른 나라에 갔을 때, 그 나라 국왕이 죽었는데 대를 이을 자식이 없었다. 그런데 그 나라의 예언서에 "미천한 신분의 사람이 이 나라의 왕이 될 것이다. 죽은 왕의 신령스러운 말이 임금 지위를 맡을 사람을 만나면 그 앞에 무릎을 꿇게 될 것이다."라고 쓰여 있었다.

그 나라 대신들은 신령스런 말을 치장하여 옥쇄를 가지고 왕을 찾으려고 길을 나서자 그 행렬을 보려고 많은 사람들이 길거리로 몰려나왔다. 그 많은 인파 뒤에서 그 상인도 행렬을 보고 있었다. 그때 갑자기 태사太史가 말하기를 "저기 황금빛 구름이 덮여 있으니 이는 왕의 기운이 있는 곳이다." 하며 일행을 그 방향으로 데리고 갔다. 그리고 상인 앞에 도착하자 신령스러운 말이 무릎을 꿇고 상인의 발을 핥았다.

왕을 찾은 신하들은 풍악을 울리며 상인을 왕궁으로 모셔 미리 준비한 향수로 된 욕탕에서 목욕을 시키고 나라의 왕으로 모셨다. 상인은 왕위에 올라 나라 일을 처리하며 생각하였다.

'나는 조금도 착한 일을 한 것이 없는데 어떤 인연으로 이와 같이 보호를 받는가. 이는 반드시 부처님의 은혜일 것이다.'

그는 바로 대신들과 함께 사위국 기원정사를 향하여 절을 하면서 발원하였다.

"이 미천한 사람은 덕이 없는데도 부처님의 은혜를 입어 이 나라의 왕이 되었습니다. 부디 내일 부처님께서 아라한들과 함께 이곳에 오셔서 저의 공양을 받아주시기를 간절히 원합니다."

이때가 3월이었다.

그런 마음을 아신 부처님께서는 아난에게 말씀하셨다.

"모든 비구들에게 말하여서, 내일 왕의 청이 있으니 모두 변화하여 이 나라의 국왕과 백성들을 기쁘게 해주도록 하여라."

이에 제각기 신통력을 부려서 그 나라에 도착하여 모두 자리에 앉으니 법답게 위엄이 있었고, 부처님께서는 공양을 마치신 뒤 손을 씻으시고 왕을 위하여 설법하셨다.

왕이 물었다.

"부처님, 저는 본래 미천한 사람으로 훌륭한 덕도 없는데 어떤 인연으로 이와 같이 큰 은혜를 받아 왕이 되었습니까?"

부처님께서 말씀하셨다.

"전에 코살라국 파사익왕이 사거리에서 나에게 공양을 올릴 때, 왕(상인)은 '부처는 국왕과 같고 제자는 신하와 같다.'고 말하였는데, 왕의 그 마음이 씨앗이 되어 지금의 과보를 받게 된 것이오. 다른 한 사람은 '부처는 소와 같고 제자는 마차와 같다.'고 말하였기에 그 사람은 스스로 마차에 치이는 재앙의 종자가 되어 지금 태산지옥에서 화차火車에 치이며 스스로 과보를 받고 있소. 그런데 왕이 용감해서 이 자리에 이른 게 아니오. 좋은 생각으로 선한 일을 하면 복이 따르게 되고 나쁜 생각으로 악한 일을 하면 악의 재앙이 따르게 되는 것이오. 이는 스스로 만드는 것으로, 천신이나 조화를 부리는 용이나 어느 귀신도 관여할 수 없는 것이라오."

이어서 부처님께서 게송으로 말씀하셨다.

心爲法本　心尊心使　中心念惡
심위법본　심존심사　중심념악

卽言卽行　罪苦自追　車轢於轍[64]
즉언즉행　죄고자추　차역어철

心爲法本　心尊心使　中心念善
심위법본　심존심사　중심념선

卽言卽行　福樂自追　如影隨形[65]
즉언즉행　복락자추　여영수형

---

64 법구경 쌍요품 제1게송.
65 법구경 쌍요품 제2게송.

마음은 모든 현상의 근본이어서
마음은 존귀하여 마음이 모두 부린다네.
마음속으로 악하고 나쁜 일 생각하고
말과 행동이 그렇게 되어
재앙과 고통이 따라 다니는 것이
마차바퀴 자국에 삐걱거리는 소리 따르는 것과 같다네.

마음은 모든 현상의 근본이어서
마음은 존귀하여 마음이 모두 부린다네.
마음속으로 착하고 좋은 일을 생각하고
바로 말과 행동이 그렇게 되어
복과 즐거움이 따라 다니는 것이
그림자가 몸을 따라 다니는 것과 같다네.

부처님께서 이 게송을 마치시니 왕과 신하와 설법을 들은 모든 사람이 기쁨에 가득 차서 바른 법을 보는 법안法眼을 얻었다.

✺ 선한 생각이 없이 착한 행동이 나올 수 없다. 나쁜 생각을 가지고 착한 행동을 하려는 것을 위선僞善이라 한다. 착한 생각에서 착한 행동이 나오고, 악한 생각에는 악한 행동이 나온다. 그리고 그 과보 또한 명확하다. 선한 생각 하나로 한 사람은 왕이 되었고, 악한 생각 하나로 한 사람은 비참하게 죽어 태산지옥에 가서 죄 값을 치르고 있는 것이다. 일체유심조一體唯心造라, 모든 것은 마음이 만드나니

한 순간의 생각, 하나의 행동이 미래와 내세를 결정짓는다.

둘째 이야기

코살라국의 수달(수닷타)장자는 기타태자祇陀太子와 함께 기원정사 祇洹精舍를 지어 부처님께 바치고, 각자 1개월 동안 부처님과 스님들을 초청하여 공양을 올렸다. 부처님께서는 두 사람을 위하여 널리 밝은 법을 자세히 설해 주셨고, 둘은 수다원과를 증득하였다.

기타태자는 기뻐하면서 동궁東宮에 돌아와 부처님의 덕을 찬탄하며 즐거이 수행생활을 하였고, 대신에 태자의 동생인 유리(위두다바) 왕자가 항상 왕의 곁에서 부왕을 보좌하였다.

어느 때 파사익왕은 깨끗한 옷을 입고 신하들과 후궁과 부인을 데리고 부처님 처소에 이르러서 예를 갖추고 일심으로 부처님의 가르침을 듣고 있었다.

유리왕자는 뒤에 남아 왕좌를 지키고 있었는데, 이때 간교한 신하 아살타 등 간사한 무리들이 모략을 꾸며 유리에게 말하였다.

"왕자님, 시험 삼아 한번 대왕의 인수(印綬: 임금을 상징하는 표징)를 달고 임금의 자리에 앉아보시지요?"

이에 유리왕자가 그 말을 따라 옷을 입고 왕좌에 오르자 아첨하던 무리들이 축하하며 말하였다.

"정말로 대왕의 모습입니다! 이것은 백성들의 원을 풀 천재일우千載一遇의 기회입니다. 어찌 태자에게 이 자리를 물려주겠습니까. 이미 임금의 자리에 올랐으니 다시 내려갈 필요가 없습니다."

유리는 무장을 한 채 군사를 이끌고 기원정사로 가서 부왕이 궁궐에 돌아오지 못하게 하였고, 왕과 가까운 신하 500여 명을 죽였다. 왕과 왕비는 힘들게 도망쳐 밤낮으로 마가다국으로 향했는데, 도중에 굶주림을 이기지 못하여 풀을 뜯어 먹고는 배가 터져 고통스럽게 죽고 말았다.

이에 유리왕자는 기세등등하여 칼을 빼어들고 형 기타태자를 죽이려 동궁으로 난입하였다. 기타태자는 그런 동생을 보면서도 이 세상 모든 것이 무상無常인 것을 알고 있기에 마음에는 두려움이 없었으며 안색이 하나도 변하지 않았다. 기타태자는 미소를 머금고 기쁜 마음으로 동생의 칼을 맞고 생명이 끊어지려는 순간, 허공에서 신령한 음악이 자연스럽게 울려 퍼지며 태자의 영혼을 영접하였다.

부처님께서는 기원정사에서 게송으로 말씀하셨다.

造喜後喜　行善兩喜　彼喜惟歡　見福心安 [66]
조 희 후 희　행 선 양 희　피 희 유 환　견 복 심 안

今歡後歡　爲善兩歡　厥爲自祐　受福悅豫 [67]
금 환 후 환　위 선 양 환　궐 위 자 우　수 복 열 예

지으면서 기쁘고 뒤에도 기쁘니
착한 일을 하면 지금과 나중 둘 다 기쁘다네.
저 사람의 기쁨을 즐겁게 생각하면

---

66 법구경 쌍요품 제18게송.
67 법구경 쌍요품 제20게송.

복을 만나 마음이 편안해진다네.

지금도 즐겁고 뒤에도 즐겁나니
착한 일을 하면 지금도 나중도 모두 즐겁다네.
그것은 스스로를 돕는 일이니
복을 받아 기쁨과 즐거움이 있다네.

이때 유리왕은 군사를 일으켜 원한을 가지고 있던 사위국을 정벌하였는데, 석가종족의 깨달은 사람들까지 잔학무도하게 학살하니 이는 부모님을 죽이고 아라한을 죽이는 오역죄를 범하는 일이었다.

부처님께서는 "유리왕은 불효하고 불충하여 모든 죄가 깊고 아주 무겁다. 7일이 지나면 지옥에 떨어져 불타 죽을 것이다."라고 예언하셨다. 코살라국 천문天文을 연구하는 태사太史도 부처님의 예언과 똑같은 말을 하였다.

이 말을 들은 유리왕은 두려움에 떨며 '내가 물에 있으면 불이 어떻게 오겠는가.'라고 생각하고 배를 타고 강 가운데로 들어가 재앙을 피하려고 하였다. 그러나 7일이 되는 날 정오에 강에서 저절로 불이 일어나 배가 한순간 타버리고 유리도 공포에 떨다가 또한 불에 타죽고 말았다.

이에 부처님께서 게송으로 말씀하셨다.

造憂後憂　行惡兩憂　彼憂唯懼　見罪心懷[68]
조 우 후 우　행 악 양 우　피 우 유 구　견 죄 심 회

今悔後悔 爲惡兩悔 厥爲自殃 受罪熱惱[69]
금회후회 위악양회 궐위자앙 수죄열뇌

지으면서 근심하고 뒤에도 근심하니
악한 일을 행하면 지금과 나중 모두 근심스럽네.
저 사람의 근심을 오직 두려워하면
죄를 만나 마음에 품게 된다네.

지금 후회하고 뒤에도 후회하니
악한 일을 하면 지금도 나중도 모두 후회한다네.
그것은 스스로 재앙을 짓는 것이니
죄를 받아 큰 괴로움 있다네.

부처님께서 게송을 마치시고 모든 비구들에게 말씀하셨다.
"기타태자는 세상의 영예스러운 지위를 탐내지 않고 죽으면서도 바른 법을 생각하고 따랐으니 천상에 태어나 안락을 얻는 것이 당연하고, 유리왕은 미쳐 날뛰며 어리석은 뜻으로 살았으니 지옥에 떨어져 많은 고통을 받는 것이 당연하다. 세간의 부귀와 귀천은 모두 무상無常하여 오래 머무는 것이 아니니, 살아생전 깨달음에 고귀한 뜻을 가지고 죽기를 두려워하지 않고 전력으로 수행하는 정신이 보배로운 것이다."
부처님이 이렇게 말씀하시자 모두가 부처님의 법을 믿고 따르고

---

68 법구경 쌍요품 제17게송.
69 법구경 쌍요품 제19게송.

의지하였다.

❋ 인과因果의 명확함은 일점일획도 틀리지 않는다. 유리왕이 석가족을 학살하러 갈 때 부처님이 두 번은 막으셨지만, 세 번째는 막지 않으셨다. 그러자 목건련존자가 부처님께 말씀드렸다.

"지금 유리왕이 군사를 몰아 석씨 종족을 치러 온다고 합니다. 저는 지금 유리왕과 군사들을 모두 다른 세계로 던져 버릴 수 있습니다."

부처님께서 말씀하셨다.

"그러면 그대는 석가족의 전생 인연도 다른 세계에 던져 버릴 수 있겠느냐?"

"아닙니다. 그 전생 인연은 다른 세계에 던져 버릴 수 없나이다."

목건련존자가 다시 말했다.

"저는 지금 이 카필라국을 저 허공에다 옮겨 놓을 수 있습니다."

"그러면 그대는 이 석씨들의 전생 인연도 허공에 옮겨 둘 수 있겠느냐?"

"아닙니다, 세존이시여."

목건련존자가 다시 말했다.

"원컨대 세존이시여, 제가 쇠 그물로 이 카필라를 덮어 보호하겠습니다."

"목건련아! 그대는 쇠 그물로 전생 인연을 덮을 수 있겠는가?"

"아닙니다, 세존이시여."

"지금 이 석씨 종족들은 전생 인연이 이미 다 익었다. 이제는 그 갚음을 받아야 하느니라."

부처님께서 다음 게송을 말씀하셨다.

비록 저 허공을 이 땅으로 만들고
또 이 땅을 허공으로 만들려 해도
그것은 다 본디 인연에 매었나니
그 인연은 영원히 안 썩느니라.

셋째 이야기

부처님 당시 왕사성 영취산 뒤에 바라문교 70여명이 살고 있었다. 비록 외도外道를 믿고 있지만 그들이 전세에 쌓은 복덕이 있는지라 부처님께서는 그들을 제도하시고자 하셨다. 부처님께서는 그 마을에 이르러서 방편으로 신통을 보이셨다. 부처님 몸에서 솟는 성스러운 빛이 천지에 가득하자 마을 사람들은 그 모습에 감탄하고 존경하는 마음이 일어났다. 부처님께서는 보리수 아래에 앉으셔서 모여든 바라문들에게 물으셨다.

"그대들은 이 산 속에서 얼마를 살았으며 어떤 일에 종사하면서 살아가는가?"

그들 중 한 사람이 대답하기를

"저희는 이곳에서 조상대대로 30대를 살았으며, 농사와 목축업에 종사하며 살아가고 있습니다."

부처님께서 다시 물으시기를

"어떤 수행을 닦아서 생사를 여의는 것을 구하는가?"

그들이 대답하기를

"해와 달과 물과 불을 섬기면서 때때로 제사를 지내며, 만약 죽은 사람이 있으면 사람들이 모여서 범천梵天에 태어나서 생사윤회生死輪廻를 벗어나라고 노래합니다."

부처님께서 바라문들에게 말씀하셨다.

"무릇 농사를 짓고 목축업을 하며 해와 달과 물과 불에 제사지내며 천상에 태어나기를 노래하는 것으로는 영원히 생사윤회의 법을 끊을 수 없는 것이다. 지극한 복을 닦는다 해도 28천天 하늘나라에 천인天人으로 잠시 사는 것에 지나지 않고 복덕이 다하면 생사윤회에 다시 떨어진다. 도의 지혜가 없기 때문에 고통스런 삼도(三塗; 지옥·아귀·축생)에 다시 떨어지는 것이다. 오직 출가하여 청정한 지혜를 닦으면서 적멸寂滅의 가르침을 닦으면 열반을 얻을 수 있는 것이다."

부처님께서 게송으로 말씀하셨다.

以眞爲僞	以僞爲眞	是爲邪計	不得眞利[70]
이진위위	이위위진	시위사계	부득진리

知眞爲眞	見僞爲僞	是爲正計	必得眞利[71]
지진위진	견위위위	시위정계	필득진리

世皆有死	三界無安	諸天雖樂	福盡亦喪[72]
세개유사	삼계무안	제천수락	복진역상

觀諸世間	無生不終	欲離生死	當行道眞[73]
관제세간	무생불종	욕이생사	당행도진

---

70 법구경 쌍요품 제11게송.
71 법구경 쌍요품 제12게송.
72 법구경 세속품 제9게송.
73 법구경 세속품 제10게송.

진실을 위선이라 하고
위선을 진실이라 하면
이것은 삿된 생각으로
참된 이익을 얻게 된다네.

진실을 알고 진실이라 하고
위선을 보고 위선이라 하면
이것은 바른 생각으로
반드시 참된 이익을 얻게 된다네.

세상 모든 것은 죽음이 있어
이 세상은 편안함이 없다네.
천상들이 비록 즐겁다고는 하나
복이 다하면 역시 죽음을 면하지 못한다네.

모든 세간을 관찰해보건대
태어나 죽지 않는 것은 없다네.
진정 죽고 사는 것을 떠나고자 한다면
마땅히 도의 진리를 행해야 한다네.

70여명의 바라문들은 부처님의 말씀을 듣고 흔쾌히 뜻을 이해하여 출가사문이 되고자 원하였고, 이에 부처님께서 말씀하셨다.
"잘 왔도다. 비구들이여!"

바라문들은 수염과 머리가 저절로 깎아지며 모두 스님이 되었다. 그런데 부처님과 새로 출가한 사문들이 정사를 향해 가는 도중에 그들은 아내와 자식들이 그리워 그 의지가 퇴색해갔다. 그때 비까지 내리니 그들의 마음은 더욱 걱정스러고 애처로워졌다. 부처님께서는 그 마음을 아시고 신통으로 길가에 수십 칸의 건물을 짓고는 그 안에 들어가 비를 피하게 하셨는데, 그때 천장에서 비가 새는 것이었다. 부처님께서는 집이 새는 것을 인연으로 게송을 말씀하셨다.

蓋屋不密　天雨則漏　意不惟行　婬泆爲穿[74]
개 옥 불 밀　천 우 즉 루　의 불 유 행　음 일 위 천

蓋屋善密　雨則不漏　攝意惟行　婬匿不生[75]
개 옥 선 밀　우 즉 불 루　섭 의 유 행　음 닉 불 생

덮은 지붕이 촘촘하지 않으니
비가 새는 것이네.
뜻을 세워 수행하지 않으면
음욕이 넘쳐 구멍이 뚫린다네.

지붕이 촘촘히 잘 덮여 있으면
비가 새지 않으리.
뜻을 잘 다스려 열심히 수행하면
음욕이 사라져 일어나지 않는다네.

---

[74] 법구경 쌍요품 제13게송.
[75] 법구경 쌍요품 제14게송.

70여명의 비구들은 이 게송을 듣고서 나아가고자 하는 마음이 조금은 굳세어졌으나 여전히 마음은 번민에 싸여 있었다. 드디어 비가 그쳐 길을 가는데 길에 낡은 종이가 버려져 있었고, 부처님께서는 종이를 주우라고 하신 다음 비구들에게 물으셨다.

"어디에 쓰인 종이인 것 같은가?"

비구들이 대답하였다.

"이는 향을 쌌던 종이입니다. 지금은 비록 못쓰게 되었지만 향기는 예전과 같습니다."

부처님과 일행이 다시 길을 가는데 땅에 끊어진 새끼줄이 있었고, 부처님께서는 줄을 주우라고 하신 다음 비구들에게 물으셨다.

"어디에 쓰인 줄인 것 같은가?"

비구들이 대답하였다.

"이 줄에서는 비린내가 납니다. 이것은 아마도 물고기를 묶었던 새끼줄인 듯합니다."

부처님께서 말씀하셨다.

"모든 것은 본래 청정하다. 그러나 모두가 인연으로 인하여 죄와 복이 생기는 것이다. 현명한 사람을 가까이 하면 도의道義가 증장하고 어리석고 우매한 이를 가까이하면 화를 입게 된다. 비유하자면 저 종이는 향을 가까이하여 향기가 나고, 저 줄은 물고기를 묶은 것이기에 비린내가 나는 것과 같다. 본래 청정한 것이 점점 물들어 가는 것을 깨닫지 못하고 있는 것이다."

이어서 부처님께서 게송으로 말씀하셨다.

鄙夫染人　如近臭物　漸迷習非　不覺成惡[76]
비부염인　여근취물　점미습비　불각성악

賢夫染人　如附香薰　進智習善　行成芳潔[77]
현부염인　여부향훈　진지습선　행성방결

비천한 사람이 다른 사람을 물들이는 것은
나쁜 냄새 나는 물건을 가까이 하는 것과 같아
점점 미혹하여 허물을 익히게 되어
알지도 못하고 악하게 된다네.

현명한 사람이 다른 사람을 물들이는 것은
향기로운 냄새를 가까이 하는 것과 같아
지혜는 진전되고 착함을 익히게 되어
행함이 맑고 향기롭게 된다네.

70여명의 사문은 이 게송을 듣고, 두고 온 가정에 대한 생각은 애욕愛慾의 늪이며 아내와 자식은 질곡桎梏임을 알아 믿음이 더욱 견고해졌다. 죽림정사에 이르러 그들 모두 뜻과 생각을 굳게 지키고 수행하여 아라한도를 증득하였다.

❀ 우리들은 아내나 남편, 자식을 불법의 길로 이끌기가 힘든데 부처님은 대대손손 브라만으로 살아온 외도들을 한 순간에 제도하여 출가시키

---

[76] 법구경 쌍요품 제15게송.
[77] 뻐구경 쌍요품 제16게송.

신다. 물론 이들 브라만들도 전생의 복덕이 있어 불법으로 들어선 것이다. 먼저 지혜와 자비로 대가를 바라지 않고 손을 내미는 것이 스승이다. 티벳 구루 린포체蓮花生존자께서는 제자를 잘못 두는 것은 독약을 마시는 것과 같고, 스승을 잘못 만나는 것은 낭떠러지에서 떨어지는 것과 같다고 말씀하셨다. 또한 참 스승을 만나는 것은 300년도 짧다고 하셨다. 가짜에게 속지 말아야 한다.

제11 방일품放逸品

● 방放은 '멋대로 하다', 일逸은 '즐기다'의 뜻이 있으니, 방일放逸은 '제 마음대로 즐기다'라는 말이다. 그런데 방에는 '내치다', 일에는 '없어지다'라는 뜻도 있으니, 방일은 '내쫓아 없앤다'는 의미도 된다. 즉 방일은 '욕망으로 들끓는 마음'과 이를 '단속하여 없애는' 두 가지 뜻을 같이 가지고 있는 말인 것이다. 계율을 지키려는 마음을 습관화하여 삿된 마음을 방지하고 잘못을 고치면 능히 현인賢人이 될 수 있다.

부처님께서 세상에 계실 때에 500명의 상인이 있었다. 이들은 바다에서 값비싼 칠보를 모아 본국으로 돌아가는 도중에 깊은 산 속을 지나게 되었는데, 악귀들에게 홀려서 산을 빠져 나올 수 없게 되었다. 시간이 가며 가지고 있던 식량이 다 없어지게 되니 기운이 빠지고 결국 모두가 굶어 죽었다. 그리고 상인들의 귀한 보물들은 모두 산

여기저기에 흩어지게 되었다. 이때에 그 산에서 수행하는 스님이 있었다. 그는 우연히 많은 보물들을 발견하고 불같은 욕심이 일어났다.

'내가 고생하면서 7년 동안 수행을 했어도 도를 얻지 못하였고, 이 빈궁에서 벗어날 길도 없다. 이 보물들은 주인이 없으니 이제 고향으로 돌아가서 가문을 일으키리라.'

그는 보물들을 모아 한곳에 은밀히 숨겨놓고 산을 내려가 형제들을 불러서 보물을 짊어지게 하여 집으로 가고 있었다.

부처님께서는 '이 비구는 응당 제도되리라.'고 생각하시고는 방편으로 비구니로 변신하셨다. 그 비구니는 얼굴은 화장을 하고 눈썹을 그리고 법복에는 금은으로 치장하고 구슬을 꿰어 만든 영락瓔珞으로 잔뜩 멋을 부린 모습이었으며, 계곡을 따라 산에 들어가서는 보물을 지고 내려오는 비구스님을 만나자 계율에 따라 예를 갖추어 인사를 했다.

비구스님이 비구니를 나무라며 말하였다.

"아니, 부처님 법을 수행하는 사문이 이래서야 되겠는가? 머리를 깎고 법의法衣를 걸치고는 어떻게 얼굴에 화장을 하고 눈썹을 그리고 금은과 영락을 가지고 멋을 부린단 말인가?"

그러자 비구니스님이 말하였다.

"사문의 법이 이래서야 되겠습니까? 가족친지를 떠나 출가하여 산에서 홀로 공부를 하면 뜻을 세워 고요해야지 어찌 그릇되게 재물을 취합니까? 계율을 어기고 탐욕으로 도를 잃고 방종하는 마음으로 무상無常을 생각하지 않으니, 그렇게 세상을 사는 것은 죄의 과보가 늘어나는 것에 자기를 맡기는 것과 같은 것입니다."

이어서 비구니스님이 게송을 말하였다.

比丘謹愼戒　放逸多憂患　變諍小致大　積惡入火焚[78]
비구근신계　방일다우환　변쟁소치대　적악입화분

守戒福致喜　犯戒有懼心　能斷三界漏　此乃近涅槃[79]
수계복치희　범계유구심　능단삼계루　차내근열반

비구는 조심하고 삼가 계율을 지켜야 하니
방일하면 근심 걱정이 많아지고
작은 다툼이 변하여 큰 다툼이 되며
악함이 쌓여 불구덩이에 빠지게 된다네.

계율을 지키면 복이 즐겁게 다가오고
계율을 범하면 두려운 마음이 있나니
삼계의 번뇌를 확실하게 끊으면
그것이 바로 열반에 가까워진 것이네.

비구니스님은 게송을 마치고 원래의 부처님 몸으로 돌아왔고, 부처님의 상서로운 상호와 광명을 본 비구스님은 두려운 마음에 몸의 모든 털이 곤두섰다. 그리고는 부처님의 발 앞에 머리를 조아려 잘못을 뉘우치며 말하였다.

---

78 법구경 방일품 제13게송.
79 법구경 방일품 제14게송.

"부처님, 제가 어리석고 어리석어 바른 가르침을 어기고 탐욕을 저질렀습니다. 저는 앞으로 어떻게 해야 하겠습니까?"

이에 부처님께서 게송으로 말씀하셨다.

若前放逸　後能自禁　是照世間　念定其宜[80]
약 전 방 일　후 능 자 금　시 조 세 간　염 정 기 의

過失爲惡　追覆以善　是照世間　念善其宜[81]
과 실 위 악　추 복 이 선　시 조 세 간　염 선 기 의

少壯捨家　盛修佛敎　是照世間　如月雲消[82]
소 장 사 가　성 수 불 교　시 조 세 간　여 월 운 소

人前爲惡　後止不犯　是照世間　如月雲消[83]
인 전 위 악　후 지 불 범　시 조 세 간　여 월 운 소

설령 전에는 방일했더라도
뒤에 스스로 금할 수 있으면
이는 세상을 비추는 빛이니
마땅히 바른 마음을 생각해야 한다네.

잘못하고 악한 일 하였더라도
착한 일로써 탁마하여 덮어주면
이는 세상을 비추는 빛이니

---

[80] 법구경 방일품 제15게송.
[81] 법구경 방일품 제16게송.
[82] 법구경 방일품 제17게송.
[83] 법구경 방일품 제18게송.

마땅히 착한 일 생각해야 한다네.

어려서나 나이가 들어서나 집을 떠나
지성으로 부처님의 가르침을 닦으면
이는 세상을 비추는 빛이니
달을 가린 구름이 사라지는 것과 같다네.

사람이 전에 악한 짓을 했더라도
뒤에 다시 그런 일을 하지 않으면
이는 세상을 비추는 빛이니
달을 가린 구름이 사라지는 것과 같다네.

비구스님은 부처님의 게송을 듣고 번뇌를 끊고 탐내는 마음도 그치면서 부처님 발 앞에 머리를 조아려 예를 올리고 보리수나무 아래에 앉았다. 그는 조용히 자신의 호흡을 관찰하며 마음을 멈추고 살피는 지관止觀수행으로 아라한도를 증득하였다.

❀ 횡재橫財 뒤에 횡액橫厄이라는 말이 있다. 이 이야기는 산속에서 홀로 공부하던 수행자가 귀한 보물을 얻는 횡재를 하자 한순간 욕심으로 환속하려 할 때 부처님이 그를 구제해 준 것이다. 탐욕에 눈이 멀어 영원한 행복인 열반의 길을 포기하려던 것이니, 횡재가 아닌 횡액이었다. 우리는 늘 횡재를 바란다. 그러면서 그 뒤에 대기하는 횡액은 전혀 알아차리지 못한다.

제12 심의품心意品

◉ 마음과 정신에서 일어나는 모든 것도 실은 공하여 실체가 없는 것이다. 하지만 그것들이 만들어내는 작용은 오고가고 날뛰고 산란함이 끝이 없다. 이들을 잘 다스리고 제어해야 깨달음을 얻을 수 있다.

부처님께서 세상에 계실 때에 한 수행자가 있었다. 그는 강가의 나무 아래에서 공부하기를 12년 동안 하였지만, 탐하는 마음이 없어지지 않았다. 어려워하거나 조심스러워하지 않는 방자放恣한 마음과 산란한 뜻으로 오로지 몸의 여섯 가지 욕망만을 생각하고 있었다. 눈으로는 색色을, 귀로는 소리를, 코로는 냄새를, 입으로는 맛을, 몸으로는 촉감觸感을, 뜻으로는 욕망을 채울 방법만을 생각하였다. 몸은 나무 아래 가만히 앉아있지만 마음은 욕망으로 오락가락 하는 것이 쉬지 않으니 12년간 도를 이룰 수가 없었던 것이다.

부처님께서는 이 사람이 불법과 인연이 있어 제도할 수 있다는 것을 아시고 스님(沙門)으로 변하여 그가 있는 곳으로 가셨다. 그에게 이르러서 수행 터를 함께 쓰는 전통에 따라 나무 아래에서 함께 자는데 그날은 달이 무척이나 밝았다.

그날 밤 강에 사는 거북이가 땅으로 올라와 나무 아래에 이르렀는데, 마침 수달이 배가 고파 먹을 것을 구하고 있었다. 수달은 거북을 보자마자 잡아먹으려고 달려들었고, 위험을 느낀 거북은 머리와 꼬리와 네 다리를 움츠려 갑옷 속에 숨었다. 수달이 물러나면 거북이는 다시 걸었고, 수달이 달려들면 다시 등껍질 속으로 숨었다. 배고픈 수달은 어떻게 할 수가 없어 거북의 주위를 돌고만 있었다.

그 모습을 지켜보던 수행자가 스님에게 말하였다.

"저 거북이는 생명을 보호하는 갑옷이 있어서 수달이 먹을 수가 없는 거군요."

변화한 스님(부처님)이 말하였다.

"나는 세상 사람들이 저 거북이처럼 현명하지 못하다고 생각합니다. 삶이 무상한 것을 모르고 여섯 가지 욕망에 빠져 방자하게 생활하고 있으니, 결국 외부의 마귀에게 먹혀 죽음에 이르면 형체도 없어지고 정신도 없어질 것입니다. 욕망을 따라 살다간 사람은 오도(五道; 인간·아수라·축생·아귀·지옥계)에 태어나고 죽는 것을 끝없이 되풀이하며 지은 바대로 백천만 가지 고통을 받습니다. 그러므로 반드시 스스로 힘써 깨달음을 얻어 안락을 구해야 합니다."

이어서 변화한 스님이 게송으로 말하였다.

有身不久　皆當歸土　形壞神去　寄住何貪[84]
유신불구　개당귀토　형괴신거　기주하탐

心豫造處　往來無端　念多邪僻　自爲招患[85]
심예조처　왕래무단　념다사벽　자위초환

是意自造　非父母爲　可勉向正　爲福勿回[86]
시의자조　비부모위　가면향정　위복물회

藏六如龜　防意如城　慧與魔戰　勝則無患[87]
장육여구　방의여성　혜여마전　승즉무환

몸은 오래지 않아
모두 흙으로 돌아간다네.
몸은 무너지고 정신은 떠나게 되어
잠시 머물 뿐인데 무엇을 탐하랴.

마음이 먼저 만들어 머물며
가고 옴이 끝이 없다네.
삿되고 비루한 생각이 많으면
스스로 우환을 부르는 것이네.

이 마음은 스스로 지은 것으로
부모님이 한 것이 아니라네.

---

84 법구경 심의품 제9게송.
85 법구경 심의품 제10게송.
86 법구경 심의품 제11게송.
87 법구경 심의품 제12게송.

힘써 바르게 나아가면
복이 되어 다시 돌아오지 않는다네.

여섯 감각기관을 거북이처럼 감추고
마음을 성처럼 굳게 막아
지혜로써 마구니와 싸워
승리하면 우환이 없어진다네.

욕망에 허덕이던 비구는 이 게송을 듣고 탐욕을 끊고 음욕도 끊어 바로 아라한도를 얻었다. 그리고 변화한 스님이 바로 부처님임을 알아보고는 지극히 존경하는 마음으로 옷을 단정하게 여미고 부처님의 발 앞에 머리를 조아려 예를 올리니 모든 천룡과 귀신들이 기뻐하지 않음이 없었다.

❋ 사기꾼들의 철칙 중 하나가, 자신이 만든 가짜를 스스로가 진짜라고 믿는 것이라고 한다. 그렇게 자신을 먼저 속여야 남을 속일 수 있다는 것이다. 부처님께서는 이 세상 모든 것이 꿈이고 물거품이라고 하셨다. 하지만 우리는 세상에 속아 이 세상과 나 자신이 실재한다고 믿는다. 그것에 속지 않고 제행무상諸行無常 제법무아諸法無我를 제대로 보는 것이 마음공부이다.

제13 화향품 華香品

◉ 화華는 꽃을 피우다, 향香은 향기로움을 뜻하니, 화향은 아름다운 꽃을 피워 향기를 낸다는 말이다. 꽃이 활짝 피어 향기를 내고 궁극에는 열매를 맺는 것처럼, 배운 것을 바르게 수행하면 허위를 되돌려 참다운 결실을 맺을 수 있음을 말한다.

첫째 이야기

부처님께서 코살라국 사위성 기원정사에 계실 때였다. 코살라국 동남쪽 바다에 고원지대가 있었는데, 그곳에는 깨끗한 화향(華香: 전단栴檀)나무가 많이 있었다. 이곳에 바라문 여인 500명이 있었는데, 모두 외도外道를 믿고 받들어 모시며 열심히 정진하였지만 부처님이 계시는 것을 알지 못하고 있었다. 이때 바라문의 여인들이 서로 의논하여

말하기를

"우리들은 여자로 태어났으니 어려서부터 죽을 때까지 삼사(三事; 의식주)에 끌려 다니며 수행의 결과도 얻지 못하고 자유로움도 얻지 못할 것이다. 그렇게 의미 없이 살다가 목숨이 다하여 이 몸에서 정신이 빠져나가면 죽음에 이르게 될 것이다. 꽃과 향을 준비하여 화향華香고원에 가서 몸과 마음을 깨끗이 하고 정진하며 범천에게 엎드려서 원하는 바를 빌어보자. 우리가 원하는 것은 범천에 태어나 죽지 않고 오래 살며, 자재함을 얻어서 원망이나 두려움이 없고, 모든 죄를 여의고 다시는 근심 걱정이 없는 것이다."

그녀들은 즉시 공양하는 도구祭器를 가지고 고원에 가서 꽃을 채취하여 범천을 받들어 모시면서 한결같은 마음으로 존신尊神에게 제사를 지냈다.

부처님께서는 이 바라문의 여인들이 비록 하열한 세속신世俗神에 빠져 있지만 열심히 한마음으로 정진하는 것을 보시고 그녀들을 제도하기로 하셨다. 그리고 바로 제자와 보살과 천룡과 귀신, 사부四部, 팔부대중八部大衆과 함께 허공을 날아서 고원에 이르러 나무 아래에 앉으셨다. 그 광경을 본 모든 바라문의 여인들이 기쁨에 겨워 소리쳤다.

"이 분은 범천梵天이시다. 이제 우리가 원한 것을 얻을 것이다."

이때 부처님을 모시고 온 한 여신이 모든 바라문 여인들에게 말하기를

"이분은 범천이 아니고 바로 삼계三界에 가장 존귀한 부처님이시다. 부처님께서는 무수한 사람들을 제도한 분이시다."

이에 바라문의 여인들은 부처님께 예를 올리고 여쭈었다.

"저희들은 죄업이 많아 지금 여자 몸이 되었습니다. 저희들은 여인이라는 굴레에서 벗어나 범천에 태어나기를 바랍니다."

부처님께서 말씀하시기를

"바라문의 여인들이여! 그대들은 다행히 선리善利를 얻어 이런 소원을 일으켰구나. 세상에는 두 가지 일이 있어 그 과보가 분명한데, 선한 일을 하면 복을 받고 악한 일을 하면 재앙을 받는 것이다. 세상은 고통이고 천상은 즐거우며, 함이 있으면(有爲) 번뇌이고 함이 없으면(無爲) 적멸이니, 어느 누가 참다운 것을 선택하여 취하지 않겠는가? 착하구나! 그대들은 밝은 뜻을 가지고 있구나."

이어 부처님께서 게송으로 말씀하셨다.

孰能擇地　捨鑑取天　誰說法句　如擇善華[88]
숙 능 택 지　사 감 취 천　수 설 법 귀　여 택 선 화

學者擇地　捨鑑取天　善說法句　能採德華[89]
학 자 택 지　사 감 취 천　선 설 법 귀　능 채 덕 화

知世坏喩　幻法忽有　斷魔華敷　不現死生[90]
지 세 배 유　환 법 홀 유　단 마 화 부　불 현 사 생

見身如沫　幻法自然　斷魔華敷　不現死生[91]
견 신 여 말　환 법 자 연　단 마 화 부　불 현 사 생

---

[88] 법구경 화향품 제1게송.
[89] 법구경 화향품 제2게송.
[90] 법구경 화향품 제3게송.
[91] 법구경 화향품 제4게송.

누가 능히 땅을 가려
지옥을 버리고 천상을 취하는가?
누가 진리의 말을 설하여
좋은 꽃 가리는 것과 같이 하는가?

배우는 사람은 땅을 가려
지옥을 버리고 천상을 취한다네.
진리의 말씀 잘 설하면
능히 공덕의 꽃을 캐는 것이네.

세상은 무너짐을 깨닫고
헛보이는 존재로 잠깐 있음을 알아
마군의 꽃이 피어남을 꺾으면
나고 죽음 나타나지 않는다네.

몸은 물거품과 같음을 알면
헛보이는 존재로 저절로 그러하니
마군의 꽃이 피어남을 꺾으면
나고 죽음 나타나지 않는다네.

바라문 여인들이 부처님의 게송을 듣고 참다운 법을 배우기 위해 비구니가 되기를 원하자, 저절로 머리털이 떨어지고 법의가 구족되었다. 그리고 그녀들은 마음을 고요히 하고 사유하더니 모두 아라한도阿

羅漢道를 증득하였다.

아난이 부처님께 여쭈었다.

"지금 이 바라문 여인들은 본래 어떤 복덕이 있기에 지금 부처님께 제도되었고, 설법을 한 번 듣고 출가하여 도를 얻었습니까?"

부처님께서 아난에게 말씀하셨다.

"옛적에 가섭부처님이 계실 때에 어느 큰 장자가 있었는데, 부유함이 이루 헤아릴 수 없었고 부인과 첩이 500명이었다. 그 장자는 성질이 사악하고 질투심이 많아 부인과 첩들이 가섭부처님을 뵈러 가고 싶어 했지만 문을 열어주지 않았다. 어느 날 국왕이 모든 대신들을 청하여 궁궐에서 연회를 베풀었는데 종일 계속되었다. 이때 부인과 첩들은 장자가 연회에 가 있는 것을 보고, 바로 부처님의 처소에 이르러서 머리를 조아리며 부처님께 예를 올렸다. 그리고는 자리에 앉아서 가르침을 듣고는 제각기 발원하여 말하기를, '저희들은 세상에 살면서 악인과 함께 하지 않고, 태어나는 곳에서는 항상 도덕이 있는 성인을 만나기를 바라며, 또 오는 세상에 석가모니 부처님이 오신다는 것을 듣고 있었는데, 만나면 출가하여 도를 배우고 그 가르침을 지니기를 원합니다.'라고 하였느니라."

부처님께서 아난에게 말씀하셨다.

"그때의 부인과 첩 500명이 지금 출가한 이 500비구니이며, 본래의 원력이 간절하고 측은하여 내가 제도한 것이다."

부처님께서 이렇게 말씀하셨을 때에 기뻐하지 않는 사람이 없었다.

❀ 가섭부처님 당시 삿되고 의심 많은 장자처럼, 부처님을 믿고 따르는

수행길에 가족이 장애로 작용할 때가 있다. 절에 못 가게 하거나 경전을 못 보게 하는 남편이나 아내가 있다면 이 문제를 현명하게 처리해야 한다. 먼저 상대를 미워하는 마음을 내어서는 안 된다. 자비심으로 상대를 가엾게 여기며 더욱 사랑해서 그 사람을 변화시켜야 한다. 또한 불법의 공부를 막는 요인이 다른 종교의 강요라면 더욱 현명해야 한다. 가정에서 지혜와 자비의 모범을 보이며, 가족이 변화할 때까지 지치지 않아야 한다.

제2권

제14 유화향품喩華香品

◉ 유喩는 깨우친다는 뜻이고, 화향華香은 앞장에서 말했듯 아름다운 꽃을 피워 향기를 낸다는 말이다. 유화향품喩華香品은 꽃을 피워 향기를 내는 이치를 깨우친다는 것이다.

둘째 이야기

부처님께서는 부다가야에서 도를 얻은 후 처음에 마가다국에 계시면서 교화하셨다. 이리저리 교화하러 다니시다가 코살라국에 이르셨는데, 국왕과 군신들이 존경하지 않는 사람이 없었다. 이때에 상인으로서 큰 덕이 있는 사람이 있었는데, 그의 이름은 파리波利였다. 그는 500명의 상인들과 함께 바다에서 보물을 얻고자 하였다. 이때에 바다의 신이 물에서 떠올라 손에 물을 한 움큼 들고 파리에게 물었다.

"바닷물이 많은가? 내 손에 움켜진 물이 많은가?"

파리가 말하였다.

"손에 움켜진 물이 많습니다. 왜냐하면 바닷물은 아무리 많아도 즉각 사용할 수가 없어서 목마른 사람도 구제하지 못하기 때문입니다. 반면 움켜진 물은 비록 적더라도 목마른 사람을 만나면 그것을 사용하여 그 생명을 구할 수 있으며, 세세생생 헤아릴 수 없을 만큼 복을 받기 때문입니다."

바다의 신은 기뻐하면서 칭찬하여 말하기를

"참으로 옳도다!"

바다의 신은 바로 몸에 걸쳤던 여덟 가지 향기 나는 구슬로 만든 영락瓔珞으로 장식된 칠보를 벗어서 파리에게 주고 바다로 돌아갔다. 파리는 바다에서 보물들을 구하여 무사하게 코살라국으로 돌아와서 바다의 신에게 받은 보물을 파사익왕에게 바치면서 사연을 설명하였다.

"생각하건대, 이 향기 나는 영락은 소인이 가질 수 없는 것이므로 임금께 드리니 받아주시기 바랍니다."

왕은 향기 나는 영락을 선물 받고는 기이하게 생각하면서, 부인들에게 가장 아름답게 꾸미고와서 이 보물에 어울리는 사람에게 보물을 주겠다고 하였다.

많은 부인들이 아름답게 꾸미고 왕 앞에 섰다.

왕이 물었다.

"말리末利부인은 어째서 나오지 않았는가?"

시종이 대답하였다.

"오늘은 보름으로 부처님이 정하신 재계를 지니는 날이어서 흰옷을 입고 꾸미지 않았으므로 나오지 않았습니다."

왕은 기분이 나빠져 사람을 보내서 불러오라고 하였다.

"당신은 지금 재계齋戒를 지킨다고 왕인 나의 명령을 어기려고 한단 말이요?"

왕은 말리부인에게 이렇게 3번이나 나무랐다.

말리부인이 흰옷을 입고 나와 사람들 속에 있었는데 평소와 달리 그 모습이 마치 해와 달과 같아서 다른 때와 비교할 수 없이 아름다웠다. 왕은 말리부인의 아름답고 숭고한 모습에 놀라며 그 이유가 무엇인지 궁금하여 물었다.

"부인의 마음에 어떤 도덕이 있기에 그대의 모습이 성스럽기까지 하는가?"

말리부인이 왕에게 말하였다.

"스스로 생각해보니, 저는 전생에 쌓은 복이 적어 여자의 몸을 받았습니다. 윤회를 하며 오랫동안 마음의 상태가 더러운 곳에 있었으므로 그 업장業障이 밤낮으로 산과 같이 쌓였습니다. 이제 여자 몸이나마 사람의 몸을 받았으나 생명은 물거품처럼 짧으니 삼도(三塗: 지옥, 아귀, 축생)에 떨어지는 것이 두려워 부처님께서 가르쳐주신 대로 초하루와 보름에 재계하고 불법을 받들고 있으며 애욕愛慾을 끊고 도를 따라 수행을 하여 내세에는 복을 받기를 바라고 있습니다."

왕은 이를 듣고 기뻐하면서 향기 나는 영락을 말리부인에게 주었다.

그러나 부인이 대답하기를

"왕이시여, 저는 재계를 지니고 있어 이것을 가질 수 없으니 다른 부인에게 주십시오."

파사익왕이 말하였다.

"내가 본래 아름답게 꾸민 부인에게 이 보물을 주기로 뜻을 세웠는데, 그대가 가장 훌륭하오. 또한 진리를 받들고 재계하고 받드는 뜻도 아주 훌륭하다오. 이로서 이 영락을 주는 것이니, 만약 그대가 받지 않는다면 어디에 두란 말이요?"

말리부인이 대답하였다.

"대왕이시여! 걱정하지 마십시오. 원컨대 뜻을 굽혀 함께 부처님 처소에 가서 이 향기 나는 영락을 부처님께 올리고, 또 성스러운 가르침을 듣고 여러 겁 동안 복을 얻기를 바랍니다."

왕은 바로 허락하고 가마를 장엄하게 꾸미고 부처님 계시는 곳에 이르렀다. 그리고는 땅에 머리를 조아리어 예를 갖추고 자리에 앉았다.

파사익왕이 부처님께 여쭈었다.

"바다 신의 향기 나는 영락은 파리가 저에게 헌상한 것입니다. 저는 부인들 중 한 사람에게 보물을 주려고 하였는데 이를 탐내지 않은 부인이 없었습니다. 그러나 말리부인은 이를 주어도 가지려고 하지 않으니, 불법을 따라 재계하여 마음에 탐욕이 없기 때문입니다. 삼가 부처님께 올리오니 원컨대 받아주시기 바랍니다. 부처님의 제자들이 마음을 바로 잡고 재계를 지키면서 진실로 믿는 것이 이와 같으니 어찌 복에 마음이 있겠습니까?"

이에 부처님께서는 향기 나는 영락을 받으시고 바로 게송을 말씀하셨다.

多作寶華　結步搖綺　廣積德香　所生轉好[92]
다작보화　결보요기　광적덕향　소생전호

琦草芳華　不逆風熏　近道敷開　德人遍香[93]
기초방화　불역풍훈　근도부개　덕인편향

栴檀多香　青蓮芳花　雖曰是眞　不如戒香[94]
전단다향　청련방화　수왈시진　불여계향

華香氣微　不可謂眞　持戒之香　到天殊勝[95]
화향기미　불가위진　지계지향　도천수승

戒具成就　行無放逸　安意度脫　長離魔道[96]
계구성취　행무방일　안의도탈　장리마도

보배로운 꽃 많이 만들어
묶어서 머리에 장식하니 아름답듯
덕의 향기 널리 쌓으면
태어나는 곳마다 좋아진다네.

진기한 풀과 향기로운 꽃도
바람을 거슬러 향기 내지 못하지만
도를 가까이 하여 피고 퍼지는
덕을 갖춘 사람의 향기 두루하다네.

92　법구경 화향품 제11게송.
93　법구경 화향품 제12게송.
94　법구경 화향품 제13게송.
95　법구경 화향품 제14게송.
96　법구경 화향품 제15게송.

전단나무의 많은 향기와
푸른 연꽃의 좋은 향기는
비록 그것이 참되다 말하여도
계의 향기만은 못하다네.

꽃향기는 기운이 미약하여
참되다고 말하지 못하지만
계를 지키는 향기는
가장 뛰어나 하늘에 이른다네.

계율을 갖추어 성취하고
행함에 방일함이 없으면
생각이 고요하여 해탈하나니
악마의 세계 영원히 여읜다네.

부처님께서는 게송을 설하시고 왕에게 말씀하셨다.

"재계의 복으로 밝은 명예가 넓고 멀리 퍼집니다. 비유하면 천하의 16대국의 모든 진귀한 보배를 보시하여도 말리부인의 한 나절 불법을 지니고 재계한 것만 못합니다. 그 복을 비교한다면 수미산과 한 알의 콩과 같습니다. 수행의 복덕을 쌓고 지혜를 배워야 열반에 이를 수가 있는 것입니다."

부처님의 말씀을 듣고 왕과 부인들과 군신들 모두가 기뻐하며 가르침을 받들고 수행하였다.

❀ 부처님께서 경전에서 늘상 강조하시는 것이 삼천대천세계를 보물로 가득 채우는 것보다 보리심으로 남을 돕거나 수행을 하거나 불법을 전하는 공덕이 더 크다는 것이다. 『금강경』에서 부처님과 수보리의 대화의 한 구절이다.

"수보리야, 너의 생각에 어떠하냐? 어떤 사람이 삼천대천세계를 칠보로 가득 채워 보시한다면 이 사람이 얻는 복덕이 많다고 할 수 있겠느냐?"

"매우 많습니다. 세존이시여! 무슨 까닭인가 하면, 이 복덕은 곧 복덕의 성품이 아니기 때문입니다. 그런 까닭에 여래께서는 복덕이 많다고 하셨습니다."

"만약 또 다른 사람이 있어, 이 경 가운데 사구게만이라도 받아 지니고 남을 위해 설해준다면 그 복은 저 앞의 복보다 뛰어나리라."

셋째 이야기

부처님께서 왕사성 영취산에 계실 때, 성안에 장자의 아들 50명이 있었다. 이들은 부처님이 계시는 곳에 찾아와서 예를 드리고 자리에 앉았다. 그들에게 부처님께서는 고苦, 무상無常, 공空, 비아(非我: 나라고 할 것이 없음)의 법法을 말씀하셨다.

"은애恩愛는 꿈과 같아서 응당 이별이 있고, 부귀영화 또한 근심걱정이 있으며, 오로지 열반만이 영원히 생사를 벗어나 모든 재앙이 다 없어져 큰 편안함을 얻는다."

이 법문을 들은 50명의 장자의 아들들은 기뻐하면서 출가하여

부처님 제자가 되길 원하였다. 부처님께서 말씀하시기를

"어서 오너라. 비구들이여!"

그러자 그들의 머리와 수염이 저절로 깎이고 법의가 입혀져 바로 사문이 되었다. 출가한 장자의 아들들에게 친한 친구인 장자가 있었는데, 친구들이 출가하였다는 소식을 듣고 크게 기뻐하면서 영취산에 와서 출가한 친구들을 보며 칭찬하며 말하였다.

"출가를 이루었으니 여러분은 훌륭하고 훌륭합니다."

이로써 단檀을 설치하고 부처님과 대중들 모두 집으로 청하였다.

다음날 부처님과 대중들이 그 집에서 공양을 하셨고, 공양을 마치신 후 법을 설하시고 오후 4시경에 돌아오셨다.

그런데 출가한 장자의 아들 50명은 친구의 맛난 음식과 친척과 친구들이 그리워 출가를 접고 모두가 집으로 돌아가려고 생각하였다. 부처님께서는 그들의 마음을 아시고 그들을 이끌고 성문 밖 밭고랑의 더러운 분뇨가 있는 곳에 다섯 빛깔의 큰 연꽃을 보여주셨다. 분뇨의 악취를 그 깨끗한 연꽃 향기가 뒤덮고 향기롭게 하고 있었다. 부처님께서는 이 광경을 게송으로 말씀하셨다.

如作田溝　近於大道　中生蓮華　香潔可意[97]
여 작 전 구　근 어 대 도　중 생 연 화　향 결 가 의

有生死然　凡夫處邊　智者樂出　爲佛弟子[98]
유 생 사 연　범 부 처 변　지 자 락 출　위 불 제 자

---

[97] 법구경 화향품 제16게송.
[98] 법구경 화향품 제17게송.

밭의 도랑을 만들되
큰길 가까이에 만들어도
그 가운데 연꽃이 피면
향기가 깨끗하여 마음에 흡족하다네.

나고 죽음 이와 같아
범부는 그 가장자리에 살고 있으니
지혜 있는 사람은 즐겁게 출가하여
부처님의 제자가 된다네.

부처님께서 게송을 마치시고 무리를 이끌고 영취산으로 돌아오시자 아난이 부처님께 여쭈었다.

"부처님께서 밭도랑에 계시면서 두 게송을 말씀하셨는데 그 의미를 모르겠으니 뜻을 여쭙고자 합니다."

부처님께서 아난에게 말씀하셨다.

"밭도랑 속의 더러운 분뇨가 있는 곳에서 연꽃이 피어 있는 것을 보지 않았느냐?"

아난이 말하기를

"예 그랬습니다. 보았습니다."

부처님께서 말씀하셨다.

"아난아! 사람이 세상에 태어나기를 전전하며 태어날 때마다 다른 모습을 받는데, 수명으로 계산하면 100년가량에서 혹은 길거나 짧다. 그리고 아내와 자식에 탐착하여 은애恩愛와 기갈(飢渴: 목마름)과

한열(寒熱; 추위와 더위)에 슬퍼하거나 기뻐한다. 또 하나의 흉한 일(一凶)과 두 가지 좋은 것(二吉)과 삼독(탐진치)과 네 가지 전도(四倒; 무상無常·무락無樂·무아無我·무정無淨을 상常·락樂·아我·정淨이라고 생각하는 네 가지 뒤바뀐 견해)와 오음(五陰; 색수상행식)과 육입(六入; 안이비설신의眼耳鼻舌身意)과 칠식七識과 팔사(八邪; 팔정도와 반대)와 구뇌(九惱; 전생의 인으로 이 세상에서 겪어야 하는 9가지 재난)와 십악十惡이 있는데, 이는 밭도랑에 분뇨가 쌓인 것과 같아서 더럽고 깨끗하지 못하다.

그때 홀연히 한 사람이 세간의 무상無常함을 깨닫고 발심하여 도를 배워 청정한 뜻을 닦되 정신을 집중하여 생각을 끊고 스스로 도를 얻는 곳에 이르면 또한 더러운 곳에서 연꽃이 피는 것과 같다. 자신이 먼저 스스로 도를 얻으면 돌아가서 일가친척과 주위 사람들을 제도하고, 일체중생 모두 해탈하게 하면, 또한 연꽃의 향기가 더러운 냄새를 덮어 버리는 것과 같다."

이에 새로 출가한 50명의 비구는 부처님의 설법을 듣고 뜻이 견고해져서 즉시 아라한도阿羅漢道를 얻게 되었다.

❁ 연꽃은 깨달음을 상징한다. 물이 더러우면 더러울수록 연꽃은 더욱 화려하게 핀다. 연꽃 뿌리는 더러운 물에 잠겨 있지만 잎이나 꽃은 물과 접촉하지 않는다. 비가 와도 연잎은 비에 젖지 않는다. 물이 차면 연잎은 고개를 내려 고인 물을 연못으로 흘려보낸다. 이런 속성 때문에 연꽃이 깨달음의 꽃이 되었다.

제15 우암품愚闇品

◉ 우愚는 어리석다는 뜻이고 암闇 어둡다는 말이다. 우암품을 통해 어리석음을 보여줌으로써 어리석은 무명無明을 알려준다. 즉 어두움을 보여주어 밝음이 무엇인지 알게 하려는 것이다. 꿈에서 깨어나게 하려는 까닭에 그 어리석고 어두운 행태를 말하고, 그것을 엿보게 하여 명철하게 되기를 바라는 것이다.

첫 번째 이야기

부처님께서 코살라국에 계실 때 나라 안에 한 바라문이 있었는데, 나이는 80세로 재산이 아주 많았다. 그러나 그는 사람됨이 아주 모질고 인색하고 어리석으면서도 탐욕스러워 교화하기가 어려운 사람이었다. 또한 세상의 근본인 도덕도 알지 못하고 인생이 무상함도 모르고 욕망에 이끌려 살고 있었다. 게다가 집짓기를 좋아하여, 앞으로는 대청이, 뒤에는 후원이 있고, 서늘한 정자와 온실이 있었으며, 동서쪽으로 길게 늘어져 있는 행랑채가 수십 칸이 되는 집이었다. 다만 후원 별당의 볕을 막는 채양을 아직 마치지 못한 상태였는데, 이 바라문은 항상 직접 모든 일을 주관하면서 일일이 지시하였다.

부처님께서는 도안道眼으로 어리석은 바라문 노인의 목숨이 하루도 남지 않은 것을 아셨다. 하지만 자신은 그런 줄도 모르고 이리저리 바쁘게 다니니 모습은 여위고 힘은 다하고 정신은 복이 없어 매우 가여웠다.

부처님께서는 아난과 함께 그 집에 가셔서 노인을 위로하셨다.

"노인께서는 집을 짓는 일이 힘들지 않으십니까? 지금 이 집을 짓는 것은 누구를 위한 것입니까?"

바라문 노인이 대답하였다.

"앞 대청에서는 손님을 접대하고 후원에는 내가 거처하고 동서쪽으로 늘어선 행랑채에는 아이들이 거처하고, 여러 방에는 재물도 쌓고, 하인들도 거처하며, 여름에는 서늘한 정자에서 겨울에는 따뜻한 방에서 지낼 것입니다."

부처님께서 노인 바라문에게 말씀하셨다.

"노인장의 고매한 덕을 오래 전에 듣고 대화하려고 생각하였으나 늦었습니다. 마침 한 순간 닥치는 죽음에 관한 중요한 게송이 있어 이야기하려고 합니다. 잠시 하는 일을 거두고 앉아서 함께 이야기할 있겠는지요?"

노인 바라문이 대답하였다.

"지금은 큰 일이 있기 때문에 한가하게 대화할 겨를이 없습니다. 다음에 다시 오셔서 대화하는 것이 좋겠습니다. 그리고 중요하다고 하신 게송이나 지금 말씀해 주시지요."

이에 부처님께서 게송을 말씀하셨다.

有子有財　愚惟汲汲　我且非我　何憂子財[99]
유 자 유 재　우 유 급 급　아 차 비 아　하 우 자 재

署當止此　寒當止此　愚多豫慮　莫知來變[100]
서 당 지 차　한 당 지 차　우 다 예 려　막 지 래 변

愚蒙愚極　自謂我智　愚而勝智　是謂極愚[101]
우 몽 우 극　자 위 아 지　우 이 승 지　시 위 극 우

자식이 있고 재물이 있어
어리석은 이 벌인 일 분주하나니
나조차도 내가 아닌데
하물며 자식과 재물 걱정하리요.

더우면 이곳에서 머물고
추우면 저곳에서 머물겠다고
어리석은 이 미리 걱정 많건만
오고 있는 변고는 알지 못하네.

---

99 법구경 우암품 제4게송.
100 법구경 우암품 제5게송.
101 법구경 우암품 제6게송.

어리석고 어리석어 극에 이르면
스스로 나는 지혜롭다고 하고
어리석음으로 지혜를 이기니
이를 지극히 어리석은 사람이라 한다네.

어리석은 바라문 노인은 이 게송을 듣고도 지금은 하는 일이 있으니 후에 다시 와서 대화를 나누자고 하였다.

이에 부처님께서는 그의 어리석음을 불쌍히 여기시며 거처로 발길을 돌리셨다.

잠시 후 노인 바라문은 손수 서까래를 올리다가 서까래가 머리에 떨어져서 바로 운명하였다. 집안 식구들은 통곡하면서 노인이 죽은 사실을 사방에 알렸다.

부처님께서 마을 어귀에 이르렀을 때 바라문 수십 명을 만나셨다. 바라문들이 부처님께 여쭈었다.

"어디서 오시는 길이십니까?"

부처님께서 말씀하셨다.

"조금 전 죽은 노인의 집에서 그를 위하여 설법을 하였는데, 부처의 법을 믿지 않고 인생의 무상함도 알지 못하더니 지금 홀연히 저승으로 갔다네."

부처님은 노인에게 한 법문을 듣고 싶어 하는 바라문들을 위하여 다시 앞의 게송의 이치를 말씀하셨고, 바라문들은 이것을 듣고 매우 기뻐하며 도적(도의 자취)을 얻었다.

이어 부처님께서 게송을 말씀하셨다.

愚闇近智　如瓢斟味　雖久狎習　猶不知法[102]
우암근지　여표짐미　수구압습　유불지법

開達近智　如舌嘗味　雖須臾習　卽解道要[103]
개달근지　여설상미　수수유습　즉해도요

愚人施行　爲身招患　快心作惡　自致重殃[104]
우인시행　위신초환　쾌심작오　자치중앙

行爲不善　退見悔吝　致涕流面　報由宿習[105]
행위불선　퇴견회린　치체류면　보유숙습

어리석은 사람이 지혜로운 사람과 가까이함은
마치 표주박이 술맛을 보는 것과 같아
아무리 오랫동안 익숙하게 익혀도
여전히 깨달음의 진리는 알지 못한다네.

마음을 열어 통달한 사람이 지혜로운 사람과 가까이함은
혀로 음식을 맛보는 것과 같아
비록 잠깐 동안 익혀도
깨달음의 요점을 바로 이해한다네.

어리석은 사람은 보시를 행하여도
몸에 걱정거리를 불러들이게 된다네.

---

102 법구경 우암품 제7게송.
103 법구경 우암품 제8게송.
104 법구경 우암품 제9게송.
105 법구경 우암품 제10게송.

즐거운 마음으로 나쁜 짓을 짓다가
무거운 재앙을 저절로 만나게 된다네.

하는 짓이 착하지 못하여
물러나 바로 후회와 원망을 하네.
얼굴에 눈물이 흘러내리니
과거에 익혔던 과보로 그리된 것이네.

이 게송까지 들은 바라문들은 더욱 돈독한 신심이 생겨 부처님께 예를 갖추고 기뻐하면서 받들어 행하였다.

❋ 내일이 먼저 올지 내생來生이 먼저 올지 모른다는 티벳 속담이 있다. 생로병사여서 태어난 존재는 죽을 수밖에 없으며, 죽음이 언제 어느 때 닥칠지 모른다. 그런데 우리들은 천년만년 살 것처럼 탐욕에 빠져 산다. 그것이 어리석은 무명이다.

두 번째 이야기

부처님께서 코살라국 기원정사에 계실 때에 모든 하늘 천인들과 사람들을 위하여 설법을 하셨다. 이때에 파사익왕에게는 나이가 많은 딸이 있었는데, 그녀의 이름은 금강金剛이었다. 왕은 남편을 잃고 홀로된 딸을 애닯게 생각하여, 좋은 궁궐을 세워 주면서 500시녀들과 함께 살도록 하였다. 궁전에서 잡일을 하는 시종들 중에 가장 나이가 많은 여인의 이름은 도승度勝이었다. 그녀는 매일 시장에 나가 공주와 500기녀들이 쓸 화장품과 향화香華를 사는 일을 하였다. 어느 날 무수한 사람들이 제각기 꽃과 향을 가지고 부처님을 뵙고자 성을 나가는 모습을 보았다. 그녀는 지나가는 사람에게 물었다.

"다들 어디로 가는 길인가요?"

사람들이 말하였다.

"부처님께서 세상에 나오셨는데, 삼계三界의 스승이 되시어 중생을 제도하고 해탈하게 하여 모두가 열반을 얻게 하십니다."

그녀는 이 말을 듣고 마음과 뜻이 모두 기뻐하면서 생각하였다.

"내가 이리 늙어서라도 부처님을 뵙는 것은 전생의 복이 있어서다."

곧 향과 꽃을 준비하여 사람들을 따라 부처님 계시는 곳에 이르렀다. 그녀는 부처님께 예를 올리고 꽃을 뿌리고 향을 태우며 일심으로 법문을 들었다. 다시 시장으로 가서 궁에서 쓸 화장품과 향과 꽃을 구입했는데 법을 들은 공덕으로 인하여 향과 꽃은 전보다 양도 많고 향기로웠다. 그러나 궁전으로 돌아오자 모두들 그녀가 늦은 것을 꾸짖었다. 그녀는 부처님을 찾아뵙고 설법을 들은 사실을 이야기하였다.

"부처님은 삼계의 가장 존귀한 어른이며 세상에 가장 성스러운 스승이시며 법문으로 법고法鼓를 치시어 삼천대천세계를 진동시키십니다. 법문을 듣고 오느라 이렇게 늦게 오게 되었습니다."

금강공주와 시녀들은 도승의 입을 통해 부처님의 깊고 오묘한 법은 세상에서 듣지 못하였던 것이라는 말을 듣고 한편으로는 놀라고 마음으로는 기뻐하면서 탄식하며 말하였다.

"우리들은 어떻게 그 귀한 법을 듣지 못하였는가?"
이어 금강공주가 도승에게 말하였다.
"시험삼아 부처님에게 들은 대로 말해 보거라."
도승이 대답하였다.
"제 몸은 천하고 입은 더러워 감히 부처님이 하신 말씀을 할 수가 없습니다. 다시 부처님께 가서 여쭈어 허락하신다면 받들어 말하겠습니다."
공주와 500시녀들은 도승에게 부처님께 다녀오라고 보내며 부탁하였다.
"설하시는 법문과 설법하는 의식도 알아 오너라."
도승을 기다리는 금강공주와 시녀侍女들은 마치 자식이 어머니를 기다리는 것과 같았다.
부처님께서는 도승에게 말씀하셨다.
"너는 궁으로 돌아가서 설법을 하여라. 그러면 너로 인해 많은 사람들이 제도되고 해탈할 것이다. 설법의식은 먼저 높은 자리에서 행해져야 한다."
도승은 이런 부처님의 말씀을 따라 공주와 시녀들에게 높은 단을 세워야 한다고 말하였다. 부처님 말씀을 전해들은 그들은 모두 크게 기뻐하며 자기가 입고 있던 의복들을 쌓아서 높은 자리를 마련하였다. 도승은 정성스레 목욕을 하고 부처님의 위신력威神力을 받아서 법답게 설하자 금강공주와 500여인들은 모든 의심이 풀리고 모든 악을 쳐부수어 수다원과須陀洹果를 얻었다. 그러나 설법이 너무 훌륭하여 불이 난 것을 알지 못하고 금강공주와 시녀들은 일시에 불에 타 죽어 모두 천상에 태어났다. 왕과 사람들은 와서 불길 속에서 사람을 구하고자 하였지만 이미 다 타버린 것을 보고는 염습하고 장사를 지낸 다음 왕은 부처님 처소에 와서 예를 갖추고 한쪽에 앉았다.

부처님께서 왕에게 물으셨다.

"어디에서 오는 길입니까?"

왕은 슬픔에 차서 공손히 말하기를

"제 딸 금강이 불행하게도 궁에 불이 난 것을 알지 못하여 타죽어서 장사지내고 돌아오는 것입니다. 어떤 죄로 이렇게 불로 인해 죽게 되었는지 알지 못하겠습니다. 부처님께서 제가 알지 못한 것을 말씀해 주시기 바랍니다."

부처님께서 파사익왕에게 말씀하셨다.

"과거 옛날에 바나래波羅奈라는 나라에 부유한 장자長者의 부인이 시녀 500인과 함께 나라 밖으로 나가 크게 제사를 지냈으나 너무 엄하여 다른 성을 가진 사람은 근처에 범접하지도 못하였고, 친한 사람이든 알지 못하는 사람이든 제사 장소에 오는 사람이 있으면 모두 불 속에 집어넣어 버렸습니다.

이때에 홀로 깨달은 벽지불僻支佛이 세상에 있었으니 그의 이름은 가라迦羅였습니다. 산 속에 살면서 아침에 나와서 탁발하고 저녁에 산으로 돌아가곤 했는데, 그날 가라가 탁발하고 산으로 돌아가다 제사 장소를 지나게 되자 장자의 부인이 이를 보고 화를 내면서 진에瞋恚를 일으켰습니다. 그리고 사람을 시켜 가라를 잡아서 불 속에 집어넣었는데, 가라는 바로 몸을 일으켜서 신족통神足通을 나타내어 허공으로 올라가 버렸습니다.

이에 여인들은 모두 놀라 잘못을 뉘우치고 눈물을 흘리면서 무릎을 꿇고 머리를 들어서 말하기를

'저희들이 지극히 우둔하여 지극한 진리를 몰랐습니다. 우리 모두가 미혹하여 성스런 분을 훼손하고 욕되게 하였습니다. 우리가 지은 죄가 산과 같이 쌓였으나 존엄한 자비심으로 저희를 용서해주시기 바랍니다.'

참회를 보고 가라 벽지불이 땅으로 내려와 열반에 들었고, 여인들은 사리를 수습하여 탑을 세우고 정성스럽게 공양하였습니다."

이어서 부처님께서 파사익왕에게 게송으로 말씀하셨다.

愚憃作惡　不能自解　殃追自焚　罪成熾燃[106]
우준작악　불능자해　앙추자분　죄성치연

愚所望處　不謂適苦　臨墮厄地　乃知不善[107]
우소망처　불위적고　임타액지　내지불선

어리석고 어리석어 악을 짓고
스스로 그것을 알지 못하니
재앙이 따라와 자신을 불태우고
죄의 불길 세차게 타오른다네.

어리석은 이는 그 바라는 곳이
괴로움을 만나는 곳 아니라 하지만

---

[106] 법구경 우암품 제14게송.
[107] 법구경 우암품 제13게송.

재앙의 땅에 떨어지고 나서야
비로소 착하지 않은 것을 안다네.

부처님께서 왕에게 말씀하셨다.
"그때 장자의 부인이 지금 대왕의 딸인 금강이며, 500시녀는 지금의 500시녀들입니다. 죄와 복은 오래도록 사람을 따라다녀서 결코 나타나지 않은 일이 없습니다. 마치 그림자가 형체를 따르는 것과 같습니다."
이렇게 말씀하였을 때에 왕과 나라 안의 모든 신하들이 이를 믿고 조복調伏하고 삼보三寶에 귀의하여 모두 오계五戒를 받아 도의 자취(道跡: 수다원과)를 얻었다.

✺ 부처님도 예수도 의도적으로 종교를 만들 생각을 하지 않았다. 종교가 자기 믿음에 무비판적이면 광신狂信에 빠져 어떤 일도 서슴지 않는다. 전생의 금강공주와 시녀들이 제사 장소를 지나는 사람들을 죽인 이유는 광신이다. 지금도 종교라는 이름으로 많은 살인이 일어난다. 믿음은 지혜와 자비심을 바탕으로 해야 한다.

제16 명철품明哲品

◉ 명明은 밝다는 뜻이고, 철哲은 총명하여 도리와 사리에 밝은 사람을 뜻한다. 법을 자신의 등불과 거울로 삼아 지혜와 자비로 수행하여 복덕福德을 닦고 도를 얻을 것을 말한다.

첫째 이야기

옛날에 어떤 바라문이 있었는데, 나이는 이제 약관인 20살로 태어날 때부터 천재였으며 크고 작은 어떤 일도 눈으로 한 번 보기만 하면 그것을 할 수 있어서, 스스로 총명하다고 교만하여 맹세하였다.

"천하의 모든 기술과 기예에 모두 통달하겠다. 한 가지라도 모르면 통달에 이른 것이 아니리라."

이에 그에게 가르침을 줄 스승을 찾아다니지 않은 곳이 없었다.

그는 여섯 가지 기예(六藝), 잡다한 기술(雜術), 천문天文, 지리地理, 의방醫方, 산이 무너지고 땅이 울리는 것을 진압鎭壓, 주사위 던지기 놀이(樗蒲), 장기와 바둑(博奕), 악기樂妓, 의상 재단하기, 비단 수놓기, 음식하기 등, 인간이 할 수 있는 세상 모든 기술을 겸비하여 통달하지 않은 것이 없었다.

스스로 생각하기를 '이 경지에 오른 나에게 누가 감히 미칠 수 있겠는가? 모든 나라를 다니면서 대적하는 상대를 꺾어 항복받으면, 내 이름은 사방에 떨치고 기술로는 하늘을 흔들 것이다. 그 후에 내가 세운 공功을 역사에 써서 100대代를 이어가리라.' 이런 오만한 마음을 먹었습니다.

여행을 떠나 어떤 나라에 이르러 시장거리에 들어가 한 사람이 앉아서 각궁(角弓; 소뿔이나 양뿔 같은 것으로 만든 활)을 만드는 모습을 보았다. 그 장인이 힘줄을 나누어서 각角을 만드는데, 손을 사용하는 것이 날아다니는 것과 같았으며 만든 것은 완벽하였다. 사람들이 앞 다투어 활을 사는 것을 보면서 스스로 생각하기를 '어려서부터 배운 것에 스스로 만족해서, 활 만드는 사람을 만났어도 경시하여 활 만드는 것을 배우지 않았구나. 만약 내가 저 기술로 저 사람과 다툰다면 저 사람만 못할 것이다. 반드시 따라가서 배움을 청할 것이다.'

이윽고 활을 만드는 사람을 따라가서 제자가 되었다. 마음을 다하여 배운 어느 날, 활을 만드는 것을 모두 이해하고 교묘하게 만드는 것이 스승을 능가하게 되었다. 그는 스승에게 재물로 사례하고 길을 떠났다.

다시 길을 가다가 한 나라에 이르러 강을 건너는데 뱃사공이 배를 저어 가는 것이 날아다니는 것과 같았다. 위아래로 이리저리 돌아가면서 저어 가는 것이 너무 빨라서 비유할 것이 없었다. 그는 생각하기를 '내 기술이 비록 많다고 하여도 배를 젓는 것은 배우지 않았구나. 비록 기술이 천하기는 하지만, 내가 알지 못하니 배워야겠다.'

그는 사공을 따라가 제자가 되었다. 뱃사공을 지극히 존경하면서 힘을 다하여 배우자 어느 날, 강물의 흐름을 알게 되고 배를 저어 가는 것이 스승을 능가하게 되었다. 그는 뱃사공에게 재물로 사례하고 다시 길을 떠났다.

어느 나라에 이르니 국왕의 궁전이 천하에 비할 데가 없이 훌륭하였다. 그는 생각하기를 '이 궁전을 지은 장인은 기예가 특출하구나. 지금 내 기술로는 궁전을 지은 사람을 이길 수 없겠구나. 그 기술을 배워서 만족함을 얻으리라.'

그는 궁전을 지은 장인을 만나 제자가 되었다. 그는 스승을 마음을 다하여 공경하며 크고 작은 연장을 가지고 단시간에 치수를 재고 모나고 둥글게 만들기 등 법을 이해하였고, 목재木材의 성질을 알아 문양의 조각하고 글자를 새기는 법 등등 모든 기술을 통달하여 알게 되었다. 그는 건축 일에서 스승을 능가하게 되어 예의를 갖춰 인사를 한 후 스승을 떠났다.

그 후 그는 천하를 돌아다녀 당시 인도대륙에서 가장 큰 나라인 16개국을 둘러보았지만 자신과 대적할 만한 기술을 가진 사람을 만나지 못하자 교만과 오만이 하늘을 찔렀다. 마음속으로 스스로를 높여 '이 세상천지에서 누가 나를 이기겠느냐?'라고 생각했다.

부처님께서는 당시 기원정사에 계시면서 멀리 있는 이 교만하고 오만한 젊은 바라문이 반드시 제도가 될 것이라고 보셨다. 부처님께서는 스님으로 변화하시어 신족통神足通으로 날아가셔서 지팡이와 발우를 들고 그 사람 앞에 나타나셨다. 하지만 바라문은 그가 살던 나라에 아직 부처님 법이 전해지지 않아 스님을 본 적이 없었기 때문에 어떤 사람인지 이상하게 여겨 그가 오면 물어보아야겠다고 생각하였다.

스님(부처님)이 다가오자 물었다.

"내가 여러 나라를 다녔지만 당신과 같은 분을 보지 못하였습니다. 옷도, 이런 의복은 처음 봅니다. 들고 있는 그릇도 여러 나라 종묘宗廟의 희귀한 물건에도 이런 그릇은 보지 못하였습니다. 당신은 어떤 분이시기에 이런 모양과 복장을 하고 계십니까?"

스님이 대답하였습니다.

"나는 몸을 고르게(調身) 하는 사람이라네."

젊은 브라만이 여쭈었습니다.

"어떻게 하는 것이 몸을 고르게 하는 것입니까?"

이에 스님이 게송으로 대답하였다.

弓匠調角　水人調船　巧匠調木　智者調身[108]
궁장조각　수인조선　교장조목　지자조신

譬如厚石　風不能移　智者意重　毀譽不傾[109]
비여후석　풍불능이　지자의중　훼예불경

---

108 법구경 명철품 제7게송.
109 법구경 명철품 제8게송.

譬如深淵　澄靜淸明　慧人聞道　心靜廓然[110]
비 여 심 연　정 정 청 명　혜 인 문 도　심 정 곽 연

활을 만드는 장인은 뿔을 조화롭게 하고
뱃사공은 배를 조화롭게 하고
목재를 만지는 사람은 나무를 조화롭게 하고
지혜있는 사람은 몸을 조화롭게 한다네.

비유하면 저 두터운 바위는
바람이 옮길 수 없는 것과 같이
지혜 있는 사람은 생각이 무거워서
비방과 칭찬에 흔들리지 않는다네.

비유하면 깊은 연못은
맑고 고요하고 깨끗한 것과 같이
지혜 있는 사람은 깨달음의 이치를 들음에
마음이 고요하고 텅 빈 허공과 같다네.

게송을 마친 스님이 공중에 날아올라 원래 부처님 몸으로 돌아가 32상과 80종호를 나타내시니 밝고 맑은 빛이 모든 것을 꿰뚫어 천지를 비추었다. 부처님께서 공중에서 내려와 젊은 바라문에게 말씀하기를 "내가 가진 도덕과 신통변화는 모두 몸을 고르게(調身) 한 힘 때문이

---

110 법구경 명철품 제9게송

니라."

이에 그가 오체투지하면서 머리를 조아리며 여쭙기를
"몸을 고르게 하는 방법을 듣기를 원합니다."

부처님께서 바라문에게 말씀하시기를

"오계五戒와 십선十善과 사등(四等; 사무량심)과 육도(六度; 육바라밀)와 사선(四禪; 사선정), 삼해탈三解脫이 모두 몸을 고르게 하는 법이다. 활을 만들고 배를 저으며 나무로 집을 짓는 것과 육예六藝와 특별한 기술(奇術)은 모두가 겉모양을 장식하거나 명예를 빛나게 할 뿐, 몸을 방탕하게 하고 뜻을 방종하게 하는 생사生死의 길이다."

젊은 바라문은 부처님 말씀을 듣고 기꺼이 믿고 이해하면서 제자가 되기를 원하였다.

부처님께서 말씀하시기를 "사문아! 잘 왔구나."라고 하시자 수염과 머리카락이 저절로 떨어져 사문이 되었다.

부처님께서는 바라문에게 거듭 사제四諦와 팔해탈八解脫의 요점을 말씀하였는데, 그는 이를 참구參究하여 바로 아라한도를 얻었다.

❀ 편리便利를 위한 인간문명의 발전은 갈수록 가속도가 붙어 인공지능 알파고가 바둑을 제패하고, 무인 자동차가 나오고, 우주를 날아가 화성火星에 사람이 사는 정착촌을 만들려는 시대가 오고 있다. 그러나 우리 손에 쥐어진 스마트 폰을 포함한 물질문명의 그 편리함을 추구하는 노력에 비하여 우리의 참 본성에 대한 관심은 더 퇴보하고 있다. 과연 어느 것이 더 중요한가?

둘째 이야기

부처님께서 코살라국 기원정사에 계실 때에 사위성에서 500리 떨어진 곳에 5~60여 가구가 사는 산골 마을이 있었다. 그 마을에는 가난한 부부가 사는 집이 있었다. 그 집 부인이 회임한 지 10개월이 되어서 쌍둥이 아이를 낳았다. 쌍둥이는 얼굴이 아주 단정하여 다른 아이들과 비교할 수가 없었다. 부부는 이들을 아주 많이 사랑하여 한 아이는 쌍덕雙德으로 다른 아이는 쌍복雙福으로 이름 지었다. 아이들이 태어난 지 세 달쯤 되는 어느 날, 아버지는 소를 방목하고 돌아와서 피곤하여 침대에 누워 있었고, 어머니는 밭에 땔감을 모으려고 나가서 돌아오지 않고 있었다. 이때 침대 아래 누워 있던 두 아이가 좌우로 돌아보다가 어머니가 보이지 않자 한 아이가 말하였다.

"나는 전생에 막 도를 얻으려고 할 때 '생명은 죽지 않는다'는 어리석은 한 생각 때문에 생사의 고통에 떨어져 겁을 윤회하며 지금은 가난한 집의 자식으로 태어났다. 거친 짚풀 위에 누워 거친 털옷으로 몸을 덮고, 음식은 별 볼일이 없어 겨우 몸을 유지할 정도이다. 이와 같이 살면 어느 세월에 어떻게 진리를 얻을 것인가? 이 모두가 전생에 부귀를 따라 몸을 함부로 하고 산만한 생각으로 잠시의 쾌락을 따랐기 때문이다. 그때부터 지금까지 오랫동안 고통을 받았는데, 지금도 같은 처지이니 어떻게 무얼 믿고 의지하겠는가?"

다른 한 아이가 대답하기를

"나는 아주 어렸을 때에 한 동안 부지런히 수행하였지만 끝까지 정진하지 못하여 많은 세상을 지내면서 고통과 환난을 만났다. 이는 내 스스로 만든 것이지 부모가 만든 것은 아니다. 인과因果에 따라 고통당하게 되는 것인데 무슨 말을 하겠는가."

침대에 누워 있던 아버지는 자식들이 말을 하며 스스로를 책망하는 것을 듣고 이를 아주 괴이하여 이런 생각을 하였다.

'이는 귀신이 사람의 몸을 빌어서 온 것이다. 앞으로 재난과 변괴가 생기겠구나. 어떻게 5~60일 되는 아이들이 말을 할 수 있단 말인가. 훗날 어버이를 죽이고 친족을 죽이는 일이 일어나는 것이 두려우니 크기 전에 죽여 버리자.'

이런 생각을 한 아버지는 밖에서 문을 잠그고 집에 불을 질러 아이들을 죽이려고 땔나무를 모았다. 밭에서 돌아온 아기 엄마가 남편을 만나 물었다.

"땔나무는 어디에 쓰려고요?"

남편이 대답하기를

"아주 괴이한 일이오. 우리 아이들이 귀신인 것 같소. 자라면 반드시 우리 가문과 친족들을 죽일 것이니 이 아이들을 태워 죽이려고 하오."

아기 엄마는 남편의 말을 듣고 깜짝 놀라면서도 설마 하고 믿으려 하지 않았다.

"수일 내에 다시 그 말을 들을 수 있을 때까지 좀 기다려봐요."

다음날 부부는 문 밖에서 나가 숨어서 두 아이가 안에서 스스로를 책망하는 말을 듣고 놀라고 두려워 땔나무를 주워 모아 태워 죽이기로 작정하였다.

부처님께서는 부부가 두 아이를 태워 죽이려는 것을 천안으로 보시고 불쌍히 여겨 제도하시려 그 마을에 광명을 나타내시니 천지가 크게 진동하고 산천초목이 모두 금색으로 변하였다. 마을의 모든 사람들은 놀라서 부처님께 예를 올리며 기뻐하지 않는 사람이 없었다. 그들은 부처님께서 신통력이 지극하여 삼계三界에 비교할 만한 이가 없는 것을 알았다.

부처님께서는 쌍둥이가 태어난 집으로 가셨다. 두 아이는 이미 부처님의 광명을 보자마자 기뻐서 몸을 주억거리며 춤을 추었다. 부모도 또한 놀라서 제각기 한 아이씩 안고 부처님에게 가서 여쭈었다.

"세존이시여! 이 아이들은 태어난 지 5~60일 밖에 안 되었는데, 이런 말들을 합니다. 이 아이들이 자라면 일가친척이 화를 입고 재난을 당할 것이 두려워서 불로 태우려고 하다가 부처님께서 오시는 것을 뵙고 아직 태우지를 못하였다. 이 아이들은 어떤 귀신이 씌웠는지 알지 못하니 말씀해 주시기 바랍니다. 이는 어떤 괴이한 재난입니까?"

아이들은 부처님을 뵙자마자 기뻐서 춤을 추는데, 부처님께서는 아이를 보고 크게 웃으시며 입으로 오색五色의 빛을 내시어 천지를 넓게 비추셨다.

부처님께서는 아이 부모와 마을 사람 모두에게 말씀하셨다.

"이 두 아이는 귀신이 아니고 복덕을 가진 아이들이다. 옛적 가섭부처님이 계실 때에 이 아이들은 스님이었다. 어려서부터 둘이 함께 친구이고 도반이었으며 출가하여 제각기 나름대로 정진하여 깨달음에 이르렀을 때에 홀연히 삿된 생각이 일어나서 함께 좌절한 것이다. 세간의 부귀영화를 즐기고 복을 믿고 천상에 태어나거나 제후나 왕이나 장자가 되고자 하는 홀연히 일어난 생각으로 바로 떨어져 열반을 얻지 못하고 다시 생사의 고통을 받은 것이다. 여러 생을 둘이 함께 받으며 태어나다가 내가 있는 세상에 쌍둥이로 태어난 것이다. 비록 지금 이렇게 태어났지만 가섭부처님께 공양한 공덕이 남아 있어 제도될 수 있으며, 죄가 멸하고 복이 생하여 전생의 일을 알게 되었다. 그래서 내가 와서 구제하는 것이다. 만일 내가 와서 구제하지 않았다면 불에 타서 죽었을 것이다."

이어서 부처님께서 게송으로 말씀하셨다.

大人體無欲　在所照然明　雖或遭苦樂　不高現其智[111]
대인체무욕　재소조연명　수혹조고락　불고현기지

大賢無世事　不願子財國　常守戒定慧　不貪邪富貴[112]
대현무세사　불원자재국　상수계정혜　불탐사부귀

智人知動搖　譬如沙中樹　朋友志未强　隨色染其素[113]
지인지동요　비여사중수　붕우지미강　수색염기소

대인은 원래 탐욕이 없어
머무는 곳마다 밝고 밝게 비추고
혹 괴로움이나 즐거움을 만날지라도
그 지혜 높게 드러내지 않는다네.

대현인은 세상사에 뜻이 없어
자식과 재물과 국가도 원하지 않고

---

111 법구경 명철품 제10게송.
112 법구경 명철품 제11게송.
113 법구경 명철품 제12게송.

항상 계정혜를 지키며
삿된 부귀 탐내지 않는다네.

지혜로운 사람은 아나니
흔들리는 마음은 모래에 심겨진 나무와 같아서
친구의 의지가 강하지 못하면
다른 색을 좇아 그 바탕이 물든다네.

부처님께서 이렇게 말씀하실 때 어린 쌍둥이들이 부처님의 몸을 보고 아기 몸이 어느새 자라 8살 난 아이만큼 커졌다. 두 아이는 바로 부처님께 출가하여 사미沙彌가 되어 즉시 아라한도를 얻었다. 마을 사람들은 부처님의 빛나는 상호를 뵙고 또 어린아이가 변화하는 것을 보고 모두가 크게 기뻐하며 수다원도須陀洹道를 얻었으며, 아이들 부모는 의심이 없어지고 법안法眼을 얻었다.

✺ 중국 백장회해百丈懷海스님에게 찾아온 노인이 500생 여우의 몸을 받은 이유는 "수행자는 인과에 떨어지지 않는다."는 단 하나의 잘못된 대답 때문이었다. 이 이야기의 쌍둥이 아이들도 먼 전생 깨달음 직전에 한 생각 잘못하여 수많은 생을 고생하였다. 일반인과 달리 스스로 부처님 법을 수행한다고 하면 한 생각도 허투루 하면 안 된다. 한 생각을 돌이켜 부처를 이루기에 한 생각이 가장 중요하다.

제17 나한품羅漢品

● 아라한阿羅漢 혹은 진인眞人은 욕망을 벗어나서 집착하는 것이 없으며, 마음이 오염되지 않고 변하지 않는 것을 말한다.

부처님 당시 남쪽 바닷가에 나리那梨라는 나라가 있었다. 그 나라 백성들은 조개에서 진주를 채취하고 단향목檀香木으로 전단향栴檀香을 만들어 생계를 꾸려 나갔다.

그 나라의 어떤 집에 형제가 살았는데, 부모가 일찍 돌아가시자 재산을 나누어 갖기로 하였다. 그 집에는 분나分那라는 이름의 노비가 한 사람 있었다. 어려서부터 총명하여 시장에서 물건을 매매하는 것과 바다에 들어가서 생계를 꾸리는 것까지 모르는 것이 없었다. 집안의 재물을 노비와 재산 둘로 나누어 분배하기로 했는데, 형제는 병 속에 화살을 던져서 재산을 결정하였다. 재물은 형이 가지고 아우는 노비인 분나를 가지게 되었다. 아우는 처자식과 분나만 데리고 빈손으로 집을 나오게 되었다. 이때는 나라에 기근이 들어서 살아갈 길이 막막하였으므로 아우는 근심걱정에 사로잡혔다. 그러자 노비 분나가 주인에게 말하였다.

"걱정하지 마십시오. 제가 계책을 세워 한 달 내에 형님보다 큰 재산을 만들어 드리겠습니다."

주인이 말하였다.

"만약 그렇게만 된다면 너를 방면하여 노비를 면하게 해주겠다."

주인은 부인이 가지고 있던 보석을 분나에게 주어 자본이 되게 하였다.

그때에 사람들은 바닷물에 해변으로 밀려온 나무들을 주워 땔감으로 썼다. 분나는 보석을 판 돈을 가지고 성 밖으로 나갔는데, 마침 한 거지아이가 해변에서 주운 땔나무를 지고 가는 것을 보았다. 땔나무 속에는 우두전단향牛頭栴檀香이 들어 있었다. 이것은 중병이 걸린 사람을 치료하는 귀한 것으로 1냥에 천 냥의 금과 같았다. 더욱이 한 냥조차도 쉽게 구할 수 없는 귀한 것이었다. 이를 안 분나는 금전 두 매枚로 이를 사 가지고 돌아와서 우두전단향 수십 단段을 만들었다.

이때에 부유한 장자가 중병을 얻어서 앓고 있었는데, 반드시 우두전단향 두 냥으로 약을 지어먹어야 나을 수가 있었다. 그러나 구할 수가 없었는데, 이를 분나가 알고 우두전단향을 가지고 가서 금 2천 냥을 받았다. 분나가 우두전단향을 모두 팔아서 얻은 것은 형의 10배나 되는 금액이었다. 주인은 분나의 은혜에 감사하게 생각하면서 약속한 것을 어기지 않고 분나를 해방시켜 마음이 원하는 대로 살 수 있는 양민이 되게 하였다.

이에 분나는 하직하고 도를 배우러 떠나 코살라국에 이르러 부처님께 예를 올리고 무릎을 꿇고서 말씀드렸다.

"제 출생이 비록 미천하지만 마음으로 늘 도덕을 사모하였습니다. 오직 원하옵나니 부처님께서는 자비를 베푸시어 제도하여 주십시오."

부처님께서 말씀하셨다.

"잘 왔도다. 분나여!"

그러자 수염과 머리카락이 저절로 깎이고 법의法衣가 걸쳐져 그는 스님이 되었다. 부처님께서는 분나를 위하여 설법을 하였는데, 얼마 지나지 않아서 아라한도阿羅漢道를 이루었다. 아라한이 된 분나가 조용히 앉아서 생각하기를

'지금 내가 육신통을 얻어 생사가 자유로운 것은 모두가 주인의 은혜이다. 지금 당장 가서 고향사람들을 제도하고 교화하자.'

분나는 본국에 돌아와 주인집에 이르렀는데, 주인은 기뻐하며 맞이하여 진수성찬을 차려 잘 대접하였다. 식사를 마치고 손을 씻고 허공에 올라가서 신체를 둘로 나누어 반신半身에서는 불을, 나머지 몸에서는 물을 함께 내뿜으며 밝은 광명을 비추었다. 분나는 신위를 보인 후 자리로 내려와 주인에게 말하기를

"이 신비스러운 덕은 모두가 주인이 저를 놓아준 덕분입니다. 부처님 처소에 이르러 배운 것이 이와 같습니다."

주인이 대답하여 말하기를

"부처님의 신묘한 변화의 미묘함이 이와 같구나. 나도 부처님을 뵙고 교훈을 받기를 원한다."

분나가 대답하여 말하기를

"다만 지극한 마음으로 공양하는 음식을 만드시면 부처님께서는 과거 현재 미래를 모두 아는 지혜가 있으시니 반드시 오실 것입니다."

그는 바로 공양 올리는 단을 설치하고 음식을 정갈하게 준비한 후 부처님이 계신 방향을 향하여 머리를 조아리고 무릎을 꿇고 향을 태우면서 부처님께 청하였다.

"저희는 오로지 부처님께서 이곳으로 오셔서 일체 중생을 널리 제도하여 주시기를 바랍니다."

부처님께서는 그 뜻을 아시고 500나한과 함께 제각기 신통으로 그 집에 이르자, 국왕과 백성들이 마중 나와 존경하는 마음으로 부처님께 숙연히 예를 올리고 자리에 앉았다.

부처님께서는 공양을 드시고 손을 씻으시고 주인과 왕과 백성들을 위하여 밝은 법을 말씀하셨고, 모두가 오계五戒를 받고 부처님의 제자가 되었으며, 부처님 앞에 와서 분나를 찬탄하였다.

"집에 있을 때는 열심히 일했으며, 집을 떠나서는 도를 얻었습니다. 그 신묘한 덕이 높고 높아 집안과 나라가 제도되었습니다. 어떻게 그 은혜를 갚아야 할까요?"

이에 부처님께서는 거듭 분나를 칭찬하시며 게송으로 말씀하셨다.

心已休息 言行亦止 從正解脫 寂然歸滅[114]
심이휴식 언행역지 종정해탈 적연귀멸

---

[114] 법구경 나한품 제7게송.

棄故無著 缺三界障 望意已絶 是謂上人[115]
기고무저 결삼계장 망의이절 시위상인

若聚若野 平地高岸 應眞所過 莫不蒙度[116]
약취약야 평지고안 응진소과 막불몽도

彼樂空閑 衆人不能 快哉無望 無所欲求[117]
피락공한 중인불능 쾌재무망 무소욕구

마음은 이미 쉬고
말과 행동 또한 그쳤나니
바르게 해탈 좇아
고요히 멸도에 돌아간다네.

탐욕을 버리니 집착이 없어
삼계의 장애가 없어지고
바라는 마음 이미 끊어지니
이를 상인上人이라 한다네.

마을이건 벌판이건
평지건 높은 언덕이건
진리를 깨달은 이 지나가면
제도되지 않는 사람 없다네.

---

115 법구경 나한품 제8게송.
116 법구경 나한품 제9게송.
117 법구경 나한품 제10게송.

그는 하는 일 없음을 즐기지만
뭇 사람들은 그럴 수 없다네.
쾌재로다. 원하는 것 없으니
탐욕으로 구하는 것 없다네.

부처님께서 게송을 마치자 주인과 왕과 백성들은 더욱 기뻐하며 7일 동안을 공양을 올리고 모두 수다원도須陀洹道를 이루었다.

❋ 당시 인도는 철저한 계급사회였다. 지금까지 그 카스트 제도가 이어져 내려오고 있으니 그 뿌리가 깊고 단단함을 가히 짐작해볼 수 있다. 계급은 제사장, 왕과 귀족, 농민과 상공인, 그리고 노예계급이다. 계급질서를 어기면 가차없는 응징이 뒤따랐다. 이런 사회에서 미천한 신분을 벗어나기는 그야말로 하늘의 별따기였으리라. 노비 출신 분나는 현명함으로 자유로운 몸이 되었고, 더욱 현명하여 부처님을 찾아가 출가하여 아라한이 되었다. 분나는 노비였지만 집에서는 열심히 일했고, 자유를 얻었지만 이에 만족하지 않고 높은 이상을 가지고 출가하여 아라한이 되었다. 주어진 환경에서 열심히 노력하고, 꿈을 가지고 자기 일을 즐겁게 하는 사람이 성공한다.

제18 술천품述千品

◉ 경전을 대하는 바른 태도는 배우는 양量이 적고 많음이 아니라 깊이 체득하여 자신과 일체가 되게 하는 것이다. 경전을 많이 아는 것보다 한 줄을 읽더라도 부처님 말씀을 제대로 알아야 한다.

첫째 이야기

부처님께서 코살라국에 사위성에 계실 때 장로 비구가 있었는데 이름이 반특般特이었다. 새로 비구가 되었을 때 품성이 어리석어서 부처님께서는 500아라한에게 명하여 매일 그를 가르치게 하였으나 3년 동안 하나의 게송도 외우지 못하였다. 나라 안에 있는 비구, 비구니, 우바새, 우바이들 모두가 반특의 우매함을 알고 있었다. 부처님께서는 그를 불쌍하게 여기시고 그를 불러서 앞에 앉히고 하나의 게송을 가르쳐 주셨다.

    입을 지키고 뜻을 굳게 하여(守口攝意)
    몸으로 죄를 범하지 말라.(身莫犯非)
    이와 같이 수행하는 자는(如是行者)
    이 세상에서 제도됨을 얻으리라.(得度世)

이때 반특은 부처님의 자비로운 은혜에 감동하여 기뻐하며 마음이 열려 위의 게송을 입으로 외우게 되었다.
    부처님께서 말씀하셨다.
    "그대는 나이가 많이 들어 지금에야 하나의 게송을 얻었다. 사람들이 그 부족함을 알면 이상하게 생각할 것이다. 지금 그대를 위하여 그 뜻을 설명할 터이니 한마음으로 정신 차려서 들어라."
    반특은 가르침을 열심히 받아들였다.
    부처님께서는 바로 몸으로 짓는 3가지(身三; 살생殺生, 투도偸盜, 사음邪淫)와 입으로 짓는 4가지(口四; 망어妄語, 기어綺語, 양설兩舌, 악구惡口)와 뜻으로 짓는 3가지(意三; 탐욕貪慾, 진에瞋恚, 사견邪見)와 그것이 일어나는 것을 관하고 그것이 없어지는 것을 살펴 알아야 한다고 하셨다. 이것으로 삼계三界와 오도五道의 윤회는 끊이지 않고, 이로 인하여 천계에 태어나고 이로 인하여 지옥에 떨어지고 이로 인하여 깨달음을 얻는 것이라고 하셨다. 열반은 자연스러운 것이며 분별하기 위하여 무량한 묘법을 말하는 것이라고 하셨다. 이때에 반특은 확연하게 마음이 열리어 바로 아라한도를 얻었다.

이때에 500비구니들이 비구니 정사에 따로 있었는데, 부처님께서는 차례를 정하여 비구를 보내어 경법經法을 말하게 하였다. 내일은 우매하기로 소문난 반특스님이 설법할 것이라고 하니 모든 비구니들은 이것을 듣고 코웃음을 치는 것이었다. 비구니 스님들은 '내일 반특스님이 오면 거꾸로 우리가 게송을 설하여 부끄럽게 하고 한 마디도 못하게 하자'고 약속하였다. 다음 날 반특스님이 비구니 정사로 설법을 하러 왔다. 비구니 스님 모두는 나가서 형식으로 예를 갖추고는 서로 쳐다보면서 비웃었다.

모두 자리에 앉자 공양이 나왔고, 공양을 하고 난 뒤에 손을 씻고는 반특에게 설법을 청하였다. 반특은 즉시 높은 자리에 올라가 부끄러워하지 않고 말하였다.

"본인은 박덕하고 어리석어 뒤늦게 사문이 되어 재주와 지혜가 우둔하고 배운 것도 많지 않으며, 오로지 하나의 게송을 알고 대강 그 뜻을 이해하고 있습니다. 설명듣기를 원한다면 제각기 고요한 가운데에서 들어주십시오."

이때 반특비구를 놀려 먹기로 한 나이 적은 비구니들이 게송을 설명하려고 하였지만 어찌된 일인지 입이 열리지 않았다. 이에 그들은 놀라서 두려워하며 스스로 책망하고 머리를 조아리면서 반특스님께 사과하고 참회하였다.

반특스님이 설법하는 것은 바로 부처님께서 설법하시는 것과 같았다. 하나하나를 나누어 법을 설명하는데, 몸과 뜻이 연유하는 바와 죄와 복의 내면과 외면, 하늘에 태어나는 것과 깨달음을 얻는 것과 정신을 집중하여 상상을 끊고 선정禪定에 들어가는 방법을 설명하였다. 바로 이때 모든 비구니들은 그가 설법하는 것을 듣고 아주 이상하게 생각하면서도 한마음으로 기뻐하며 아라한도를 얻었다.

얼마 후에 코살라국 파사익왕이 부처님과 스님들을 궁전에 초대하여 공양을 올리려 하였다. 부처님은 반특스님의 위신력을 나타내 보이려고 부처님의 발우를 들고 따라오게 하셨다. 부처님을 따라 들어가려는 반특스님을 문지기가 막아서며 말했다.

"그대는 출가사문이어도 어리석어 한 게송도 이해하지 못하면서 어찌 우리 대왕의 공양청을 받아들입니까? 나는 속인이지만 게송을 압니다. 하물며 그대는 스님이면서 지혜가 없으니, 그대에게 보시하는 것은 아무 이익이 없습니다. 이 문안으로 들어가지 마십시오."

이렇게 반특스님이 문 밖에서 못 들어가고 있었다. 부처님께서는 자리에 앉으셨고, 이때 물을 돌리고 있었는데 부처님께서는 발우가 없어서 물을 받지 못하고 계셨다. 이것을 본 반특은 신통력으로 팔을 길게 늘여 멀리서 부처님께 발우를 받들어 올렸다. 왕과 신하들과 부인과 태자들과 사부대중은 긴 팔이 고무줄처럼 늘어나 들어오는 것은 보았지만 그 팔의 주인은 보지 못하였다. 모두 이상하게 생각하며 부처님께 여쭈었다.

"부처님, 이것은 누구의 팔입니까?"

부처님께서 말씀하셨다.

"이는 반특비구의 팔이다. 근래에 도를 얻었다. 내 발우를 들고 따라오게 하였는데 문지기가 못 들어오게 하자 팔을 늘려서 발우를 전한 것이다."

왕은 재빨리 반특스님을 들어오게 하니 그는 예전과 달리 매우 뛰어나 보였다. 왕이 부처님께 여쭈었다.

"반특비구의 본성은 어리석고 우둔하여 하나의 게송만 외운다고 들었는데 어떤 인연으로 도를 얻었는지요?"

부처님께서 말씀하셨다.

"많이 배우는 것이 필요한 것이 아니라 행하는 것이 더 중요합니다. 반특은 단지 한 게송의 뜻을 이해하였지만 이치가 정밀하여 신의 경지에 들었으며, 신구의身口意가 적정寂靜한 것이 불순물 없는 순수한 금金과 같습니다. 사람이 비록 많이 배웠으나 이해하지 못하고 수행하지 않는다면 헛되이 정신만을 해치게 되니 어떤 유익함이 있겠습니까."

이어서 부처님께서 게송을 말씀하셨다.

雖誦千章　句義不正　不如一要　聞可滅意[118]
수 송 천 장　구 의 부 정　불 여 일 요　문 가 멸 의

雖誦千言　不義何益　不如一義　聞行可度[119]
수 송 천 언　불 의 하 익　불 여 일 의　문 행 가 도

雖多誦經　不解何益　解一法句　行可得道[120]
수 다 송 경　불 해 하 익　해 일 법 귀　행 가 득 도

비록 천 개의 문장을 외운다 한들
글귀의 뜻을 바르게 알지 못하면

---

[118] 법구경 술천품 제1게송.
[119] 법구경 술천품 제2게송.
[120] 법구경 술천품 제3게송.

하나의 중요한 문장을 듣고
생각을 멸함만 같지 못하다네.

비록 천 마디의 말을 외운다 한들
그 뜻을 모르면 무슨 이익이 있겠는가?
한 마디 말의 뜻을
듣고 행하여 멸도함만 같지 못하다네.

비록 경전을 많이 외운다고 한들
그 뜻을 이해하지 못하면 무슨 이익이 있겠는가?
진리의 말씀 한 구절이라도 이해해서
행하면 가히 도를 얻을 수 있다네.

부처님께서 게송을 마치자 300명의 비구는 아라한도를 얻었고, 왕과 신하들과 왕비들과 왕자들이 모두 기뻐하였다.

❋ 머리 좋은 사람이 너무 많은 세상이다. 총명한 머리로 많은 경전을 읽고 공부하지만, 머리로만 아는 것은 수행이 아니다. 수학공식 외우듯 경전을 아는 것은 필요 없다고 말할 수 없지만, 수행은 실천이다. 부처님 말씀을 생활에 적용하여 순간순간 마음을 알아차려 자기 자신에게 속지 않아야 한다. 이 이야기의 반특스님이나 청소를 하며 깨달은 빗자루대사 춘다스님이 가장 확실한 사례이다.

둘째 이야기

부처님께서 코살라국의 기원정사에서 하늘 신들과 사람들을 위하여 설법을 하고 계셨다. 이때 코살라국에 람달藍達이라는 바라문 장자가 있었는데, 부유하기가 다함이 없어서 그 집의 재물은 헤아릴 수가 없었다. 그는 '바라문의 법으로 크게 보시를 행하여 명예를 드날려야겠다.'고 생각하였다.

그리고 가문의 재물을 모두 내놓아 보시하기로 하고, 반사우슬(5년마다 여는 일종의 무차대회)을 열어 바라문 5,000명에게 공양을 올렸다. 그는 5년 동안 5천명에게 의복, 침구, 의약, 진귀한 보배, 제사 기구를 풍족히 보시하였다. 그리하여 바라문들은 여러 하늘과 네 곳의 산(四山)과 높은 다섯 봉우리(五嶽), 하늘의 별(星宿)과, 물과 불의 신(水火)에게 제사지내며 람달장자의 복과 장수를 축원하였다.

그는 자신이 서원한 5년의 마지막 날에는 가장 크게 보시를 하려고 생각했다. 즉 금으로 된 발우에 은으로 된 좁쌀을 채우고, 은으로 된 발우에 금으로 된 좁쌀을 채우고, 코끼리, 말, 마차, 노비, 재물과 칠보로 된 의복과 큰 양산과 귀한 가죽신, 사슴가죽의 의복과 지팡이, 큰 걸상과 물 담는 통과 주전자와 넓은 평상과 곱게 짠 돗자리 등 제사지내는데 필요한 것을 8만4천 개를 보시하였다.

5년 마지막 날 당일에는 귀신들과 국왕과 대신, 바라문들과 귀족들이 와서 요란하게 떠들며 즐거워하였다.

부처님께서 이것을 보시고 단호하게 말씀하셨다.

"어떻게 저 장자는 이렇게 어리석은가. 베푸는 것이 많아도 복이 되는 과보는 박복하여 받을 복은 적다. 마치 불 속에 씨를 뿌리는 것과 같은 것인데 어찌 복을 얻겠는가. 내가 교화하지 않으면 오랫동안 바른 법을 만나지 못할 것이다."

이에 부처님께서는 바로 일어나셔서 옷을 갖춰 입으시고 신통으로 변화하여 땅에서부터 큰 광명을 일으켜 비추자, 모든 사람들이 상서로움을 보고 일찍이 없던 일이라고 하면서 놀라서 마음으로는 두려워하면서도 어떤 신이 나타났는지 궁금해 하였다. 장자 람달과 모든 대중들은 머리와 얼굴을 땅에다 대고 부처님께 예를 올렸다.

부처님께서는 그들이 공경하는 마음이 있는 것을 보고 바로 게송을 말씀하셨다.

月千反祠　終身不輟
월 천 반 사　종 신 불 철

不如須臾　一心念法
불 여 수 유　일 심 념 법

一念造福　勝彼終身[121]
일 념 조 복　승 피 종 신

雖終百歲　奉事火神
수 종 백 세　봉 사 화 신

不如須臾　供養三尊
불 여 수 유　공 양 삼 존

---

121 법구경 술천품 제7게송.

一供養福　勝彼百年[122]
일 공 양 복　승 피 백 년

한 달에 천 번 제사지내는 것을
죽을 때까지 해본들
잠깐 동안 한마음으로
법을 생각하는 것만 같지 못하니
한 번 법을 생각하는 복이
죽을 때까지 제사지내는 것보다 낫다네.

비록 백 년이 다하도록
불의 신을 받들어 섬겨본들
잠깐 동안 삼존을
공양하는 것만 같지 못하니
삼존께 한 번 공양한 복이
백년 제사지내는 것보다 낫다네.

게송에 이어 부처님께서 람달 장자에게 말씀하셨다.
"베푸는 것에는 4가지가 있는데, 어떤 것이 그 4가지인가. 첫째는 많은 것을 베풀고도 과보로 얻는 복이 적은 것이며, 둘째는 적게 베풀고도 과보로 얻는 복이 많은 것이며, 셋째는 많은 것을 베풀고 과보로 얻는 복도 많은 것이며, 넷째는 적게 베풀고 과보로 얻는

---

122 법구경 술천품 제8게송.

복도 적은 것이다.

　많은 것을 베풀고도 과보로 얻는 복이 적은 것은 어째서인가. 그 사람이 어리석어서 살생하여 제사지내고 술을 먹고 가무를 하니, 재물을 쓰지만 복과 지혜가 없기 때문이다.

　적게 베풀고 과보로 얻는 것도 적은 것은 어째서인가. 인색하고 탐내는 악한 마음으로 평범한 수행자에게 베푸니, 양쪽 다 어리석은 까닭에 복이 없다.

　적게 베풀고도 과보로 얻는 복이 많은 것은 어째서인가. 자비로운 마음으로 도와 덕을 갖춘 사람을 받들고, 그도 이를 먹고 정진하여 배우고 익히니, 비록 베푸는 것은 적지만 그 복은 매우 큰 것이다.

　베푸는 것이 많고 얻는 복도 많은 것은 어째서인가. 지혜 있는 사람이 세상의 무상無常을 깨닫고 착한 마음으로 재산을 출자하여 절과 탑을 세우고 출가자들이 머무는 정사와 삼존(三尊; 불법승)에 의복과 신발과 평상과 음식을 공양하면 그 과보로 받는 복은 큰 강이 큰 바다로 흘러 들어가는 것과 같이, 복의 흐름도 이와 같아서 세세생생 끊어지지 않는다. 이것이 베푸는 것도 많고 그 과보로 받는 복도 많은 것이다.

　비유하자면 농부의 땅이 좋고 나쁨에 따라 수확하는 것이 같지 않은 것과 같은 것이다."

　부처님의 신통력을 보고 설법까지 들은 람달 장자와 국왕과 대신들과 백성들은 모두 기뻐하였으며, 천인과 귀신들 모두 수다원도須陀洹道를 얻었다. 또한 5천 명의 바라문들은 출가하여 스님이 되어 아라한도阿羅漢道를 얻었으며, 국왕과 대신도 모두 삼보에 귀의하여 우바새가 되어서 법안法眼을 얻었다.

❋ 음식이 맛있을 때는 배고플 때고, 겨울 추위에는 두꺼운 옷이 귀하다. 배고픈 사람에게 밥을 주고 목마른 사람에게 물을 주고 추운 사람에게 옷을 주는 것이 지혜로운 보시普施다. 배부른 자에게 밥은 부담이듯 보시에도 지혜가 필요한 것이다. 더욱이 자기가 복을 받기 위해 억만금을 보시하는 람달 장자의 어리석음은 부처님 말씀하신 그대로다. 베푼다는 생각조차 없이 주는 무주상보시無住相布施가 여섯 바라밀(六波羅蜜)을 행하는 본질이다.

셋째 이야기

부처님께서 코살라국 기원정사에 계시면서 교화하실 때에 마가다국에 흉악하고 우매하며 부모에게 효도하지 않고 선량한 사람을 경멸하고 업신여기면서 어른들을 공경하지도 않는 한 사람이 있었다. 그러니 집안 살림은 늘 엉망이었고 뜻대로 되는 일이 없었고, 결국 그는 불의 신(火神; 아그니Agni)을 섬겨서 복을 받고자 하였다. 불을 섬기는 법은, 해가 지려고 할 때 큰불을 피워 불에게 무릎을 꿇고 절하기 시작하여 밤이 깊어져 불이 꺼지면 그쳤는데, 이와 같이 3년을 하였으나 복을 얻지 못하였다.

그러자 이제는 해와 달을 섬겼다. 해와 달을 섬기는 법은, 낮에는 해를 섬기고 밤에는 달을 섬기는 것으로 해가 뜨면 해가 질 때까지, 달이 뜨면 달이 질 때까지 해와 달을 향하여 절을 하였다. 이와 같이

3년을 하였으나 복을 얻지 못하였다.

　그러자 그는 다시 하늘 신(天神)을 섬겼다. 향을 피우고 무릎을 꿇고 절을 하면서 위로는 감미로운 향과 꽃을 올리고 술과 육포와 돼지와 양과 소와 송아지를 바치며 제사를 지냈다. 그로 인하여 그의 가난한 살림은 더욱 빈곤하게 되었고, 끝내는 복은커녕 마음은 고통으로 괴로워지고 몸은 야위어지고 쇠약하게 되어 병이 떠나지 않았다.

　그는 코살라국에 부처님이란 분이 계시는데, 모든 천신들이 존경한다는 것을 듣고 '꼭 가서 받들어 모시고 반드시 복을 얻으리라' 하고 다짐했다.

　그는 바로 부처님이 계시는 곳으로 길을 떠났다. 기원정사에 이르러서 멀리 계신 부처님을 뵈었는데, 빛이 나는 모습에 밝은 용모는 기이하게도 뭇별들 가운데 가장 빛나는 달처럼 보였다. 부처님을 뵈옵고 머리를 조아리며 예를 갖추고 합장하여 여쭈었다.

　"어리석고 우둔하여서 여지껏 삼보를 알지 못하고 살았습니다. 저는 불과 해와 달과 모든 천신天神을 9년 동안 정성스럽게 섬겼는데 어떤 복도 얻지 못하였습니다. 얼마 안 되는 재산마저 다 쓰고 몸은 쇠약하여 야위어가고 기력은 쇠하였습니다. 이제 병이 나서 죽는 날이 언제일지 모르고 살고 있습니다. 부처님께서는 사람을 제도하는 스승님이라는 것을 듣고 멀리서 뵈러와 귀의하오니 원컨대 복을 내려 주십시오."

　부처님께서 말씀하셨다.

　"그대가 받들어 모신 것은 요사한 귀신이거나 도깨비이다. 그 요사스러운 것들에게 기도하고 제사지낸 것이 산만큼이나 되니, 그 죄는 강과 바다와 같다. 살생하면서 복을 구하는 것은 복을 더 멀리 하는 것이니, 가령 백겁百劫의 긴 시간 동안 힘써 천하의 돼지와 양을 죽여서 제사를 지낸다 해도 겨자씨만큼의 복도 받을 수 없고 단지 살생의 죄만 수미산須彌山과 같이 쌓이는 것이다. 살생의 제사로는 조그만 어떤 복도 받을 수 없으니 재산만 축내는 어리석은 짓이다. 수미산만큼 죄를 쌓으면서 헛되이 재물을 쓴 것인데 어찌 미혹한 것이 아니겠느냐.

또 그대는 사람 도리도 저버려 부모에게 불효하고, 어진 사람을 가볍고 쉽게 여기고, 어른을 존경하지 않고, 교만하고 거만하여 삼독(三毒; 탐진치)을 아주 심하게 부리며 살아왔다. 그대의 죄는 매일 거듭하여 깊어지는데 어떤 인연으로 복을 얻겠는가? 만약에 마음을 다시 먹고 어진 사람들을 예의로서 존경하고 예절을 갖추어 어른을 존경하면서 악을 버리고 선을 믿고 자기를 수양하여 인仁을 숭상하면 네 가지 복(四福)이 매일 증가하여 세세생생 우환이 없을 것이다. 어떤 것이 4가지 복인가. 첫째는 안색이 단정하고, 둘째는 기력이 풍부하고 강해지며, 셋째는 편안하고 병이 없으며, 넷째는 수명이 더하여지면서 마침내는 횡사橫死하는 것이 없게 되는 것이다. 이와 같이 행하는 것을 게을리 하지 않으면 도를 얻을 수 있다."

이어서 부처님께서 게송으로 말씀하셨다.

祭神以求福　從後望其報　四分未望一　不如禮賢者[123]
제 신 이 구 복　종 후 망 기 보　사 분 미 망 일　불 여 예 현 자

---

[123] 법구경 술천품 제9게송.

能善行禮節　常敬長老者　四福自然增　色力壽而安[124]
능선행례절　상경장로자　사복자연증　색력수이안

신에게 제사지내며 복을 구하여
후에 좇아올 그 과보 바라지만
바라는 것의 사분의 일에도 미치지 못하니
어진 사람에게 예를 올리는 것만 같지 못하다네.

능히 예절을 지켜 바르게 행동하고
항상 덕이 많고 나이 많은 사람을 공경하면
네 가지 복이 자연스럽게 늘어나니
안색과 기력과 수명과 편안하다네.

부처님의 게송을 듣고 그 사람은 기쁘게 믿고 이해하였으며, 머리를 조아려 예를 갖추고 거듭 부처님께 아뢰었다.

"죄와 번뇌에 덮여 9년 동안 죄를 쌓았으나, 다행히 자비로운 교화를 입어 이제 마음이 열리고 벗어나게 되었습니다. 원컨대 부처님께서는 제가 사문이 되는 것을 허락해 주십시오."

부처님께서 말씀하셨다.

"잘 왔도다. 비구여!"

그러자 그의 머리카락이 저절로 깎여 사문이 되었으며, 이내 마음으로 호흡을 관찰하는 안반安般수행을 하여 아라한도를 이루었다.

---

[124] 법구경 술천품 제10게송.

❇ 모든 중생은 고통을 피하고 행복하고자 한다. 그래서 복福을 원한다. 이 이야기의 주인공은 세상의 복을 얻기 위해 온 힘을 다해 9년 동안 잡신들을 섬기지만 복을 받기는커녕 더욱 힘들어진다. 그러다 부처님을 만난다. 그의 목적은 부처님께 복을 빌러 온 것이다. 그리고 자비로우신 부처님은 세상의 도덕을 도외시하고 모질고 못된 그에게 기복신앙祈福信仰에서 벗어나게 하여 참된 복이 무엇인지 알려주신다. 거기서 그치신 게 아니라 출가하여 아라한도를 얻게 하셨다. 우리나라 불교는 기복신앙이라는 지적을 받는다. 기복은 나쁜 것이 아니다. 다만 어떻게 해야 복을 받을 수 있는지를 간과하고 있는 것이 문제이다. 그리고 진짜 복이 무엇인지를 알아야 한다.

제19 악행품惡行品

● 악행惡行은 남을 해치는 것이지만 결국은 자신까지 해친다. 악행의 인과因果를 알고, 죄의 과보果報가 확실히 있는 것을 절실히 느껴 악을 행하지 않아야 한다.

첫째 이야기

부처님께서 마가다국에 계실 때 수만須漫이라는 아라한에게 부처님의 머리카락과 손톱을 주어 계빈국(罽賓國: 현재 인도 카슈미르지역에 있던 나라) 남쪽 산에 탑사塔寺를 세우게 하셨다. 부처님은 500아라한들을 보내셨고, 아라한들은 항상 그 탑과 절에 머물러 있으면서 아침저녁으로 향을 피우고 탑을 돌며 예불하였다.

그때 그 산 속에는 원숭이 500마리가 살고 있었다. 원숭이들은 아라한들이 탑에 매일 예불하는 것을 보고는, 모두 시냇가로 가서 흙과 돌로 탑을 만들고 나무를 세우고 깃발을 달고 아침저녁으로 예배하는 것이 아라한들과 똑 같았다.

어느 때에 큰 비가 내려 삽시간에 계곡에 큰물이 넘쳐서 500마리의 원숭이는 한꺼번에 쓸려가 죽게 되었고, 그들은 바로 도리천忉利天에 태어나서 칠보로 된 궁전에서 하늘 복을 누리며 살았다.

그들이 말하기를

"우리는 어디에서 어떻게 살다 천상에 태어나게 되었는가?"

천안天眼으로 자신들의 전생이 원숭이였으며, 아라한들을 흉내 내어 부처님께 예불을 올린 공덕으로 몸이 떠내려가다 죽었지만 하늘나라에 태어난 것을 알고 생각하였다.

'원숭이 몸으로 지은 공덕으로 하늘나라에 태어나게 되었으니 은혜를 갚아야겠구나.'

그들은 꽃과 향과 악기를 가지고 예전의 원숭이 시신에 이르러서 꽃을 뿌리고 향을 태우고 악기를 연주하며 시신 주위를 7번 돌았다.

이때에 그 산 속에는 500명의 바라문이 있었는데, 이들은 외도를 배우고 삿된 견해를 가지고서 죄와 복을 믿지 않았다. 그들은 하늘 사람들이 꽃을 뿌리고 향을 태우면서 원숭이의 시신을 도는 것을 보고 이상하게 생각되어 물었다.

"천인들의 광영光影이 이렇게 훌륭한데 어째서 원숭이 시신에 공양을 합니까?"

천인들이 말하였다.

"이 원숭이 시신들은 예전의 우리의 몸이오. 예전에 우리가 이 산 속에 살았는데 산에 물에 넘쳐서 우리들은 죽게 되었소. 아라한 스님들이 부처님께 예불하는 모습을 보고 흉내 내어서 탑사를 세우고 예불을 한 작은 복으로 천상에 태어났다오. 지금 꽃을 뿌리고 향을 태우는 까닭은 예전의 몸의 은혜를 갚고자 하는 것이오. 기쁜 마음으로 탑사를 만들어 예불하는 복은 이와 같은 것이라오. 만약 지극한 마음으로 부처님을 받든다면 그 공덕은 얼마나 크겠소. 그대들은 삿된 견해를 가지고 바르고 참된 것을 믿지 않으니 100겁을 힘들여 공부하여도 얻는 것은 하나도 없을 것이오. 이제 그대들은 우리가 함께 영취산에 가서 부처님을 친견합시다. 부처님께 예를 갖추고 섬기면서 공양하여 얻는 복은 한량이 없다오."

모두들 기뻐하면서 즉시 부처님 계시는 곳에 이르러 오체투지로 예를 갖추고 꽃을 뿌리며 공양하였다.

천인들이 부처님께 말씀드렸다.

"저희들은 원숭이의 몸이었으나 부처님의 가피를 입어 천상에 태어났습니다. 그러나 한스러운 것은 부처님을 뵙지 못한 것이어서 지금 찾아뵈었습니다."

그리고 여쭈었다.

"저희들은 전생에 어떤 죄로 원숭이의 몸을 받았으며, 다행히 탑사를 만들어 예불한 공덕을 쌓았는데 왜 큰물에 휩쓸려 죽게 되었습니까?"

부처님께서 천인들께 말씀하셨다.

"이런 인연은 허공에서 생긴 것이 아니다. 너희들을 위하여 그 까닭을 말하리라. 옛날에 500명의 나이가 어린 바라문이 있었다.

모두가 산에 들어가서 수행하여 선도仙道를 구하려고 하였는데, 이때에 산 위에 한 명의 사문이 있었다. 그는 산 위에 흙으로 탑사를 만들기 위해 진흙을 개려고 아래 개울에서 물을 길러 가는데 몸이 가볍기가 나는 것과 같았다. 500명의 바라문은 이를 질투하고 배척하면서 비웃었다.

'지금 저 사문이 개울 위아래로 달리는 것이 마치 원숭이와 같구나. 무엇하러 절을 지으려고 수고롭게 물을 긷는지 모르겠구나. 참으로 어리석은 짓을 하고 있구나.'

이렇게 절을 짓는 스님을 비아냥거렸다. 그렇게 어리석은 어린 바라문들은 얼마 지나지 않아 계곡에 큰물이 나서 모두 휩쓸려 죽었다."

부처님께서 모든 이들에게 다시 말씀하셨다.

"이때에 위에서 절을 짓던 사문은 나의 전생이며, 500명의 어린 바라문은 원숭이 몸을 받았다. 비웃음을 즐긴 죄로 그 과보果報를 받은 것이다."

이때에 부처님께서 게송을 말씀하셨다.

戱笑爲惡　己作身行　號泣受報　隨行罪至[125]
희 소 위 악　이 작 신 행　호 읍 수 보　수 행 죄 지

희롱하는 비웃음도 죄악이 되니
이미 몸으로 행하였으면

---

125 법구경 악행품 제14게송.

울부짖는 과보를 받게 되나니
행함을 따라 죄가 온다네.

부처님께서 하늘 사람들에게 말씀하셨다.

"너희들은 근래에 비록 짐승의 몸을 받았지만 장난으로라도 탑사를 만들었기에 지금 천상에 태어나 죄가 없어지고 복이 일어난 것이다. 지금 다시 스스로 와서 바른 가르침을 받으니 이 인연으로 모든 고통에서 벗어나리라."

부처님께서 이와 같이 말씀하셨을 때에 500천인들은 도를 얻었으며, 그곳에 함께 온 500바라문은 죄와 복의 과보를 듣고 탄식하며 말하였다.

"우리들이 선도를 배운 지 수 년이 지났는데, 아직 그 과보가 원숭이들이 장난스레 탑사를 지은 복에 미치지 못하여 천상에 태어나는 복을 얻지 못하였구나. 부처님의 도와 덕은 참으로 묘하기가 이와 같구나."

이에 부처님의 발에 머리를 조아리고 제자가 되기를 원하였다.

부처님께서 말씀하셨다.

"어서 오너라. 비구들이여!"

500바라문은 사문이 되어 매일 정진 수행하여 끝내 아라한도를 이루었다.

❋ 어린 아이들이 소꿉놀이를 할 때 보면 그들 부모의 내력이 다 나온다. 술을 자주 마시는 아버지를 둔 아이는 술 취한 흉내를 내고, 잔소리

많은 엄마 모습을 본 아이는 잔소리를 한다. 집안교육이 중요한 이유는, 아이가 보고 배운 부모의 행동이 결국 아이의 삶의 형태가 되기 쉽기 때문이다. 캐슈미르 산속 원숭이들은 아라한의 불사와 예불을 보고 흉내 내어 천상에 태어나는 복을 얻었다. 아이들을 학원에 보내는 것도 좋지만, 때때로 절에 데리고 와서 부처님과 불법에 친하게 해야 한다. 부처님을 따라 사는 것이 근본임을 어른들이 본本을 보여야 한다.

둘째 이야기

부처님께서 코살라국 사위성 기원정사에 계시면서 모든 천인天人을 위하여 설법하실 때였다.

이때 파사익왕의 둘째 아들 이름이 유리琉璃였는데, 나이는 20살로 관속을 거느리고 그 부왕을 퇴위시키고 형인 기타태자를 죽이고 스스로 왕이 되었다.

유리왕자를 부추긴 악인 중에서 야리耶利가 있었는데, 유리왕에게 말하길

"왕께서 왕자였을 때에 외가外家 석가족(카필라국)에 갔을 때, 부처님의 정사를 살펴보려는데 이유없이 석씨 사람들에게 꾸짖음을 당하고 모진 말로 욕을 들었습니다. 그때 저희에게 말씀하시기를 '만약 내가 왕이 되면 이와 같이 사실을 잊지 않게 일깨워다오.'라고 하셨습니다. 이제 때가 이르렀고 병마兵馬를 왕성하니 원한을 갚으십시오."

유리왕은 바로 칙령勅令을 내려 병마를 인솔하고 카필라국을 점령

하러 출발하였다.

  부처님의 두 번째 제자인 마하 목건련 존자는 유리왕이 병마를 이끌고 가서 카필라국을 정벌하여 원수를 갚으려는 것을 보고, '지금 저 석가족의 비구, 비구니, 우바새, 우바이 사부제자를 모두 죽일 것이다'고 생각하고, 그들을 가엾게 여겨 바로 부처님의 처소로 가서 부처님께 여쭈었다.

  "지금 유리왕이 카필라국을 공격하려고 합니다. 저는 사람들이 큰 괴로움을 당할 것으로 생각되어 4가지 방편으로 석가족 사람들을 구하고 싶습니다.

  첫째 모든 석가족 사람들을 들어 올려 허공에 있게 하고,

  둘째 모든 석가족 사람들을 들어 올려 큰 바다에 있게 하고,

  셋째 모든 석가족 사람들을 들어 올려 두 개의 철위산 사이에 있게 하고,

  넷째 모든 석가족 사람들을 들어 올려 다른 큰 나라 중앙에 있게 하여, 유리왕이 그 자리를 알지 못하게 하려고 합니다."

  부처님께서는 제자 목련에게 말씀하셨다.

  "그대가 이런 지혜와 신통력이 있어서 석가국 사람들을 편안하게 할 수 있는 것을 알지만, 만물과 중생은 7가지를 피할 수가 없는 것이다. 어떤 것이 7가지인가 하면, 첫째는 태어나는 것이고, 둘째는 늙는 것이고, 셋째는 병이고, 넷째는 죽음이고, 다섯째는 죄이고, 여섯째는 복이고, 일곱째는 인연이다.

  이 7가지 일은 피하고자 하더라도 자재自在함을 얻을 수가 없는 것이다. 그대의 위신력이라면 이 일을 할 수 있을지라도, 전생의

과보로 인한 죄를 짊어진 것은 버릴 수가 없는 것이다."

이에 목련은 부처님께 예를 올리고 물러나와 자기 생각대로 석가족 불제자 4~5,000인을 구하여서 발우 속에 가득 채우고 들어 올려 허공의 별자리에 피해 있게 하였다.

그 사이 유리왕은 석가족 사람들을 다 죽이고 군대를 이끌고 본국으로 돌아갔다. 이에 목련은 부처님 처소에 이르러서 부처님께 예의를 갖추고는 스스로 거만을 피우면서 말하였다.

"유리왕이 석가족을 점령하고 학살하였으나 제자인 제가 부처님의 위신력의 힘을 입어 4~5,000명을 구하여 지금은 허공에 있으면서 모두가 구원받았습니다."

부처님께서 목련에게 말씀하셨다.

"그대는 발우 속 사람들을 살펴보았는가?"

목련이 말하였다.

"아직 보지 못하였습니다."

부처님께서 말씀하셨다.

"그대는 먼저 발우 속에 있는 사람들을 살펴보아라."

목련이 신통력으로 발우 속에 사람들을 보니 모두가 피곤죽이 되어 죽어 있었다. 이에 목련은 슬피 울면서 그 고통을 가련하게 생각하였다. 그리고 돌아와서 부처님께 여쭈었다.

"발우 속 사람들이 모두 죽었습니다. 신통력으로도 숙세宿世의 죄는 어쩔 수 없는 것을 알았습니다."

부처님께서 목련에게 말씀하셨다.

"이 피할 수 없는 7가지 일은 부처님과 모든 성인과 신선과 도사가 형체를 감추고 몸을 숨겨도 피할 수 없다. 누구도 이 7가지를 면할 수가 없는 것이다."

이어 부처님께서 게송을 말씀하셨다.

非空非海中　非隱山石間　莫能於此處　避免宿惡殃[126]
비공비해중　비은산석간　막능어차처　피면숙악앙

衆生有苦惱　不得免老死　唯有仁智者　不念人非惡[127]
중생유고뇌　부득면로사　유유인지자　불념인비악

허공도 안 되고 바다 속도 안 되며
산 속 바위틈에도 숨을 수 없네.
이런 곳에서는 전생 악업의 재앙을
피하여 벗어날 수 없다네.

중생은 괴로움과 번뇌가 있나니
늙고 죽음을 면하지 못함이네.
오직 어질고 지혜 있는 사람만이
사람의 잘못과 악함을 생각하지 않는다네.

부처님께서 이렇게 말씀하셨을 때 법회에 있던 수많은 사람들이 부처님의 무상법無常法을 듣고 모두 함께 슬퍼하면서 인과因果의 철저함과 부처님을 만난 인연을 기쁘게 생각하며 수행하여 모두

---

[126] 법구경 악행품 제21게송.
[127] 법구경 악행품 제22게송.

수다원과須陀洹果를 증득하였다.

❀ 콩 심은 데 콩 나는, 뿌린 대로 거둔다는 진실을 자각하면 자신에게 닥친 고통이나 불행에 대해 남을 탓하지 않고 "내 탓이오!"라고 여겨 이겨낼 마음의 힘을 얻는다. 불행하다고 느낄 때 마음을 바꾸는 방법은, 모든 것이 무상하고 나 또한 나라고 할 만한 것이 없다는 무아의 진리를 깨달아 아는 데 있다.

제20 도장품刀杖品

◉ 모든 중생은 고통을 싫어하니, 결코 폭력을 쓰지 말아야 한다. 자애慈愛로움과 인자仁慈함으로 주먹이나 칼과 몽둥이를 사용하지 말아야 한다. 분노로 폭력을 쓰면 그 과보는 자신에게 더 큰 고통으로 돌아온다.

첫째 이야기

옛날에 현제賢提라는 나라에 한 장로 비구가 있었는데, 오랜 병으로 몸은 쇠약해지고 야위고 지쳐서 절에 누워 있는데도 아무도 돌보는 사람이 없었다.

그러자 부처님께서는 500명의 비구와 함께 그 절에 가셔서 모든 비구들이 늙고 병든 이 장로를 돌보고 죽을 쑤어 먹이게 하셨다. 그런데 그 거처에서는 악취가 많이 나서 비구들은 장로를 꺼려하였다.

이런 사실을 아시고 부처님께서는 제석천으로 하여금 따뜻한 물을 준비하게 하여 금강金剛의 손으로써 이 장로의 몸을 씻겨주셨다. 부처님의 자비심에 땅은 심하게 흔들리고 천지가 환하게 밝아오자 사람들은 놀라고 엄숙하지 않을 수 없었다. 국왕과 신하와 백성과 천룡과 귀신들까지 많은 무리가 부처님 계시는 곳에 도착하여 머리를 조아리고 예를 갖추면서 부처님께 여쭈었다.

"부처님께서는 삼계三界에서 견줄 분이 없는 세상에서 가장 존귀한 분이십니다. 어떻게 그런 분이 늙어 병들어 지친 더러운 비구를 씻어 주십니까?"

부처님께서 국왕과 법회에 모인 모든 대중들에게 말씀하셨다.

"여래如來가 이 세상에 온 까닭은 바로 고통 받고 보호 받지 못하는 사람들을 위한 것이다. 병들어 지친 사문과 도사道士와 모든 빈궁하고 고독한 노인들에게 공양하면 그 복덕은 무량하여 바라는 것이 뜻대로 된다. 비유하자면 다섯 개의 강물이 흐르듯 복이 흘러 들어오며, 이렇게 공덕이 점점 쌓여서 마침내 도를 얻게 되는 것이다."

왕이 부처님께 여쭈었다.

"지금 이 노스님은 어떤 연유로 병이 깊이 들었으며, 해를 거듭하여 치료해도 차도가 없는 것입니까?"

부처님께서 왕에게 말씀하셨다.

"옛날에 악행惡行이라고 하는 왕이 있었는데, 백성들이 무서워 숨을 정도로 포악하였다. 왕은 힘이 아주 센 오백이라는 관리로 하여금 사람들을 무섭게 때리게 하였다. 오백은 왕의 위엄과 노여움으로 가장하고 사사로이 냉정하게 혹은 따뜻하게 처리하였다. 그리고 뇌물을 바치는 사람은 살살 때리는 시늉만 하고 돈을 안주는 사람은 가혹하게 때렸다. 백성들은 오백의 못된 처사에 늘 근심하고 걱정하였다. 그 나라에 현명하고 어진이가 있었는데, 억울하게 고소를 당하게 되었다. 오백에게 매를 맞기 전에 말하기를

"저는 부처님의 제자입니다. 죄 없이 남에게 모함을 받아 잡혀 온 것입니다. 이런 사정을 잘 헤아려 주시기 바랍니다."

오백은 죄인이 부처님 제자라는 사실을 알고 때리는 시늉만하여 채찍이 몸에 닿지 않았다.

그 후에 오백은 수명이 다하여 죽어 지옥에 떨어져 끝없는 고통을 받으며 지은 죗값을 치른 후 지옥에서 나와 축생畜生이 되어 오백 생 동안 두들겨 맞았다. 그렇게 갚을 죄가 모두 없어진 다음 사람이 되었지만, 태어날 때마다 몹쓸 병에 걸려 고통이 몸을 떠나지 않게 되었던 것이다.

이때의 국왕은 지금의 제바달다이고, 그때의 오백은 지금 병이 들어 앓고 있는 이 비구이다. 또 그때에 부처님 제자였던 어진 사람은 바로 나였다.

전생에 오백이 매질을 할 때 채찍이 몸에 닿지 않게 한 그 은혜로 여래如來가 그를 씻어준 것이다. 사람이 선이나 악을 짓게 되면 재앙이나 복이 몸에 따르게 되어 있는데, 비록 죽고 태어나기를 반복하더라도 자기가 지은 재앙과 복은 면하지 못하는 것이다."

이어 부처님께서 게송으로 말씀하셨다.

| 撾杖良善 | 妄讒無罪 | 其殃十倍 | 災卒無赦[128] |
| 과 장 량 선 | 망 참 무 죄 | 기 앙 십 배 | 재 졸 무 사 |

| 生受酷痛 | 形體毁折 | 自然惱病 | 失意恍忽[129] |
| 생 수 혹 통 | 형 체 훼 절 | 자 연 뇌 병 | 실 의 황 홀 |

| 人所誣者 | 或縣官厄 | 財産耗盡 | 親戚離別[130] |
| 인 소 무 자 | 혹 현 관 액 | 재 산 모 진 | 친 척 이 별 |

| 舍宅所有 | 災火焚燒 | 死入地獄 | 如是爲十[131] |
| 사 택 소 유 | 재 화 분 소 | 사 입 지 옥 | 여 시 위 십 |

선량한 사람을 몽둥이로 때리고
죄 없는 사람을 속이고 해치면
그 재앙은 10배가 되어
재난이 다할 때까지 용서가 없다네.

살아서는 가혹한 고통을 받고
몸은 무너지고 꺾이며
저절로 고뇌하고 병이 들며
뜻을 잃고 몽롱해지네.

사람들이 함부로 깔보고
혹은 관청의 횡액이 있으며

---

128 법구경 도장품 제5게송.
129 법구경 도장품 제6게송.
130 법구경 도장품 제7게송.
131 법구경 도장품 제8게송.

재산이 모두 없어지고
친척과 이별한다네.

소유하고 있는 집이
화재로 다 타버리며
죽어서는 지옥에 들어가니
이와 같은 열 가지 재앙이라네.

이때 병든 비구는 부처님께 전생 이야기를 듣고 자신이 저지른 죄악을 참회하며 부처님의 게송을 마음에 새겼다. 그러자 부처님 앞에서 병이 바로 치료되어 몸과 마음이 편안하고 고요해져 아라한도를 얻었다. 국왕은 이 모습을 보고 기뻐하며 믿고 이해하여 오계를 받고 청신사가 되었으며, 죽을 때까지 수행하여 수다원과를 증득하였다.

❋착한 사람이라고 평생 죄를 짓지 않는 것은 아니다. 반대로 악한 사람이라도 평생 한두 번은 착한 일을 할 때가 있다. 착한 사람은 양심에 비추어 자신의 죄를 참회하거나 후회하고 바로 잡는다. 여기에 나오는 오백은 나쁜 짓을 일삼았지만, 전생에 부처님 제자를 때리는 척만 한 그 일로 구원을 받고 아라한이 되었다. 악한 일은 그치고 착한 일은 증장하라는 것이 모든 부처님들의 가르침이다.

둘째 이야기

부처님께서 코살라국 사위성 기원정사에 계실 때에 천인과 용과 귀신을 위하여 설법하셨다. 그때에 인도 동쪽에 울다라바제라는 나라에 500바라문이 있었는데, 그들은 바라문들의 성지인 항수(갠지스강)에 가고자 하였다. 그 갠지스강가에는 신을 모시는 3개의 연못이 있었고, 그들은 더러운 몸을 씻고 벌거벗은 몸으로 신선되기를 구하는 니건(尼揵; 외도外道 육사六師의 하나로 자이나교의 시조)법을 수행하려고 하였다.

그들이 갠지스로 가는 길에는 걷기 까다로운 늪지를 경유해야 했는데, 그들은 갈피를 잡지 못하여 길을 잃고 헤매다가 양식까지 떨어졌다. 기진맥진한 그들의 눈에 멀리 큰 고목 하나가 보였는데, 신비로운 기운이 서린 것 같았다. 그들은 기대를 안고 나무 아래로 달려갔는데, 아무런 것도 없었다. 목이 마르고 굶주린 500명의 바라문들은 '이제는 이 늪에서 죽게 되었구나.' 하고 체념하고 대성통곡하면서 울었다.

이때에 나무의 신이 나타나서 바라문들에게 물었다.

"그대들은 어디에서 와서 어디로 가고자 하는가?"

바라문들이 대답하였다.

"저희들은 성스러운 갠지스강 신의 연못에 가서 깨끗하게 목욕하고 신선이 되고자 합니다. 그러나 지금은 굶주리고 목마르고 죽을 지경에 이르렀습니다. 다행히 당신을 만났으니 구원해 주시기 바랍니다."

나무의 신이 손을 들자 백 가지 음식을 쏟아져 나왔고, 그들 모두가 배불리 먹었으며 남은 음식들은 길을 가며 먹기에 넉넉하였다.

떠나기 전에 브라만들은 나무의 신에게 나아가서 물어 보았다.

"나무의 신께서는 전생의 어떤 공덕을 행하였기에 이렇게 훌륭하십니까?"

나무의 신이 대답하였다.

"나는 전생에 코살라국 사위성에 살았다오. 그때 나라의 대신으로 수달(須達; 수닷타)장자가 있었소. 어느 날 그는 부처님과 여러 승려들에게 공양을 올리기 위하여 시장에 나가서 락(酪; 소와 양 젖으로 만든 일종의 요구르트)을 샀다오. 그리고 락을 기원정사까지 들고 가서 함께 바칠 사람을 찾다가 나에게 부탁하였소. 기원정사에 도착해서도 나에게 나누어 달라고 부탁하였고, 나는 손 씻을 물을 돌리고는 조용히 법을 들었소. 그러자 모두가 나의 착함을 크게 칭찬하며 기뻐하였소. 그때 나는 재齋를 받들어 저녁때에 돌아왔지만 아무것도 먹지 않았소. 부인이 이상하게 생각하면서 나에게 물었소.

'왜 밥을 드시지 못했습니까? 무슨 안 좋은 일이 있으십니까?'

내가 대답하였소.

'안 좋은 일은 없소. 오늘 시장을 지나는데 수달장자가 부탁하여 함께 기원정사에 가서 부처님께 공양 올리는 것을 보았소. 그리고 재 올리는 것도 도왔는데, 재의 이름이 팔관재八關齋였다오.'

내 말을 들은 부인이 성을 내면서 말하였소.

'구담(瞿曇; 고타마)은 세상풍속을 어지럽히고 뜻을 가려서 어둡게 하는데, 당신이 무엇 때문에 그 사람의 재를 행합니까? 이제 재앙이 닥칠 것입니다.'

하도 추궁하면서 꾸짖는 것을 그치지 않아서 함께 저녁식사를 하였소.

나는 그날 밤에 생명을 다하고 한밤중에 임종을 하였는데, 신으로 와서 여기에 태어났소. 어리석은 부인이 나의 정재법淨齋法을 없앴으므로 그 업보로 이 연못에 태어나 이 나무의 신이 되었소. 부처님과 승가에 락을 들고 간 복으로 내 손에서 음식이 나오는 것이라오. 그때 재법을 지켰더라면 응당 천상에 태어나 받아 쓰는 것이 자연스러웠을 것이오."

말을 마친 나무 신은 브라만들을 위하여 게송을 말하였다.

祠祀種禍根　日夜長枝條　唐苦敗身本　齋法度世仙[132]
사 사 종 화 근　일 야 장 지 조　당 고 패 신 본　재 법 도 세 선

사당에 제사지내 화의 뿌리를 심고
밤낮으로 그 가지를 자라게 하며
황당한 고통으로 몸의 근본을 망가뜨리지만
정제법淨齊法은 세상의 신선도 제도한다네.

브라만들은 이 게송을 듣고는 미혹함이 없어져 믿고 받아들였으며, 사위성으로 돌아가는 길에 한 나라를 경유하게 되었는데, 그 나라의 이름은 구람니拘藍尼였다. 그 나라에 미음美音이라는 이름의 장자가 있었다. 그는 인정이 많아서 모든 사람들이 존경하고 우러러보는

---

132 中本起經에 있는 게송이다.

사람이었다. 500명의 브라만들은 미음장자의 집에서 하룻밤을 묵게 되었는데, 장자가 물었다.

"도사들께서는 어떻게 여기에 왔으며 어디로 가십니까?"

브라만들은 늪지의 나무 신의 공덕을 이야기했다. 더불어 "우리들은 코살라국 사위성에 가서 수달장자에게 재법을 배워서 복을 얻기를 바라고 있습니다."

미음장자는 기뻐하여 권속들에게 선포하였다.

"누가 이들과 함께 가서 정제법淨齊法을 받아 오겠는가?"

미음장자의 일가친척 500명이 브라만들과 함께 사위성으로 가고자 하였다. 그들은 본원에 서로 이끌려 위의를 갖추고 함께 사위성으로 출발하였다.

기원정사에 이르기 전 길에서 수달장자를 만났으나 알아보지 못하고 뒤를 따르는 시종에게 "저 장부가 누구인가?"라고 물었다.

"수달장자이십니다." 이 대답을 듣고, "우리는 이제 원하는 것을 이루게 되었다!"

모두는 즐거워하며 수달장자를 따라가 물었다.

"저 나무의 신이 장자의 덕을 칭찬하고 마음으로 우러러보면서 찬탄하였으므로 이렇게 와서 간청하오니 법재法齊를 가르쳐 주십시오."

그 말을 들은 수달장자는 마차를 세우고 말하였다.

"그대들이 구하고자 하는 것은 아주 올바른 법입니다. 내가 존경하는 스승이 있는데 그분의 이름은 여래如來, 중우(衆祐; 세상 가운데에서 특이한 덕행을 받아 닦는 분)라고 하며, 인류를 제도하고 해탈하게 하시는데 가까운 기원정사에 계십니다."

그들은 모두가 공경하는 마음으로 공손하고 숙연히 나아갔고, 먼발치에서 여래를 뵙자 기쁘고 벅찬 감정을 억누를 수가 없어서 오체투지하고 모두가 무릎을 꿇고 한쪽에 앉아 부처님께 여쭈었다.

"저희들은 본래 집을 나와서 갠지스 세 곳의 연못에 이르러서 목욕하고 선인이 되는 것을 바랐습니다. 도중에 길을 잃고 나무 신을 만나 이런 경로를 통해 부처님께 찾아왔습니다. 이제 부처님께 귀의합니다. 지극한 진리를 현시顯示하여 주시기 바랍니다."

이에 부처님께서는 그들이 수행하려던 것에 대해 게송으로 말씀하셨다.

雖倮剪髮　長服草衣　沐浴踞石　奈疑結何[133]
수 라 전 발　장 복 초 의　목 욕 거 석　내 의 결 하

不伐殺燒　亦不求勝　仁愛天下　所適無怨[134]
불 벌 살 소　역 불 구 승　인 애 천 하　소 적 무 원

비록 발가벗고 머리를 깎고
오랫동안 풀로 된 옷을 입으며
목욕을 하고 돌 위에 앉더라도
마음속 번뇌를 어찌하겠는가.

때리고 죽이고 태우지 않고

---

133 법구경 도장품 제9게송.
134 법구경 도장품 제10게송.

또한 이기는 것을 구하지 않으며
인자하게 천하를 사랑하면
가는 곳에 원수가 없으리라.

500명의 브라만은 이 게송을 듣고 기뻐하면서 모두가 출가사문이 되어 아라한도를 증득하였고, 미음장자의 친척들도 모두 법안法眼을 얻었다.

그러자 모든 비구들이 부처님께 여쭈었다.

"500명의 브라만과 미음장자의 친척들은 전생에 어떤 덕이 있었기에 도를 얻는 것이 이렇게 빠릅니까?"

부처님께서 말씀하셨다.

"오래된 과거 세상에 가섭迦葉부처님이 계셨는데, 모든 제자들을 위하여 이렇게 설법하셨다. '오탁五濁의 시기가 오면 그때에 브라만과 장자 1,000인이 모두가 발심하여 이렇게 말할 것이다.「저희들로 하여금 석가모니 부처님을 뵙게 해주십시오.」' 가섭 부처님께서 말한 브라만들이 지금의 브라만이며, 장자들은 지금 미음장자의 권속들이다. 이 인연으로 바로 나를 보고 즉시 이해하여 도과道果를 얻은 것이다."

모든 비구들은 기뻐하면서 예를 갖추고 받들어 행하였다.

❋오백 명의 바라문이 부처님을 찾아가게 된 첫 번째 계기는 길을 잃었기 때문이었다. 전화위복이 된 것이다. 그러다 목신을 만나고 미음장자를 만나고 수달장자를 만나 결국 부처님 앞에까지 이른다.

그리고 그토록 바라던 깨달음을 얻었다. 바라문들이 바른 법을 구하기 위해 자신들이 기존에 가졌던 생각을 과감히 버린 결과이다. 무조건 기존의 권위나 가르침에 의존하거나, 자신의 것을 고집하는 것은 올바른 태도가 아니다. 우리 중생들은 깨닫지 못한 불완전한 존재이다. 배우고 공부하는 과정에 있는 존재일 뿐인 것이다. 자신의 부족함을 받아들이고 인정하는 것이 공부의 시작이다.

제3권

제21 유노모품喩老耄品

◉ 모든 것은 변하므로 무상無常이다. 유노모품은 세월 따라 변하는 것을 알지 못하고 살다가 늙어서 인생의 무상함을 후회해본들 소용없음을 말한다. 그 점을 경계하여 젊어서 부지런히 수행할 것을 경책하고 있다.

첫째 이야기

부처님께서 사위성 기원정사에 계실 때에 공양을 마치시고 천인과 왕과 신하와 백성과 사부대중을 위하여 설법을 하셨다. 이때에 멀리서 온 바라문 일곱 사람이 부처님 계시는 곳에 이르러서 머리를 땅에 대고 손을 공손히 하면서 부처님께 여쭈었다.

"저희들은 부처님의 교화하는 설법을 듣고자 멀리서 왔습니다.

오래 전에 부처님께 귀의하고자 하였으나 많은 장애가 있었습니다. 지금 성스러운 모습을 뵈오니 제자가 되어 모든 고통을 없애기를 원합니다."

부처님께서는 바로 이들을 받아들여 출가사문이 되게 하였고 한 방에 거처하게 하셨다. 그러나 이 일곱 바라문은 세존을 뵙고 이내 도를 얻었지만 무상無常을 생각지 않고 함께 방에 앉아서 세속의 일만을 생각하고 있었다. 쓸데없는 말을 하면서 박장대소하며 생명은 매일매일 죽음으로 달려가 사람들의 기대에 보답하지 않는데 다만 함께 기쁘게 웃으면서 삼계에 미혹 당하고 있었다.

부처님께서는 세 가지 밝은 지혜(三達智, 三明이라고도 함)로 이들의 생명이 다하는 것을 아시고 불쌍하게 여기시어 그 방에 가서 말씀하셨다.

"그대들은 비구로서 도를 이루어 마땅히 세상을 제도해야 하는데 어째서 박장대소만 하고 있는가? 모든 중생들은 다섯 가지 일로 스스로를 믿고 있는데, 어떤 것이 다섯 가지인가?

첫째, 나이가 젊은 것을 믿고 의지하는 것이고,

둘째, 단정한 용모를 믿고 의지하는 것이고,

셋째, 힘이 센 것을 믿고 의지하는 것이고,

넷째, 돈이 많은 것을 믿고 의지하는 것이고,

다섯째, 귀한 신분을 믿고 의지하는 것이다.

그대들 일곱 비구는 쓸데없는 것을 말하며 박장대소하고 있으니 어느 것을 믿고 있는 것인가?"

이어서 부처님께서 게송으로 말씀하셨다.

何喜何笑　念常熾然　深蔽幽冥　不如求定[135]
하 희 하 소　넘 상 치 연　심 폐 유 명　불 여 구 정

見身形範　倚以爲安　多想致病　豈知不眞[136]
견 신 형 범　의 이 위 안　다 상 치 병　개 지 불 진

老則色衰　病無光澤　皮緩肌縮　死命近促[137]
노 즉 색 쇠　병 무 광 택　피 완 기 축　사 명 근 촉

身死神從　如御棄車　肉消骨散　身何可怙[138]
신 사 신 종　여 어 기 차　육 소 골 산　신 하 가 호

무엇을 기뻐하고 무엇을 웃을손가?
생각은 항상 불처럼 타오르고
어두운 곳 깊숙이 덮여 있으니
마음의 고요를 구하는 것만 못하다네.

몸의 겉모습만을 보고
그것을 의지해 편안해 하며
많은 생각이 병을 가져오니
어찌 진실 아님을 알겠는가?

늙으면 몸이 쇠약해지고
병이 들어 광택이 없어지며

---

135 법구경 노모품 제1게송.
136 법구경 노모품 제2게송.
137 법구경 노모품 제3게송.
138 법구경 노모품 제4게송.

피부는 늘어지고 살은 오그라드니
죽음의 운명이 가까이서 재촉한다네.

몸이 죽으면 정신이 따라가니
마차 다스리기를 그만두는 것과 같다네.
살은 없어지고 뼈는 흩어지니
그런 몸을 어찌 믿으리오.

부처님께서 게송을 마치자 일곱 비구는 뜻을 이해하고 욕망이 멈추어 바로 부처님 앞에서 아라한도를 이루었다.

❋ 절집에서 하는 말 중에 '힘이 있을 때 선방 문고리라도 잡으라'는 말이 있다. 무엇이든 젊고 힘 있을 때 부지런히 해야 어떤 결과를 얻을 수 있다. 젊은 패기와 결기를 가지고 대들었을 때 성과를 거둘 수 있는 것이다. 반대로 생각하면 나이 많아서 새로운 일을 시작하면 성공하기가 힘들다는 의미이다. 그러나 방법이 있다. 그것은 욕심을 줄여나가는 것이다. 위의 일곱 비구처럼 부처님 가르침을 잘 이해하고 세속에 물든 욕망을 억제하고 그쳐나가면 된다.

둘째 이야기

부처님께서 사위성 기원정사에 계시면서 모든 천인과 왕을 위하여 설법하실 때였다. 500여 가구가 사는 바라문 마을에 500명 젊은 바라문들이 바라문교의 기예를 배우고 있었다. 그들은 교만하여 어른을 존경하지 않았으며, 또 거만하여서 스스로를 귀하다고 여기고 있었다. 500명의 젊은 바라문들은 자기들끼리 의논하여 말했다.

"사문 구담(고타마)은 스스로 부처님이라고 하면서 세 가지 방편지方便智에 통달하여 감히 의논할 사람이 없다고 하니 우리들이 그를 초청하여 토론을 벌여 사사건건 논쟁하면 그가 어떠한지 알 수 있을 것이다."

그들은 곧 공양을 준비하고 부처님께 와주실 것을 청하였고, 부처님께서는 제자들과 함께 바라문 마을에 가서 자리에 앉아 공양을 마치시고 손을 씻으셨다.

이때에 늙은 바라문 부부가 마을에 와 걸식을 하고 있었다. 부처님께서는 늙은 바라문이 본래 큰 부자로 견줄 사람이 없었고 또 일찍이 대신이었음을 아시고 젊은 바라문들에게 물으셨다.

"그대들은 저 나이든 바라문을 아는가?"

"일찍부터 알고 있습니다."

"그의 근본은 어떠한가?"

"본래 대신이었고 재물이 많아서 견줄 사람이 없었습니다."

"그러면 어째서 걸식을 하고 있는가?"

"씀씀이에 절제가 없어서 가난하게 되었습니다."

그러자 부처님께서 모든 바라문에게 말씀하셨다.

"세상에는 4가지 일이 있는데, 사람들은 이를 행하지 못하고 있으며, 이를 행하면 복을 얻어서 가난하게 되지 않는다. 4가지가 무엇인가 하면,

첫째, 젊고 왕성한 힘이 있을 때는 신중하고 교만하지 않아야 하며,

둘째, 늙어서는 부지런하면서 음탕하지 않아야 하며,

셋째, 재물과 보배가 있으면 항상 보시를 생각하고,

넷째, 스승을 만나서 학문을 배우고 바른 말을 청해서 들어야 한다.

저 늙은 바라문 부부는 이와 같은 것을 생각하지 않고, 모든 것은 변하지 않고 항상 있다고 하면서 하루아침에 성패成敗가 변하는 것을 생각하지 않았다. 비유하자면 늙은 고니가 물고기가 없는 빈 연못을 아무리 지키고 있어도 영원히 얻는 것이 없는 것과 같다."

이어서 부처님께서 게송으로 말씀하셨다.

晝夜慢惰　老不止婬　有財不施
주 야 만 타　노 불 지 음　유 재 불 시

不受佛言　有此四蔽　爲自侵欺[139]
불 수 불 언　유 차 사 폐　위 자 침 기

咄嗟老至　色變作耄　少時如意　老見蹈踐[140]
돌 차 노 지　색 변 작 모　소 시 여 의　노 견 도 천

不修梵行　又不富財　老如白鵠　守斯空池[141]
불 수 범 행　우 불 부 재　노 여 백 곡　수 사 공 지

旣不守戒　又不積財　老羸氣竭　思故何逮[142]
기 불 수 계　우 불 적 재　노 리 기 갈　사 고 하 체

---

139 법구경 무상품 제18게송.
140 법구경 무상품 제11게송.
141 법구경 노모품 제10게송.
142 법구경 노모품 제11게송.

老如秋葉 行穢鑑錄 命疾脫至 不容後悔[143]
노 여 추 엽 행 예 감 록 명 질 탈 지 불 용 후 회

밤낮으로 교만하고 게으르고
늙어서도 음란함을 그치지 않고
재물이 있으면서도 베풀 줄 모르고
부처님 말씀을 받아들이지 않으니
이 4가지에 가리게 되면
스스로를 해치고 속이게 된다네.

아아, 어느새 늙어
모습은 변하고 정신은 혼미하다네.
젊을 때는 뜻대로 되었는데
늙어서는 짓밟힘을 보게 된다네.

청정한 행을 닦지 않고
부유하게 재물도 모으지 못하면
마치 늙은 고니가
빈 연못을 지키는 것과 같다네.

이미 계율을 지키지 않고
또한 재물도 모으지 못하였으며

---

[143] 법구경 노모품 제12게송.

늙어 고달프고 기운이 떨어졌으니
지난 일을 생각한들 어찌 미치리오.

늙음은 가을 낙엽과 같아
더러운 행실 비추고 기록되며
목숨은 빠르게 벗어남에 이르니
후회해도 소용이 없다네.

부처님께서 바라문들에게 말씀하셨다.
"세상에는 4번의 시기가 있으니 그때에 도를 수행하면 복을 얻고 제도함을 얻으며 모든 고통을 면할 수 있다. 어떤 4가지인가 하면,
첫째, 나이가 젊어 힘과 세력이 있을 때이고,
둘째, 부귀와 재물이 있을 때이고,
셋째, 삼존三尊을 만나 좋은 복전福田을 얻은 때이고,
넷째, 만물이 없어지고 흩어지는 것을 우려하고 생각하는 때이다.
이 네 시기에 수행을 하면 원하는 것을 모두 얻을 것이며 반드시 도를 얻을 것이다."
이어 부처님께서 다시 게송을 말씀하셨다.

命欲日夜盡　及時可勤力　世間諦非常　莫惑墮冥中[144]
명 욕 일 야 진　급 시 가 근 력　세 간 제 비 상　막 혹 타 명 중

---

[144] 법구경 노모품 제13게송.

當學然意燈　自練求智慧　離垢勿染污　執燭觀道地[145]
당 학 연 의 등　자 련 구 지 혜　이 구 물 염 오　집 촉 관 도 지

목숨은 밤낮으로 없어지려고 하나니
죽음에 이를 때까지 부지런히 힘써라.
세간의 진리는 항상하지 않나니
미혹하여 어둠 속에 떨어지지 말라.

응당 배울 땐 마음의 등불을 켜고
스스로 단련하여 지혜를 구하며
악함을 떠나 더러움에 물들지 아니하고
횃불을 들고 도의 경지를 살펴라.

부처님께서 이렇게 게송을 말씀하셨을 때에 큰 광명이 일어나서 천지를 밝게 비추었다. 500명의 젊은 바라문들은 이로 인해 마음이 풀리고 온몸의 솜털까지 일어났으며, 부처님의 발에 예를 갖추고 부처님께 여쭈었다.

"세존께 귀의하오니, 원컨대 제자가 되게 해주십시오."

부처님께서 말씀하셨다.

"어서 오너라. 비구들이여!"

그들은 바로 출가사문이 되어 아라한도를 증득하였다. 이에 마을 사람 노소가 모두 도의 자취(道跡: 수다원과)를 얻고 즐거워하지 않음

---

[145] 법구경 노모품 제14게송.

이 없었다.

❀ 요즘 젊은 사람들은 기성세대에게, 기성세대는 젊은 사람들에게 불만이 많다. 물론 어느 시대에나 서로 세대차이가 나는 것은 어쩔 수 없는 현상이었으나 유독 요즘 들어 그런 경향이 짙어진 것 같다. 세상이 하도 빠르게 변하여 서로 이해할 만한 시간이 부족한 것이 하나의 원인일 것이다. 젊은 사람과 늙은 사람 사이에는 육체적, 정신적 차이가 있을 수밖에 없다. 서로 이것을 인정해야 하고, 스스로도 이것을 인식해야 한다. 그래야 각각의 시기에 맞는 적절한 수행을 할 수 있다.

제22 애신품愛身品

◉ 몸을 사랑하는 것은 단지 육체를 아끼는 것에 머물러서는 안 된다. 진정으로 몸을 사랑하려면 참다운 도를 배워야 한다. 그것만이 궁극에는 자신을 이롭게 하는 것으로, 죄를 없애고 복을 부르기 때문이다.

첫째 이야기

옛적에 다마라多摩羅라는 나라가 있었는데, 성에서 7리 거리에 정사가 있었다. 그곳에는 500여 명의 사문이 머물면서 경전을 읽고 도를 수행하고 있었다.

그 절에는 마하노摩訶盧라는 늙은 비구가 있었다. 그 비구는 사람됨이 우둔하여 500여 도인이 번갈아 가면서 함께 이 늙은 비구를 가르쳤으나 몇 년이 지나도 게송 한 수를 외우지 못하였다. 사람들은 이런 그를 경멸하여 같이 앉으려고 하지도 않았다. 부처님께서는 그에게 정사를 지키며 청소를 하게 하였다. 후에 국왕이 모든 도인들을 왕궁에 청하여 공양을 올렸는데, 초청받지 못한 마하노 비구는 스스로 생각하였다.

'내가 세상에 태어난 것이 이와 같아서 한 게송도 외우지 못하고 천대받게 되었구나. 이렇게 살면 무슨 소용이 있겠는가.'

그는 바로 노끈을 가지고 후원의 큰 나무 아래에 이르러서 스스로 목을 매 죽고자 하였다. 부처님께서는 도안道眼으로 멀리서 이를 보시고 그 나무의 신(樹神)으로 변화하시어 반신半身의 사람으로 나타나서 꾸짖으며 말씀하셨다.

"쯧쯧, 비구여. 왜 이런 짓을 하는가?"

마하노 비구는 자기의 괴로움을 모두 털어놓자, 변화한 신(부처님)이 꾸짖어 말씀하셨다.

"이와 같은 어리석은 일은 하지 말고 내 말을 잘 들어라. 그대는 가섭 부처님 시대에 삼장(三藏: 경, 율, 론)에 통달한 사문이었는데, 500여 제자가 있었고, 스스로 많은 지혜가 있어서 많은 사람들은 경멸하며 교만하였다. 경전의 뜻을 아끼고 남에게 가르치려고 하지 않았는데, 이로 인하여 세세생생 근기가 우둔하게 태어나게 된 것이다. 응당 스스로를 책망해야지 어찌 스스로를 해치려 하는가."

이어서 부처님께서 신묘한 빛의 본래의 모습을 나타내시고 게송을 말씀하셨다.

自愛身者　愼護所守　希望欲解　學正不寐[146]
자애신자　신호소수　희망욕해　학정불매

身爲第一　常自勉學　利能誨人　不惓則智[147]
신위제일　상자면학　이능회인　불권즉지

學先自正　然後正人　調身入慧　必遷爲上[148]
학선자정　연후정인　조신입혜　필천위상

身不能利　安能利人　心調體正　何願不至[149]
신불능리　안능리인　심조체정　하원부지

本我所造　後我自受　爲惡自更　如剛鑽珠[150]
본아소조　후아자수　위악자경　여강찬주

스스로 몸을 사랑하는 사람은
삼가 보호하고 지켜야 하고
욕망에서 벗어나기를 바란다면
바른 법을 배워 어둡지 않아야 하네.

몸을 제일로 삼아
항상 스스로 힘써 배우고
다른 사람을 가르쳐 이롭게 하고
게으르지 않으면 바로 지혜라네.

---

146 법구경 애신품 제1게송.
147 법구경 애신품 제2게송.
148 법구경 애신품 제3게송.
149 법구경 애신품 제4게송.
150 법구경 애신품 제5게송.

먼저 자신을 바르게 함을 배우고
그런 후에 다른 사람을 바르게 하며
몸을 조절하여 지혜에 들어가면
반드시 높은 경지에 나아가게 된다네.

자기 몸을 이롭게 못하고
어찌 다른 사람을 이롭게 하랴.
마음을 다스리고 몸을 바르게 하면
어찌 원하는 것을 이루지 못하랴.

본래 내가 지은 것은
후에 내 스스로 받나니
나쁜 것을 스스로 고치면
금강석이 구슬을 뚫는 것과 같다네.

마하노 비구는 자비로운 빛을 내는 부처님을 보고 기쁨의 눈물을 흘리며 죄송스러움에 어쩔 줄을 몰라 하며 머리를 조아려 부처님의 발에 예배하였다. 그리고는 게송의 뜻을 생각하며 즉시 선정禪定에 들었고, 부처님 앞에서 바로 아라한도를 이루었다. 또한 스스로 전생의 무수한 세간사世間事를 인식하였으며, 삼장의 모든 경을 관통하는 것도 바로 마음에 있다는 것을 알았다.

부처님께서 마하노에게 말씀하셨다.

"가사를 입고 발우를 가지고 왕궁으로 가서 공양을 받아라. 지금 왕궁에 있는 500명의 비구는 그대 전생의 500제자이니 그대는 맨 윗자리에 앉아라. 그대의 설법을 듣고 도를 이룬 것이다. 그러니 그대는 맨 윗자리에 앉아라. 그리고 설법을 하여 그들이 도의 자취(道跡)을 얻게 하고, 국왕이 명확하게 죄와 복(罪福)을 믿게 하여라."

마하노 비구가 부처님의 가르침대로 궁궐에 들어와서 윗 좌석에 앉자 사람들은 그 까닭을 이상하게 여기고 기분 나빠했다. 그러나 왕의 뜻을 생각하여 감히 면전에서 꾸짖지 못하였으나, 그의 어리석음을 생각하니 마음들이 괴로웠다.

왕은 준비한 음식을 손수 스님들 발우에 나누어 주었다. 공양이 끝나자 마하로 비구가 바로 설법을 하였는데, 음성은 우뢰가 진동하는 것과 같았고 청정한 말은 비가 내리는 것과 같았다. 모든 스님들은 위신력 있는 설법에 놀라며 스스로 뉘우치고 모두가 아라한도를 얻었다. 왕과 신하들도 모두 마하노 비구의 설법을 듣고 수다원도를 이루었다.

❋ 자비慈悲를 간략하게 말하면 사랑하고 가엾게 여기는 마음이라 할 수 있다. 그런 측면에서 어리석고 우둔한 마하노 스님을 대하는 다른 비구들의 자세는 부처님 제자라고 할 수가 없다. 하지만 그 또한 마하노 스님의 업연이다. 업業의 인과는 일점일획도 틀리지 않는다. 전생의 마하노 비구는 삼장에 통달한 삼장법사였지만 다른 사람을 경멸하고 가르침에 인색하였다. 그 과보로 어리석게 태어난 것이다.

부처님을 법을 공부한다지만 머리만 크고 가슴이 없는 사람들이 많은 시대이다. 다른 사람을 부처님처럼 대하고, 부처님의 가르침을 널리 펼쳐 진리의 세계로 인도하는 것이야말로 불자들이 행해야 할 일이다.

둘째 이야기

부처님께서 코살라국에 계실 때, 그 나라에 500명의 바라문들이 있었다. 그들은 항상 부처님을 비방하려고 하였는데, 부처님께서는 삼달(三達; 삼명三明; 세 가지 지혜)로 그들의 마음을 아시고 불쌍하게 여기시어 제도하려고 하셨다.

'그 과가 아직 무르익지 않았고 인연이 이르지 않았더라도, 모든 죄와 복이 때가 이르렀을 때에 스스로 인연을 지어 죄와 복을 받게 되는 것이다. 이 바라문들은 전생에 조그만 복이 있어 반드시 제도되게 되어 있는데, 복덕이 이들을 이끌어 스스로 바르게 할 것이다.'

부처님이 이런 생각을 하실 때, 500명의 브라만들은 함께 의논하며 말하였다.

"백정으로 하여금 짐승을 잡아 부처와 대중들을 청하게 하자. 부처는 반드시 청을 받아들여 백정의 공덕을 찬탄할 것이고, 우리들은 곧장 그 앞에서 함께 꾸짖어주자."

그들은 백정을 시켜서 짐승을 죽이고 부처님을 청하게 하였다. 부처님께서는 백정의 청을 받아들이며 말씀하셨다.

"과일이 익으면 스스로 떨어지듯 복이 익으면 스스로 제도되는 것이다."

백정은 마을에 돌아와서 음식을 차렸고, 부처님께서는 모든 제자들과 함께 백정의 마을에 가서 시주자의 집에 이르셨다. 바라문들은 자기들의 계책대로 되자 매우 기뻐하며 말하였다.

"오늘에야 부처의 욕보일 방편을 얻었다. 만약 백정의 시주施主의 복덕을 찬탄한다면 우리는 당연히 살생으로 죄를 지은 그것을 먹은 것을 꾸짖을 것이고, 만약 살생죄를 들어 백정이 복을 얻기 어렵다고 말하면 공양을 올린 것은 어느 것이나 먹어야 하는 사실로 꾸짖어주자! 우리는 이 두 가지 중에서 오늘 부처를 부끄럽게 하는 방편을 얻을 것이다."

부처님께서는 백정 집에 앉으셔서 발우를 씻고 공양을 하셨다. 부처님께서 바라문들의 마음을 관찰하시니 응당 제도될 사람이었으므로 장광설법長廣舌法을 하셨으며, 큰 광명을 나타내어 성안을 비추셨다. 이어서 부처님이 게송을 말씀하시며 축원하셨다.

如眞人教 以道活身 愚者嫉之
여 진 인 교　이 도 활 신　우 자 질 지

見而爲惡 行惡得惡 如種苦種[151]
견 이 위 악　행 악 득 악　여 종 고 종

惡自受罪 善自受福 亦各須熟
악 자 수 죄　선 자 수 복　역 각 수 숙

彼不相代 習善得善 亦如種甛[152]
피 불 상 대　습 선 득 선　역 여 종 첨

---

[151] 법구경 애신품 제8게송.

도를 깨친 사람의 가르침을 따르는 것은
도로써 몸을 살리기 때문이네.
그러나 어리석은 사람은 그것을 질투하여
나쁜 것으로 본다네.
악을 행하면 악의 과보 얻나니
마치 괴로움의 종자를 심은 것과 같다네.

악한 일을 하면 스스로 죄를 받고
착한 일을 하면 스스로 복을 받아
각각은 반드시 무르익나니
그것은 서로 대신할 수 없다네.
착함을 익히면 착한 과보 얻나니
달콤한 종자 심은 것과 같다네.

부처님께서 게송을 마치시니 500명의 바라문들은 마음이 저절로 열려 이해하게 되었고, 바로 부처님 앞에서 오체투지하여 예를 올리고 손을 모아 부처님께 여쭈었다.

"저희가 둔하고 어리석어서 아직도 성스러운 가르침에 이르지 못하였습니다. 오직 원하옵나니 저희를 가엾게 여기시어 사문으로 받아주십시오."

부처님께서는 이들을 받아들여 모두가 비구가 되었으며, 백정마을

---

152 법구경 애신품 제9게송.

사람들 모두가 부처님의 변화하심을 보고 놀라며 기뻐하였다. 그들 모두는 도의 자취(道跡)를 얻어서 성현聖賢이 되어 다시는 살생을 하지 않아 백정이라는 이름은 없어졌으며, 부처님께서는 공양을 다 마치시고 정사로 돌아가셨다.

❀ "백정도 칼을 놓으면 부처가 될 수 있다(放下屠刀 立地成佛)"는 말은 그냥 듣기 좋으라고 해보는 말이 아니다. 열반회상에서 광액도아廣額屠兒가 소를 잡던 칼을 집어던지고 곧바로 성불한 예도 있다. 부처님께서는, 살생을 업으로 하는 백정들을 꼬드겨 부처님을 욕보이게 하려는 바라문들과 백정들을 한 번에 제도하신 것이다. 호랑이굴에 들어가야 호랑이를 잡는 방편으로, 바라문의 속내를 꿰뚫어 그들의 바람대로 받아들이면서 제도하시니, 불자들은 모두 부처님의 지혜와 자비를 배워야 한다.

제23 세속품世俗品

◉ 세상은 허깨비와 같고 꿈과 같다. 그러니 마땅히 부질없는 세속의 부귀영화를 버리고 부지런히 도를 닦아야 한다.

옛적에 바라문의 나라에 다미사多味寫라는 왕이 있었는데, 그는 96종류의 외도外道를 섬겼다.

 그 왕이 하루는 갑자기 선심善心을 일으켜서 큰 보시를 행하고자 하였다. 보시는 바라문의 법도에 따라 하는데, 일곱 가지 보물을 산과 같이 쌓아놓고 구걸하려고 오는 걸인들이 일촬(一撮; 한 줌의 무게)의 보물을 가지고 가게 하였다. 이와 같이 베푸는 것이 며칠이 지났는데도 쌓여 있는 보배는 줄어들지 않았다.

 부처님께서는 왕이 전생의 복으로 응당 제도될 것을 아시고, 바라문으로 변화하여 그 나라로 가셨다. 왕은 나와서 바라문으로 변화한 부처님께 예를 갖추면서 안부를 묻고는 말하였다.

"어떤 것을 구하고 계십니까? 의심하거나 어려워 말고 말씀하십시오."

바라문이 대답하였다.

"내가 멀리서 온 것은 진귀한 보배를 얻어서 집을 짓고자 함입니다."

왕이 흔쾌히 말하였다.

"좋습니다. 한 움큼 가지고 가십시오."

바라문은 보배 한 움큼을 가지고 일곱 발자국을 가다가 다시 있던 곳으로 돌아왔다. 왕이 물었다.

"어째서 가지 않습니까?"

바라문이 대답하였다.

"이만큼을 가지면 집은 지을 만합니다. 그러나 장가를 가려면 이것을 가지고는 모자랍니다. 그래서 가져가지 않고 있습니다."

"그럼 다시 세 움큼을 가지고 가십시오."

바라문은 칠보를 가지고 가다가 바로 있던 곳으로 다시 돌아왔다. 왕은 어째서 다시 돌아오느냐고 물었다. 바라문이 대답하였다.

"이것으로 부인은 얻을 수는 있습니다. 그러니 땅과 노비와 우마가 없으니 만족하지 못하여 곰곰이 생각하고 있습니다."

왕이 말하였다.

"그러면 일곱 움큼을 가지고 가십시오."

바라문은 보물을 가지고 가다가 다시 있던 곳으로 돌아왔다. 왕이 말하였다.

"다시 어떤 까닭이 있습니까?"

바라문이 대답하였다.

"만약에 자식들이 있으면 반드시 혼인을 시켜야 하는데, 길흉사에 드는 비용이 부족하겠기에 가려고 하다 돌아왔습니다."

왕이 말하였다.

"그렇다면 쌓여 있는 보배를 모두 가지고 가십시오."

바라문은 보물 모두를 가지고 가다가 땅에 놓고 가버렸다. 왕은 이를 이상하게 생각하여 그 까닭을 바라문에게 물었다.

바라문이 대답하였다.

"본래 재물을 구한 것은 생활하기만을 바라는 것 때문이었습니다. 그러나 사람의 목숨은 이 세상에 오래 있지 않습니다. 만물은 영원한 것이 아니고 덧없으며, 아침에 있는 것을 저녁까지 보존하기 어렵습니다. 인연은 갈수록 무거워지고 고통과 걱정은 매일 깊어지니 보배가 산과 같이 쌓여도 유익함이 없습니다. 탐욕으로 계략을 꾸미는 것도 허망하여 고통스러운 것입니다. 그러니 욕망의 뜻을 버리고 어느 것도 바라지 않고 마음을 쉬게 하는 것만 못합니다. 이 때문에 취하지 않은 것입니다."

왕은 뜻이 열리고 이해하게 되어 밝은 가르침을 받들고자 하였다.

이에 브라만은 본래의 부처님으로 돌아가 허공에 올라 천지를 빛으로 감싸며 게송으로 말씀하셨다.

雖多積珍寶 崇高至於天 如是滿世間 不如見道迹[153]
수 다 적 진 보　숭 고 지 어 천　여 시 만 세 간　불 여 견 도 적

---

[153] 법구경 세속품 13게송.

不善像如善　愛如似不愛　以苦爲樂相　諸天爲所厭[154]
불 선 상 여 선　애 여 사 불 애　이 고 위 락 상　제 천 위 소 염

비록 진귀한 보배를 많이 쌓아
높고 높아 하늘에 이르고
이와 같이 세상에 가득 차더라도
깨달음의 자취를 보는 것만 못하다네.

착하지 않으면서 착한 척하고
애욕이 있으면서 애욕이 없는 것처럼 하고
괴로우면서도 즐거운 모습으로 보이려 하면
그것은 모든 하늘이 싫어하는 바라네.

이에 국왕은 부처님의 광명 상相이 천지를 두루 비추는 것을 보고, 또 게송을 듣고 뛸 듯이 기뻐하였으며, 왕과 신하들이 바로 오계를 받고 수다원도須陀洹道를 이루었다.

❁ 흔히 '욕심은 끝이 없다'는 말을 하곤 한다. 말 그대로 세속적인 욕망은 결코 만족시킬 수 없다. 욕망에 욕망이 꼬리를 물고 일어난다. 더 넓은 집, 더 좋은 차, 더 좋은 학벌, 더 비싼 명품 … 욕망은 끝이 없다. 이것만 있으면 만족할 것 같다가도 또 다른 것을 원하게 된다. 그러나 지혜로운 사람은 세속적 욕망이 부질없음을 알아 소욕지족한다.

---

154 법구경 세속품 14게송.

제24 술불품述佛品

● 부처님의 신묘한 도와 덕은 일체 중생을 제도하여 이익되게 하며, 또한 세상을 밝게 비추는 법칙이기도 하다.

첫째 이야기

옛적에 부처님께서 마가다국 선승도량(善勝道場: 부처님이 성도하신 붓다가야)의 원길수(元吉樹: 보리수나무의 옛말) 아래에 계셨다. 덕력德力으로 악마들을 항복 받고 홀로 앉아 생각하셨다.

 '감로법甘露法의 북소리가 삼천대천세계까지 들리는구나. 예전에 부왕께서는 다섯 사람을 보내어 깨와 쌀을 공양하고 시중들게 하셨으니 노고가 크다. 이제 마땅히 공덕의 과보를 받을 차례로다. 그 다섯 사람은 지금 바라나시에 있구나.'

부처님께서는 보리수나무에서 일어나시니 그 상호는 위의가 엄숙하고 천지를 밝게 비추었으며 위신력은 천지를 진동시켰다. 그러자 보는 사람들이 모두 기뻐하였다.

길을 떠나 중간에서 바라문 한 사람을 만났는데, 이름은 우호憂呼라고 하였다. 그는 부모와 이별하고 집을 떠나 스승을 찾아 도를 배우고자 하였다. 그는 고귀하고 신비한 부처님의 모습을 잠깐 뵙고는 놀랍고 기쁜 마음에 길 한 쪽에서 탄성을 지르면서 말하였다.

"신령스런 위엄은 사람들을 감탄하게 하고, 거동은 바르고 빼어나게 특별하십니다. 본래 어떤 스승을 모셨기에 이와 같은 용모를 얻었습니까?"

부처님께서 우호를 위하여 게송을 말씀하셨다.

八正道自得　無離無所染　愛盡破欲網　自然無師受[155]
팔 정 도 자 득　무 이 무 소 염　애 진 파 욕 망　자 연 무 사 수

我行無師保　志獨無伴侶　積一得作佛　從是通聖道[156]
아 행 무 사 보　지 독 무 반 려　적 일 득 작 불　종 시 통 성 도

여덟 가지 바른 길을 스스로 체득하고
여읨도 없고 물듦도 없나니
애착이 다하고 욕망의 그물을 찢으면
스승 없이 있는 그대로 받아들이네.

---

155 출요경 20권 여래품 제1게송에 해당함. 법구경 애욕품 제24게송.
156 법구경 술불품 제6게송.

내 수행은 스승의 보살핌 없었고
홀로 뜻을 세워 도반도 없었다네.
한 가지를 쌓아 부처가 되었나니
이를 따르면 거룩한 도를 통달할 것이네.

우호는 게송을 듣고도 정신이 멍하여 이해하지 못하고 부처님께 여쭈었다.

"구담(고타마)이시여, 어디로 가십니까?"

부처님께서 우호에게 말씀하셨다.

"나는 바라나시에 가서 감로법의 북을 두드려 위없는 법륜을 굴리고자 한다. 삼계三界의 어떤 성중聖衆들도 아직까지 설한 적이 없는 법륜을 굴려 모든 중생들을 열반에 들게 하려 한다."

우호는 크게 기뻐하면서 말하였다.

"위대하고 위대하십니다. 부처님께서 말씀하신 것처럼 감로법문을 들려주시기를 바랍니다."

부처님의 가르침을 이해 못한 우호는 그냥 공손하게 절을 올리고 길을 떠나갔다. 그는 스승이 계시는 곳에 이르기 전 길에서 잠을 자다가 그날 밤 바로 생명이 다하여 죽고 말았다. 부처님께서는 도안道眼으로 이를 보시고 불쌍하고 가련한 생각을 말씀하셨다.

"세간의 저 어리석은 사람은 생명이 영원하다고 여기고, 부처를 만나고도 그냥 지나쳐 가더니 혼자 죽음에 이르렀구나. 법고가 진동하여도 홀로 듣지 못하고, 감로법은 일체 고통을 없애는데도 홀로 알지 못하였구나. 오도五道를 전전展轉하며 생사가 길어져 여러 겁劫을 지내리니 어떤 때에 제도되겠는가."

부처님은 자비와 연민으로 게송을 말씀하셨다.

見諦淨無穢　己度五道淵　佛出照世間　爲衆除憂患[157]
견제정무예　이도오도연　불출조세간　위중제우환

得生人道難　生壽亦難得　世間有佛難　佛法難得聞[158]
득생인도난　생수역난득　세간유불난　불법난득문

진리를 보아 깨끗하여 더러움 없고
이미 오도(지옥, 아귀, 축생, 인간, 천상)의 연못을 건넜다네.
부처님께서 나오시어 세상을 비추니
중생의 근심과 걱정을 없애기 위함이네.

인간 세상에 태어나기 어렵고
태어나 오래 살기 또한 어렵다네.
세상에 부처님 계시기 어렵고
불법 듣기 또한 어렵다네.

부처님께서는 이 게송을 말씀하셨을 때 공중에서 하늘사람 500명이 게송을 듣고 기뻐하면서 모두가 수다원도를 증득하였다.

❊흔히 '인생에는 적어도 세 번의 기회가 있다'고 한다. 그러나 많은

---

[157] 법구경 술불품 제4게송.
[158] 법구경 술불품 제5게송.

사람들이 자신에게 기회가 온지조차 모르고 지나간다. 기회를 잡을 준비가 되어 있지 않기 때문이다. 부처님을 만난 바라문 우호는 부처님을 알아보지 못했다. 아니, 외형상의 모습은 알아보았다. 하지만 정작 그 가르침은 이해하지 못하였다. 세상에 태어나서 가질 수 있는 가장 중요한 기회를 그냥 날려보낸 것이다. 항상 준비하고 깨어 있는 자만이 기회가 왔을 때 잡을 수 있는 것이다.

둘째 이야기

마가다국에서 남쪽으로 4,000리 떨어진 나라에 브라만신을 섬기는 바라문 수천 명이 살고 있었다.

그런데 어느 때 나라에 큰 가뭄이 들어 3년 동안 비가 내리지 않았다. 모든 신들을 모시고 기도하였지만 소용이 없자, 왕이 바라문들에게 그 이유를 물었다.

바라문들이 대답하였다.

"저희들은 이미 모든 재를 마쳤습니다. 그러니 이번에는 범천에게 사람을 보내어 지금 이런 재앙이 일어나는 이유를 물어보아야 합니다."

왕이 말하였다.

"좋습니다. 재를 지내는데 필요한 물품을 말해주시기 바랍니다."

바라문들이 말하였다.

"20개의 마차에 땔나무, 타락죽, 꿀, 기름, 꽃과 향, 번개(깃발과 일산), 금은, 제기를 준비하여 주시기 바랍니다."

왕은 재에 쓰는 물품을 마련하여 주고, 재를 지내기 위해 바라문들과 성 밖으로 나섰다. 성을 나가서 7리 떨어진 평평한 땅에 땔나무와 물품이 산처럼 쌓여 있었다.

바라문들은 상의하여 제물이 될 사람을 구하였다.

"제사에 몸을 아끼지 않는 사람은 마침내 범천에 태어날 것이다."라고 사람들에게 말하며 일곱 사람을 추천하였다.

일곱 사람은 제사를 지내고 축원을 마쳤을 때에 땔나무 위에 올라갔다. 이들은 아래에서 불을 지피면 반드시 타서 죽게 될 상황이었다. 아래에서 연기와 화염이 타올라 열기가 느껴지자 일곱 사람은 두려워 구해달라고 하였으나 구해줄 사람이 없었다. 그러자 그들은 소리를 지르면서 말하였다.

"삼계三界 가운데 대 자비심으로 저희의 이 고통과 재앙을 불쌍하게 생각하셔서 구원해주실 분께 저희는 간절히 귀의합니다."

부처님께서는 바라문들의 잔혹한 제사를 아시고 간절한 소리가 있는 곳을 찾아가 허공에 계시면서 거룩한 상호를 나타내셨다. 불더미에 갇힌 일곱 사람은 부처님을 뵙자 기뻐서 어쩔 줄 모르며 간절히 말하였다.

"간절히 원하오니, 저희의 귀의를 받아 주시고 이 불구덩이에서 구원해 주소서!"

부처님께서 게송을 말씀하셨다.

或多自歸　山川樹神　厝立圖像　禱祠求福[159]
혹 다 자 귀　산 천 수 신　조 립 도 상　도 사 구 복

自歸如是 非吉非上 彼不能來 度汝衆苦[160]
자귀여시 비길비상 피불능래 도여중고

如有自歸 佛法僧衆 道德四諦 必見正慧[161]
여유자귀 불법승중 도덕사제 필견정혜

生死極苦 從諦得度 度世八難 斯除衆苦[162]
생사극고 종제득도 도세팔난 사제중고

自歸三尊 最吉最上 唯獨有是 度一切苦[163]
자귀삼존 최길최상 유독유시 도일체고

많은 사람들이 스스로 귀의하되
산과 강과 나무의 신으로
그림을 그리고 동상을 세워
제사지내 빌며 복을 구하네.

스스로 이와 같은 것에 귀의하면
길한 것도 아니고 으뜸되는 것도 아니네.
저들은 능히 오지 못하거니와
그대들의 온갖 고통 어찌 제도하랴.

스스로 귀의하되

---

159 법구경 술불품 제14게송.
160 법구경 술불품 제15게송.
161 법구경 술불품 제16게송.
162 법구경 술불품 제17게송.
163 법구경 술불품 제18게송.

불법승 삼보와
도와 덕과 사제(네 가지 진리)라면
반드시 바른 지혜를 보리라.

생사는 아주 고통스럽지만
진리를 따르면 제도될 수 있나니
세상의 팔난에서 제도되어
온갖 고통 모두 없앤다네.

스스로 삼보에 귀의하면
가장 길하고 가장 으뜸이니
오로지 이것만이
모든 고통을 제도한다네.

부처님께서 게송을 말씀하시자 일순간 불길이 흔적 없이 사라졌고, 일곱 사람은 마음이 편안해져서 즐거움이 끝이 없었다. 그 광경을 본 바라문나라 사람들은 부처님을 존경하지 않을 수가 없었다. 부처님의 모습은 천변만화千變萬化하여서 빛나는 분신이 동쪽에서 흩어져 없어졌다가 홀연히 서쪽에서 나타났다. 또한 부처님의 변화한 몸에서 물과 불을 내뿜는데 5색으로 찬란하였다. 그러자 모든 사람들은 오체투지하면서 귀의하였다. 이에 일곱 사람은 땔나무에서 일어나 희비喜悲가 엇갈리면서 게송을 말하였다.

見聖人快 得依附快 得離愚人 爲善獨快[164]
견성인쾌 득의부쾌 득이우인 위선독쾌

守正見快 互說法快 與世無諍 戒具常快[165]
수정견쾌 호설법쾌 여세무쟁 계구상쾌

使賢居快 如親親會 近仁智者 多聞高遠[166]
사현거쾌 여친친회 근인지자 다문고원

성인을 보니 기쁘고
의지할 바를 얻으니 기쁘다네.
어리석은 사람 떠나고
좋게 되니 홀로 기쁘다네.

바른 견해를 지니니 기쁘고
서로 진리를 이야기하니 기쁘다네.
세상 사람들과 다툼이 없고
계율을 구족하니 항상 기쁘다네.

어진 사람과 살게 되어 기쁘니
친구와 친척이 모인 것과 같다네.
어질고 지혜로운 사람과 가까이하면
많이 듣고 배워 높고 깊어진다네.

---

[164] 법구경 안녕품 제10게송.
[165] 법구경 안녕품 제11게송.
[166] 법구경 안녕품 제12게송.

일곱 사람이 이 게송을 마치자 모든 바라문들이 부처님의 제자가 되기를 원하였고, 부처님께서는 이들을 받아들여서 모두가 출가사문이 되었으며, 모두 아라한도를 이루었다. 국왕과 백성들 모두 제각기 도를 닦으니 하늘에서 큰비가 내려 가뭄이 해갈되어 나라는 풍요해졌고 백성들은 편안하였다. 또한 도덕으로써 교화함이 왕성하게 일어나니 즐거워하지 않는 사람이 없었다.

❋ 부처님은 살생한 제물로 제사를 지내는 것을 극히 싫어하셨다. 부처님 당시에 브라만들은 동물을 죽여 제사를 지냈고, 지금도 인도 힌두교에서는 깔리에게 염소를 죽여 제사를 지낸다. 자신의 이익을 위해 다른 생명을 빼앗는 것에 공덕이 있을 리 없다. 살생을 싫어하시는 부처님께서 하물며 사람을 제물로 쓰려는 현장을 용납하지 않으신 것은 당연하다. 목적도 정당해야 하고 수단도 정당해야 한다.

제25 안녕품安寧品

◉ 편안하기를 바라고 위태함을 피하고 싶다면 악惡을 멀리하고 선善을 행하여야 한다. 모든 부처님의 말씀대로 십악十惡을 피하고 십선十善을 행하라. 그러면 결코 위급해지지 않는다.

첫째 이야기

옛날에 부처님께서 마가다국에 계실 때 왕사성 동남쪽으로 300리 떨어진 산골 마을에 500여 가구가 살고 있었다. 그 사람들은 성정이 거칠고 고집스러워 교화하기가 어려웠지만, 그들은 전생의 복과 발원에 힘입어서 제도 받을 수 있었다.

부처님께서는 사문으로 변하여 그 마을에 이르러 탁발을 하시고 공양을 마치고는 마을 밖 나무 아래에 앉아서 열반삼매涅槃三昧에 드셨다. 7일이 지났는데도 미동도 없고 호흡도 없자 마을 사람들은 이를 보고 목숨이 다하였다고 생각하고 함께 상의하여 말하길,

"저 사문이 죽었으니 마땅히 우리가 장사를 지내야겠다."

그들은 제각기 땔나무를 가지고 와서 나무를 쌓아놓고 불을 붙였다. 불이 다 타고 재만 남았을 때 부처님께서 일어나 도의 신통변화를 보이시니, 온 누리에 상서로운 광명이 밝게 비추었고 시방세계를 진동시켰다.

부처님께서 신통을 멈추시고 나무 아래에 앉으시니 고요하고 편안한 것이 삼매에 들던 때와 같았다. 마을 사람들 모두 놀라고 두려워하며 머리를 조아려 사죄하며 말하였다.

"저희들이 어리석어서 아무 것도 알지 못하여 신인神人을 알아보지 못하고 돌아가신 줄로 알고 태워서 화장火葬을 하려고 하였습니다. 저희들이 태산보다 무거운 죄를 지었습니다. 오직 자비로 용서하시어 허물을 눈감아 주시기 바랍니다. 신인께서는 상처나 병이 나지 않으셨는지요? 수심과 근심은 없으신지요? 기갈은 없으신지요? 걱정스런 일은 없으신지요?"

이에 부처님께서는 얼굴에 미소를 머금으시고 게송을 말씀하셨다.

我生已安　不慍於怨　衆人有怨　我行無怨[167]
아 생 이 안　불 온 어 원　중 인 유 원　아 행 무 원

我生已安　不病於病　衆人有病　我行無病[168]
아 생 이 안　불 병 어 병　중 인 유 병　아 행 무 병

---

[167] 법구경 안녕품 제1게송.

我生已安 不慼於憂 衆人有憂 我行無憂[169]
아생이안 불척어우 중인유우 아행무우

我生已安 淸淨無爲 以樂爲食 如光音天[170]
아생이안 청정무위 이락위식 여광음천

我生已安 恬惔無事 彌薪鬪火 安能燒我[171]
아생이안 념담무사 미신투화 안능소아

내 삶은 이미 편안하여
원망으로 괴로워하지 않는다네.
사람들은 원망이 있어도
내가 가는 길에는 원망이 없다네.

내 삶은 이미 편안하여
병으로 아프지 않는다네.
사람들은 병이 있어도
내가 가는 길에는 병이 없다네.

내 삶은 이미 편안하여
근심으로 걱정하지 않는다네.
사람들은 근심이 있어도

---

168 법구경 안녕품 제2게송.
169 법구경 안녕품 제3게송.
170 법구경 안녕품 제4게송.
171 법구경 안녕품 제5게송.

내가 가는 길에는 근심이 없다네.

나의 삶은 이미 편안하여
청정하고 함이 없다네(무위).
즐거움으로써 음식을 삼으니
광음천과 같다네.

내 삶은 이미 편안하여
고요하고 담담하여 일이 없다네(무사).
널리 나무를 활활 태워도
어찌 나를 태우리오.

이때에 마을에 있던 오백 명의 사람들이 게송을 듣고 출가사문이 되어 아라한도를 증득하였고, 마을 사람들 남녀노소 모두 불법승 삼보를 믿게 되었다.

부처님과 오백 사문들은 함께 날아서 죽림정사로 돌아왔다.

아난존자는 부처님과 도를 얻은 사람들이 함께 오는 것을 보고 부처님 앞에서 여쭈었다.

"이 모든 비구들은 어떤 특이한 덕이 있어서 세존께서 스스로 가셔서 제도하셨습니까?"

부처님께서 말씀하셨다.

"아난아! 내가 부처를 이루기 전에 세상에는 한 벽지불이 계셨다. 항상 저들이 살던 산에 머물렀는데, 마을에서 멀지 않은 곳의 한 그루 나무 아래서 완전한 열반에 들고자 하셨다. 그리고는 진리의 신묘한 덕을 나타내고 바로 멸도하셨다. 마을 사람들은 땔나무로 불을 놓아 시신을 태우고는 사리를 취하여 보배로 된 병에 넣어 산 정상에 묻고 함께 발원하였다.

'후세에 저희들도 도를 얻기를 원하며, 이 사문처럼 편안히 열반을 얻게 하소서.'

이 복에 인연한 까닭에 마땅히 도를 얻게 되었고, 여래가 가서 직접 제도한 것이다."

부처님께서 이렇게 말씀하셨을 때 많은 하늘 사람들 모두가 도의 자취(道跡)를 증득하였다.

✺ "저 사람은 무슨 복으로 저렇게 살지?" 이렇게 부러워하면서도 정작 그 이유를 살피는 데까지 나아가지는 못한다. 하늘 아래 공짜는 없다. 좋은 일에는 반드시 선한 원인이 있다. 복을 짓고 덕을 쌓으면 비록 현생에 그 과보를 못 받더라도, 후생의 언젠가는 받게 되어 있다. 깨달음도 마찬가지다. 복덕자량이 쌓여야 깨달음을 얻을 수 있다.

둘째 이야기

부처님께서 사위성 기원정사에 계실 때, 네 명의 비구가 나무 아래 앉아서 서로 묻고 대답하고 있었다.

"일체 세간에서 어느 것이 가장 괴로운가?"

한 비구가 말하였다.

"천하의 괴로움 가운데 음욕을 넘어서는 것은 없다."

다른 비구가 대답하였다.

"세상의 괴로움 가운데 성냄을 넘어서는 것은 없다."

또 다른 비구가 말하였다.

"세상의 괴로움 가운데 목마르고 배고픈 것을 넘어서는 것은 없다."

한 비구가 말하였다.

"천하의 괴로움 가운데 놀라고 두려워하는 것을 넘어서는 것은 없다."

모두가 제각기 괴로움의 뜻을 말하는 것이 그치지 않았다.

부처님께서는 그들이 말하는 뜻을 아시고 그곳에 가셔서 비구들에게 물으셨다.

"지금 어떤 논의를 하고 있었느냐?"

그들은 바로 일어나서 부처님께 예의를 갖추고는 함께 논하고 있던 것을 부처님께 여쭈었다. 부처님께서 말씀하셨다.

"비구들아! 너희들은 아직 괴로움의 궁극의 뜻을 모르고 있구나. 천하의 괴로움 가운데 몸을 넘어서는 것은 없다. 추위와 더위(寒熱), 목마름과 배고픔(飢渴), 분노(瞋恚), 놀라고 두려움(驚怖), 성욕(色慾), 재앙과 원한(怨禍) 이 모두는 몸에서 연유한 것이다. 몸은 모든 괴로움의 근본이고 걱정과 화근의 근원이다. 마음을 써서 괴롭고 걱정하고 두려워하는 것의 모든 단초와, 삼계三界의 모든 존재들이 격동하여 서로 적이 되어 서로 다투고 싸우는 것과, 나에 결박되고 집착하여 생사가 끊이지 않는 이 모두가 몸으로 인한 것이다. 그러므로 세상의 괴로움에서 벗어나고자 하면 반드시 적멸寂滅을 구해야 한다. 마음을 섭수하고 바른 것을 지키고 조용히 있으며 생각이 없어야 한다. 그러면 열반涅槃을 얻을 수 있으니, 이것은 견줄 바 없는 즐거움이다."

이어서 부처님께서 게송을 말씀하셨다.

熱無過婬　毒無過怒　苦無過身　樂無過滅[172]
열 무 과 음　독 무 과 노　고 무 과 신　락 무 과 멸

無樂小樂　小辯小慧　觀求大者　乃獲大安[173]
무 락 소 락　소 변 소 혜　관 구 대 자　내 획 대 안

我爲世尊　長解無憂　正度三界　獨降衆魔[174]
아 위 세 존　장 해 무 우　정 도 삼 계　독 항 중 마

뜨겁기로는 음욕보다 더한 것이 없고
독하기로는 성냄보다 더한 것이 없고
괴롭기로는 몸보다 더한 것이 없고
즐겁기로는 적멸보다 더한 것이 없다네.

작은 즐거움과 작은 변재와
작은 지혜를 즐거워마라.
큰 것을 구하고자 관찰해야

---

172 법구경 안녕품 제7게송.
173 법구경 안녕품 제8게송.
174 법구경 안녕품 제9게송.

비로소 큰 안락을 얻으리라.

나는 세존이 되었나니
영원히 해탈하여 근심이 없다네.
삼계 중생을 바르게 제도하고
홀로 모든 마군을 항복 받았다네.

부처님께서 게송을 마치시고 비구들에게 말씀하셨다.
"예전 아주 오랜 옛날 어느 세상에 오신통五神通을 지닌 비구가 있었는데, 이름은 정진력精進力이었다. 그가 산 속에서 도를 구하고 있을 때에 네 마리의 짐승이 늘 곁에 있으며 항상 안은安隱하게 지냈다. 네 짐승은 비둘기, 까마귀, 독사, 사슴이었다. 이 짐승들은 낮에는 먹을 것을 구하고 저녁때에 돌아왔다. 이 짐승들이 어느 날 밤에 모여 있다가 괴로움에 대해 논의를 하였다.
'이 세상의 괴로움 중에서 어느 것이 가장 무거운가?'
까마귀가 대답하였다.
'기갈이 가장 괴롭다. 배가 고플 때에는 몸이 피로하여 눈이 감기고 정신이 몽롱하여 몸이 그물에 걸리고 창끝이 다가오는 것도 모른다. 우리 몸이 죽는 것은 그 때문이다. 그러므로 기갈이 가장 고통스러운 것이다.'
이어서 비둘기가 말하였다.
'음욕이 가장 괴롭다. 색욕이 불같이 일어나면 뒤돌아 볼 생각도 하지 않는데, 몸이 위험에 처하여 생명을 잃어버리는 것이 이로 연유하

지 않은 것이 없다.'

이어서 독사가 말하였다.

'분노가 가장 괴롭다. 독기 서린 뜻이 한 번 일어나면 가까운 사이건 먼 사이건 피할 수 없으며, 또 사람을 죽이기도 하고 자기 독에 자기가 죽기도 하는 것이다.'

이어서 사슴이 말하였다.

'놀라고 두려운 것이 제일 괴롭다. 내가 산 속을 다닐 때에 마음은 항상 두렵고 근심스러운데, 사냥꾼과 모든 승냥이와 이리들 때문이다. 부스럭거리는 소리만 나면 놀라서 내달리는데, 달리다 보면 구덩이에 빠지고 언덕에서 구르며, 어미와 새끼가 헤어져 늘 간담이 슬프고 심장은 두근거린다. 이로써 놀라고 두려운 것이 가장 큰 괴로움이다.'

정진력 비구는 짐승들의 말을 듣고 말하였다.

'너희들이 말하는 것은 단편적인 것으로 괴로움의 근본을 구하지 못한 것이다. 천하의 모든 괴로움은 몸을 벗어나는 것이 없다. 몸은 괴로움의 그릇이며, 걱정과 두려움은 무한하다. 그러므로 나는 속세를 버리고 도를 배우고 수행하는 것이다. 분별하는 뜻을 없애고 상념을 끊고서 몸의 즐거움을 탐내지 않아야 한다. 괴로움을 끊는 길은 열반에 있으며, 열반의 도는 적멸하여 형상이 없고, 모든 것을 영원히 마치게 되므로 바로 크게 편안을 얻는다.'

네 마리 짐승은 이 말을 듣고 마음이 바로 열리고 이해하였다."

부처님께서 네 비구에게 말씀하셨다.

"그때 5신통을 가진 비구는 바로 나의 몸이며, 그때 네 짐승은 지금 너희들이다. 전생에 이미 괴로움의 근본 의미를 듣고도 어떻게 오늘 다시 이런 말을 하느냐."

비구들은 이를 듣고 부끄러워하고 스스로 책망하면서 바로 부처님 앞에서 정진하여 아라한도를 증득하였다.

❂ 우리가 사는 세계를 사바세계라고 한다. 괴로움이 가득한 세계라는 말이다. 그래서 우리들 중생을 고해중생, 즉 괴로움의 바다에서 살아가는 중생이라고 한다. 그렇다면 그 많은 괴로움 가운데 가장 괴로운 것이 무엇일까? 사람에 따라 가난, 병, 음욕, 분노, 두려움 등 다양한 대답이 나올 것이다. 하지만 이 모든 것의 근본에는 몸, 즉 육체가 있다. 몸을 가지고 육도윤회하기 때문에 모든 괴로움이 발생하는 것이다. 따라서 열반에 들어 윤회의 사슬을 끊는 것만이 괴로움에서 완전히 벗어나는 근본 길이다. 그 길을 보여주기 위해 부처님께서 이 세계에 오신 것이다.

제26 호희품好喜品

◉ 사람들은 욕망의 충족을 통해 즐거움과 쾌락을 구하지만, 욕망은 끝이 없으므로 항상 불만족스럽고 불안하며, 더 큰 욕망을 향해 달려갈 뿐이다. 따라서 욕망과 애착, 즐거움과 쾌락에 대한 생각을 끊어야 불안과 걱정이 없어진다.

부처님께서 사위성 기원정사에 계실 때였다. 출가한 지 얼마 안 된 네 명의 비구가 있었는데, 암파라 나무 아래서 좌선하며 도를 닦고 있었다. 암파라 꽃이 무성하고 색과 향기가 좋아서 서로가 말하였다.
 "세상 만물 중에 어떤 것이 사람의 마음을 가장 기쁘게 하는가?"
 한 비구가 말하였다.
 "따뜻한 봄날에 나무와 꽃이 무성한 들에 나가 노는 것이 최고의 즐거움이다."

다른 비구가 말하였다.

"종친宗親들이 좋은 날을 택하여 술을 대작하면서 음악과 가무를 즐기는 것이 최고의 즐거움이다."

다른 비구가 말하였다.

"창고에 많은 재물과 보배를 쌓아 놓고서 원하는 일을 원하는 대로 하고, 마차와 의복을 다른 사람과 다르게 치장을 하고, 나가고 들어올 때 밝게 빛나 사람들이 이를 부러워하며 보면 이것이 최고의 즐거움이다."

또 다른 비구가 말하였다.

"처첩妻妾들이 단정하고 아름다운 옷으로 꾸미고 향수를 발라 향기가 나며, 그녀들과 감정에 따라 즐기는 것이 최고의 즐거움이다."

부처님께서는 이 네 비구를 응당 제도할 수 있음을 아셨다. 그러나 무상을 생각하지 않고 뜻을 육정(六情: 희喜, 노怒, 애哀, 락樂, 애愛, 오惡)으로 치닫고 있었으므로 4명의 비구를 불러 물으셨다.

"너희들은 나무 아래서 무엇을 논의하였느냐?"

비구들은 솔직하게 '즐거운 것들을 말하고 있었다'고 대답하였다.

부처님께서 네 비구에게 말씀하셨다.

"너희들이 논한 즐거움들은 모두가 걱정스럽고 두렵고 위태롭고 망하는 길이다. 그것들은 영원히 편안한 것도 최고로 즐거운 것도 아니다. 만물은 봄에 무성하다가도 가을, 겨울이 되면 앙상하고, 종친들과 즐기고 노는 것은 잠시일 뿐 모두 이별하고, 재보財寶와 마차들은 다섯 집(五家: 물, 불의 재앙, 후손들의 낭비, 도적의 약탈, 나라의 몰수)이 나누며, 처첩의 미색은 애증의 주인이다.

범부들은 세상에 살면서 원망과 허물을 초래하여 몸을 위태롭게 하고 한 집안을 없애는 걱정과 두려움이 한량없으니, 삼도(三塗: 지옥, 아귀, 축생)와 팔난(八難: 기아, 갈증, 한寒, 서暑,수水, 화火, 도刀, 병病)의 고통의 온갖 단초가 이것으로 유래하지 않음이 없다. 그러므로 비구는 세속을 버리고 도를 구하며, 뜻은 무위無爲에 두면서 영화로운 이익을 탐내지 않고 스스로 열반에 이르는 것이 최고의 즐거움이다."

이어서 부처님께서 게송을 말씀하셨다.

愛喜生憂　愛喜生畏　無所愛喜　何憂何畏[175]
애희생우　애희생외　무소애희　하우하외

好樂生憂　好樂生畏　無所好樂　何憂何畏[176]
호락생우　호락생외　무소호락　하우하외

貪欲生憂　貪欲生畏　解無貪欲　何憂何畏[177]
탐욕생우　탐욕생외　해무탐욕　하우하외

貪法戒成　至誠知慙　行身近道　爲衆所愛[178]
탐법계성　지성지참　행신근도　위중소애

欲能不生　思正乃語　心無貪愛　必截流度[179]
욕능불생　사정내어　심무탐애　필절유도

---

175 법구경 호희품 제4게송.
176 법구경 호희품 제5게송.
177 법구경 호희품 제6게송.
178 법구경 호희품 제7게송.
179 법구경 호희품 제8게송.

애욕의 즐거움에서 걱정이 생기고
애욕의 즐거움에서 두려움이 생긴다네.
애욕의 즐거움 없는데
무엇을 걱정하고 무엇을 두려워하랴.

즐거움을 좋아하여 걱정이 생기고
즐거움을 좋아하여 두려움이 생긴다네.
즐거움을 좋아함이 없는데
무엇을 걱정하고 무엇을 두려워하랴.

탐욕에서 걱정이 생기고
탐욕에서 두려움이 생긴다네.
해탈하여 탐욕이 없는데
무엇을 걱정하고 무엇을 두려워하랴.

법을 탐하고 계율을 성취하며
정성을 다하고 부끄러움을 알며
몸으로 행하고 도에 가까워지면
사람들이 사랑하게 된다네.

욕망이 일어나지 않고
생각이 바르고 말도 바르며
마음에 탐욕과 애욕이 없으면

반드시 윤회의 흐름을 끊고 제도된다네.

게송을 마치시고 부처님께서 비구들에게 말씀하셨다.
"옛날에 보안普安이라는 국왕이 있었는데, 이웃나라 4명의 국왕들과 친구였다. 보안은 4명의 왕을 초청하여 1개월간 연회를 베풀었는데, 음식과 오락과 환대가 극진한 것이 다른 것에 견줄 수가 없었다. 따로 날짜를 정하여 보안왕은 4명의 왕에게 말하였다. '인간이 세상에 살면서 어느 것이 가장 즐거운 일일까?'

한 왕이 말하였다.
'유희하는 것이 가장 즐거운 일이다.'
한 왕이 말하였다.
'종친이 즐겁게 모여서 노래하는 것이 즐거운 일이다.'
한 왕이 말하였다.
'많은 재물과 보배를 쌓아 놓고 바라는 것을 마음대로 하는 것이 가장 즐거운 일이다.'
한 왕이 말하였다.
'애욕을 마음껏 하는 것이 가장 즐거운 일이다.'
보안왕은 말하였다.
'그대들이 논하는 것은 고뇌의 근본이고 걱정과 두려움의 원천으로, 당장에는 즐겁지만 후에는 고통과 걱정과 슬픔의 모든 단초가 모두 여기에서 생긴다. 적정寂靜하여서 구하는 것이 없고 바라는 것도 없고 욕심도 없는 이 하나를 지키며 도를 얻는 것이 가장 즐거운 일이다.'

4명의 왕은 이를 듣고 기뻐하면서 이해하고 믿게 되었다."
부처님께서 비구들에게 말씀하셨다.
"그때의 보안왕은 바로 나이고, 4명의 왕은 바로 너희 네 사람이다. 전생에 이미 설하였는데 지금도 이해하지 못하고 있구나. 생사가 넝쿨처럼 뻗어 있는데 어떻게 그치게 하겠는가?"
이때 4명의 비구는 거듭하여 이 뜻을 듣고 부끄러워하면서 과거를 뉘우치니 마음과 생각이 열려 깨달아, 생각이 없어지고 욕망이 끊어져 아라한도를 증득하였다.

❋ 우리 중생은 오욕五慾과 칠정七情에 중독되어 산다. 그것을 부처님은 혀가 칼에 베여 피를 질질 흘리면서도 칼날에 묻은 꿀을 핥아먹는 것으로 비유하셨다. 욕망의 덧없음을 깨우치지 못하고, 중생들은 탐욕과 분노와 어리석음의 삼독三毒에 허덕이며 살고 있는 것이다.

제27 분노품忿怒品

● 분노(瞋恚)는 남을 해치고 자신을 해치는 독이다. 그 실체를 정확히 바라보고 나에게 화를 내고 해치려는 사람을 만나더라도 너그럽게 용서하고 자애심慈愛心과 부드러움으로 대하여야 한다.

옛날에 부처님께서 왕사성 기사굴산에 계실 때였다. 제바달다(調達)와 아사세阿闍貰왕이 함께 의논하여 부처님과 제자들을 헐뜯었으며, 왕은 백성들에게 명령하기를 부처님을 받들지도 말고 승가 대중이 탁발을 와도 보시하지 말라고 하였다.
그때 사리불, 목련, 가섭, 수보리 등과 바화제 비구니 등이 제각기 제자들을 거느리고 다른 나라로 갔고, 오직 부처님과 500아라한만이 영취산에 머물고 있었다.
　제바달다가 아사세왕에게 의논하여 말하였다.

"지금 부처의 모든 제자들이 흩어졌는데 여전히 500명의 제자들이 부처의 곁에 있습니다. 왕께서는 내일 부처를 청하여 성에 들어오게 하십시오. 나는 500마리의 큰 코끼리에게 술을 먹여 취하게 하겠습니다. 부처가 성에 들어오면 술에 취한 코끼리들을 내몰아 그들을 밟아 죽여 그 종자를 다 없애버리겠습니다. 그리고 내가 부처가 되어 세상을 교화하겠습니다."

아사세왕은 이 계략을 듣고 매우 기뻐하며 즉시 부처님이 계신 곳으로 가서 머리를 조아려 예를 올리고 부처님께 말하였다.

"내일 변변찮지만 음식을 준비해 놓을 터이니 세존과 제자들께서는 궁궐에 오시어 공양을 하시길 바랍니다."

부처님께서는 그 음모를 알고도 대답하셨다.

"아주 좋습니다. 내일 아침에 가겠습니다."

아사세왕은 물러나와 제바달다에게 말하였다.

"부처가 나의 청을 받아들였으니 전에 계획한 것을 기억하십시오. 코끼리를 술에 취하게 하고 상황을 살펴 기다리고 있으십시오."

다음날 공양 때가 되어 부처님과 500아라한이 성문에 들어가자 500마리의 술에 취한 코끼리들이 소리를 지르면서 앞으로 달려 나와 박차고 부수고 나무를 부러뜨리니 성안의 사람들은 모두 놀라 두려움에 떨었다. 코끼리들이 달려들자 500아라한은 공중으로 올라 피했고, 오로지 아난만이 부처님 곁에 있었다. 술에 취한 코끼리들이 일제히 부처님에게로 돌진하자 부처님께서 손을 드시니 다섯 손가락에서 순식간에 500마리 큰 사자들이 나타나 포효하니 천지가 진동하였다. 이에 놀란 술 취한 코끼리들은 부처님 앞에 무릎을 꿇고 땅에 엎드려 머리를 들지 못하였다. 잠시 후 술에서 깨어난 코끼리들은 눈물을 흘리면서 잘못을 뉘우쳤다. 왕과 신하들과 백성들은 놀라서 숙연해지지 않는 이가 없었다.

부처님께서 천천히 왕궁에 이르러서 오백 아라한들과 함께 공양을 하시고 축원하셨다.

이에 왕이 부처님께 여쭈었다.

"제가 타고난 성품이 명철明哲하지 못하여 모함하는 말만 믿고 악을 짓고 부처님의 살해를 도모하였습니다. 대자비를 내리시어 저의 미혹하고 우둔함을 용서해 주십시오."

부처님께서는 아사세왕과 모든 대중에게 말씀하셨다.

"세상에는 8가지 비방을 받는 일이 있는데, 모두 명예로 인한 것이다. 또 몸에 이익 되는 것만을 탐내어 큰 죄를 저지르니 수많은 겁劫을 지나도 그 과보는 끝나지 않는다. 어떤 것이 8가지냐 하면, 이익(利)과 손해(衰), 헐뜯음(毁)과 칭찬(譽), 찬탄(稱)과 원망(譏), 괴로움(苦)과 즐거움(樂)으로, 예전부터 지금까지 이 여덟 가지에 미혹당하지 않은 사람이 적다."

이어서 부처님께서 게송을 말씀하셨다.

人相謗毀　自古至今　旣毀多言
인 상 방 훼　자 고 지 금　기 훼 다 언

又毀訥忍　亦毀中和　世無不毀[180]
우 훼 눌 인　역 훼 중 화　세 무 불 훼

---

[180] 법구경 분노품 제8게송.

欲意非聖　不能折中　一毀一譽　但爲名利[181]
욕의비성　불능절중　일훼일예　단위명리

明智所譽　唯稱正賢　慧人守戒　無所譏謗[182]
명지소예　유칭정현　혜인수계　무소기방

如羅漢淨　莫而誣謗　諸天咨嗟　梵釋所敬[183]
여라한정　막이무방　제천자차　범석소경

사람들이 서로 비방하고 헐뜯는 것은
예전부터 지금까지 그래왔으니
본디 말이 많아도 헐뜯고
말이 적고 어눌해도 헐뜯고
또한 중간으로 조화로워도 헐뜯으니
세상에 헐뜯지 않음이 없다네.

탐욕스런 생각은 성인이 아니니
능히 중간으로 타협할 수 없으며
한 번 헐뜯고 한 번 칭찬하는 것은
다만 명성과 이익을 위함이라네.

밝은 지혜는 명예로운 것이니
오로지 바른 현인을 가리키는 바이네

---

181 법구경 분노품 제9게송.
182 법구경 분노품 제10게송.
183 법구경 분노품 제11게송.

지혜 있는 사람은 계율을 지켜
비방하거나 헐뜯는 바가 없다네.

마치 아라한처럼 청정하여
깔보거나 비방하지 않으면
모든 하늘 사람들이 감탄하고
범천과 제석이 공경하게 된다네.

부처님께서는 게송을 마치시고 거듭 왕에게 말씀하셨다.
"옛적에 어느 국왕이 있었는데, 기러기 고기를 즐겨 먹었다오. 항상 사냥꾼을 보내어 그물을 쳐서 기러기를 잡게 하였소. 그렇게 하루에 한 마리씩 기러기를 왕의 식사로 공급하였다오. 이때에 기러기 왕이 500마리의 기러기를 이끌고 먹을 것을 구하러 날아왔다가 그물에 떨어져 사냥꾼에게 잡혔고, 나머지 기러기들은 놀라서 날아갔으나 공중을 배회하면서 떠나지 않았다오. 그때 한 기러기가 계속 뒤따르는데 화살을 피하지 못하고 밤낮으로 쉬지 않고 피를 토하며 비명을 질렀다오. 사냥꾼은 이를 보고 그 충성스러운 의리에 감동하고 불쌍히 여겨, 바로 기러기 왕을 풀어주어 함께 날아가게 하였다오. 기러기 무리들은 왕을 맞이하고 기뻐하면서 주위를 둘러쌌소. 그리고 사냥꾼이 이 광경을 왕에게 말하자 왕은 그들의 의리에 감동하여 다시는 기러기를 잡지 못하게 하였다오."

다시 부처님께서 아사세왕에게 말씀하셨다.
"그때 기러기 왕은 바로 나이고, 한 마리 기러기는 아난이고, 500마리의 기러기는 바로 이 자리의 500아라한이라오. 기러기를 먹던 국왕은 바로 대왕이며 그때의 사냥꾼은 바로 제바달다라오. 그는 전생부터 항상 나를 해치려고 하였지만 나는 큰 자비의 힘으로 제바달다를 제도하였다오. 원한의 악한 생각을 하지 않아서 스스로 부처를 이루게 되었다오."

부처님께서 이렇게 말씀하셨을 때에 왕과 신하들 모두 깨달아 이해하지 못하는 사람이 없었다.

❀ 지혜와 자비는 불교라는 수레의 두 바퀴이다. 그리고 부처님의 자비는 크고 커서 한량이 없으므로 대자대비라고 한다. 오역중죄는 불교에서 가장 큰 죄에 해당한다. 그중 하나가 부처님 몸에 피를 내는 것이다. 하물며 제바달다는 부처님을 해치려고 하고 연화색 비구니를 때려죽이고 승가의 화합을 깼으니 그 죄의 무거움은 이루 말할 수가 없다. 하지만 부처님께서는 『법화경』에서 그런 제바달다에게조차 부처를 이룬다는 수기를 주셨으니, 그 자비심을 어찌 말로 다 할 수 있겠는가.

제28 진구품塵垢品

●깨끗한 것과 더러운 것을 구분하여, 깨끗한 것을 배워 행하고 더럽고 욕된 것은 행하지 말라고 한다. 깨끗하고 더러운 것은 멀리 있는 것이 아니다. 부모에게 효도하고 생업에 힘쓰며, 스승의 가르침을 잊지 않고 예로써 행하며, 정당하지 않은 일은 하지 않고 언행이 단정한 것이다.

옛날 어떤 사람이 있었는데 형제가 없었다. 어렸을 때 그 부모는 아이를 어여삐 여기고 사랑하였으며, 진정으로 정성을 쏟아 훌륭한 스승과 좋은 친구들에게 이끌어 공부시키고자 하였다.
　그러나 아이는 교만하여 귀찮게 여겨 공부는 전혀 마음을 두지 않았고, 아침에 배운 것을 저녁때에는 기억하지 못하였으며 처음부터 외우고 익히려고 하지 않았다. 이와 같이 여러 해가 지났지만 그는 아는 것이 하나도 없었다.

　부모가 집에 불러다 가업을 돌보라고 하여도 그는 교만하여 일하는 것에는 관심을 두지 않았다. 그러자 가정 형편은 빈궁하여지고 모든 일들은 거꾸러졌다. 또한 그는 마음을 잡지 못하고 방종하여 가재도구를 팔고, 마음 가는 대로 쾌락을 좇았다. 머리를 흩뜨리고 돌아다녔는데, 맨발에 의복은 남루하였고, 또한 인색하고 탐욕스러우며 당돌하였기 때문에 부끄러움과 욕됨을 피할 수 없었다. 어리석고 유치한 일들을 스스로 저지르게 되니 사람들은 그를 싫어하고 천대하였으며, 흉악하다고 생각하여 길을 지나가도 상종하려는 사람이 없을 정도였다. 그러나 그는 스스로 악한 것을 모르고 도리어 다른 사람들을 원망하였으며, 위로는 부모를 원망하고 다음으로 스승과 친구들을 책망하였다.

　'나의 불행과 불우함이 이와 같은데도 조상들의 신령이 도와주지 않는구나. 차라리 부처님을 섬기고 그 복을 얻는 것만 못하구나.'

　그리고는 바로 부처님 계시는 곳에 도착하여 부처님께 예를 갖추고 여쭈었다.

　"부처님의 도는 관대하고 넓어 용납하지 않는 일이 없다고 들었습니다. 제자가 되기를 원하오니 청컨대 허락해 주시기 바랍니다."

　부처님께서는 그에게 말씀하였다.

　"무릇 도를 구하고자 하면 행동이 청정해야 하거늘, 너는 세속의 때를 지니고 나의 도에 들어오려고 하는구나. 청정하지 못한 채 오가는 것이 어떤 큰 이익이 있겠느냐? 집에 돌아가서 부모에게 효도하고 모시는 것만 못하고, 스승의 가르침을 외우고 익혀 죽을 때까지 잊지 않는 것만 못하다. 부지런히 가업을 돌보아 부자로 걱정 없이 즐겁게 살고, 모든 일은 예로써 행하고 정당하지 않은 것은 범하지 말며, 목욕하여 몸을 깨끗이 하고 옷을 바르게 입으며 언행에 신중하고, 마음을 집중하여 한결같이 지켜 일을 잘 주관하고, 민첩하게 행하고 정밀하게 닦아 다른 사람들이 칭찬하고 흠모하게 되고, 이와 같이 행하면 도를 이룰 수 있다."

이어서 부처님께서 게송을 말씀하셨다.

不誦爲言垢　不勤爲家垢　不嚴爲色垢　放逸爲事垢[184]
불송위언구　불근위가구　불엄위색구　방일위사구

慳爲惠施垢　不善爲行垢　今世亦後世　惡法爲常垢[185]
간위혜시구　불선위행구　금세역후세　악법위상구

垢中之垢　莫甚於癡　學當捨此　比丘無垢[186]
구중지구　막심어치　학당사차　비구무구

경을 외우지 않음은 말의 때가 되고
부지런하지 않음은 집안의 때가 되며
단정하지 않음은 몸의 때가 되고
방일함은 모든 일의 때가 된다네.

인색함은 은혜를 베풂의 때가 되고

---

184 법구경 진구품 제5게송.
185 법구경 진구품 제6게송.
186 법구경 진구품 제7게송.

착하지 않음은 행실의 때가 되니
금생에서나 후생에서나
악한 법은 언제나 때가 된다네.

때 중의 때는
어리석음보다 심한 게 없다네.
배우는 이는 마땅히 이것을 버리고
비구는 때가 없어야 한다네.

그 사람은 게송을 듣고 자신의 교만함과 어리석음을 알았으며, 바로 부처님의 가르침을 받들고서 기뻐하면서 집으로 돌아왔다. 게송의 의미를 생각하고 참회하며 스스로 새로워져서 부모님을 효도로 모시고 스승과 어른들을 존경하고, 경전의 가르침을 외우고 익히고 집안일도 부지런하게 하였다. 또 계율을 받들고 스스로를 다잡아 도가 아닌 것은 행하지 않았다. 친척들은 효도를 칭찬하고 마을사람들은 공경함을 칭찬하였으며, 훌륭한 명성이 온 나라에 퍼져 그를 어진 사람이라고 하였다.

3년이 지난 후에 그는 부처님 계시는 곳에 찾아와서 오체투지하고 예를 갖추고 나서 간절하고 애달프게 말하였다.

"우러러 받드나니, 지극한 진리로 온전한 몸을 얻었습니다. 악을 버리고 선을 행하니 위아래 모두에게 존경을 받게 되었습니다. 원컨대 큰 자비를 베푸시어 저를 제도하고 도를 닦게 해 주소서."

부처님께서 말씀하셨다.

"훌륭하도다!"

그러자 수염과 머리카락이 떨어져 바로 사문이 되었고, 안으로는 지관止觀과 사제四諦와 팔정도八正道를 사유하고, 매일같이 정진하여 아라한도를 증득하였다.

❋ 예로부터 귀한 자식을 아명兒名으로 '개똥이, 소똥이'라고 부르곤 하였는데, 거기에는 아이를 교만하게 키우지 않으려는 지혜가 담겨 있다. '오냐, 오냐' 키우면 필시 버릇없고 자기만 아는 이기적 인간으로 자라게 된다. 이 이야기의 주인공도 예외가 아니었으나 부처님을 만나 바른 길로 들어서서 마음을 다잡고 행동하여 사람들에게 존경을 받게 되었다. 귀한 자식일수록 엄정하게 키워야 한다.

제29 봉지품奉持品

● 도를 귀하게 여기는 사람은 이익을 두고 다른 사람과 다투지 않는다. 이익이 있거나 이익이 없거나 욕심이 없으니 현혹되지 않으며, 필요한 것 이상은 바라지 않는다.

옛날에 살차니건薩遮尼犍이라는 장로 바라문이 있었다. 재주가 많고 똑똑하며 지혜가 많기로는 나라 안에서 제일이었고, 게다가 500명의 제자가 있었으니, 교만하고 잘난 체하는 것이 천하를 경시하였다. 그는 항상 쇠로 만든 복대로 배를 감싸고 있었는데, 사람들이 그 까닭을 물으면 "지혜가 넘쳐나갈까 두렵기 때문이다."라고 대답하였다.

부처님께서 세상에 오셔서 밝고 명료한 도로써 중생을 교화하신다는 말을 듣고 마음으로 질투심이 일어나 자나깨나 편안하게 지낼 수가 없었다. 그가 제자들에게 말하였다.

"내가 듣기에 구담(고타마) 사문이 스스로 부처가 되었다고 하니, 지금 당장 가서 깊고 미묘한 일들을 물어, 그로 하여금 마음이 두려워져서 말할 바를 알지 못하게 하겠다."

그는 바로 제자들을 이끌고 기원정사에 도착하여 문 밖에 서서는, 마치 아침 해가 떠오르는 듯 환하게 빛나는 부처님의 모습을 보자 다섯 가지 감정(五情)이 끓어오르면서도 기쁨과 두려움이 교차하여, 부처님께 나아가 예를 올렸다. 부처님께서 자리에 앉으라고 하셨고, 살차니건은 부처님께 여쭈었다.

"어떤 사람을 도인이라 하며, 어떤 사람을 지혜로운 이라 하며, 어떤 사람을 장로라 하며, 어떤 사람을 단정한 이라 하며, 어떤 사람을 사문이라 하며, 어떤 사람을 비구라 하며, 어떤 사람을 인자하고 명철한 이라 하며, 어떤 사람을 도가 있는 이라 하며, 어떤 사람을 계를 받드는 이라 합니까? 만약 해답을 주시면 제자가 되겠습니다."

이에 부처님께서는 그 답을 관찰하시어 게송으로 말씀하셨다.

常愍好學正心以行 唯懷寶慧是謂爲道[187]
상민호학정심이행 유회보혜시위위도

所謂智者不必辯言 無恐無懼守善爲智[188]
소위지자불필변언 무공무구수선위지

所謂老者不以年耆 形熟髮白惷愚而已[189]
소위노자불이년기 형숙발백준우이이

---

187 법구경 봉지품 제2게송.
188 법구경 봉지품 제3게송.

謂懷諦法順調慈仁 明達清潔是爲長老[190]
위 회 제 법 순 조 자 인　명 달 청 결 시 위 장 노

所謂端正非色如華 貪嫉虛飾言行有違[191]
소 위 단 정 비 색 여 화　탐 질 허 식 언 행 유 위

謂能捨惡根原已斷 慧而無恚是謂端正[192]
위 능 사 악 근 원 이 단　혜 이 무 에 시 위 단 정

所謂沙門不必除髮 妄語貪取有欲如凡[193]
소 위 사 문 불 필 제 발　망 어 탐 취 유 욕 여 범

謂能止惡恢廓弘道 息心滅意是謂沙門[194]
위 능 지 악 회 곽 홍 도　식 심 멸 의 시 위 사 문

所謂比丘非持乞食 邪行望彼求名而已[195]
소 위 비 구 비 지 걸 식　사 행 망 피 구 명 이 이

謂捨罪業淨修梵行 慧能破惡是爲比丘[196]
위 사 죄 업 정 수 범 행　혜 능 파 악 시 위 비 구

所謂仁明非口所言 用心不精外順而已[197]
소 위 인 명 비 구 소 언　용 심 불 정 외 순 이 이

謂心無爲內行淸虛 此彼寂滅是爲仁明[198]
위 심 무 위 내 행 청 허　차 피 적 멸 시 위 인 명

---

189 법구경 봉지품 제5게송
190 법구경 봉지품 제6게송.
191 법구경 봉지품 제7게송.
192 법구경 봉지품 제8게송.
193 법구경 봉지품 제9게송.
194 법구경 봉지품 제10게송.
195 법구경 봉지품 제11게송.
196 법구경 봉지품 제12게송.
197 법구경 봉지품 제13게송.

所謂有道非救一物　普濟天下無害無道[199]
소 위 유 도 비 구 일 물　보 제 천 하 무 해 무 도

奉持法者不以多言　雖素少聞身依法行　守道不忘是爲奉
봉 지 법 자 불 이 다 언　수 소 소 문 신 의 법 행　수 도 불 망 시 위 봉

法[200]
법

항상 배우길 좋아하여 힘쓰고 바른 마음으로 행하며
오직 보배로운 지혜를 품으니 이를 도인이라 한다네.

이른바 지혜로운 사람은 반드시 말 잘하는 이 아니니
두려움과 근심 없으며 착한 것을 지키면 지혜로운 이라 한다네.

이른바 장로는 나이를 먹어서만이 아니며
얼굴은 주름지고 머리는 희며 어리석음이 그치는 것이네.

진리를 마음에 품고 항상 자애롭고 인자하며
밝게 깨달아 맑고 청명하니 이를 장로라 한다네.

이른바 단정한 사람은 얼굴이 꽃과 같음이 아니고
탐욕과 질투와 꾸미는 말과 행동을 떠나는 것이네.

---

198 법구경 봉지품 제14게송.
199 법구경 봉지품 제15게송.
200 법구경 봉지품 제4게송.

능히 악함을 버리되 그 뿌리까지 확실하게 끊고
지혜롭고 성냄이 없어야 이를 단정한 이라고 한다네.

이른바 사문은 반드시 머리 깎은 이 아니니
거짓말하고 탐욕스럽고 욕망이 있으면 범부와 같다네.

능히 악함을 그치고 널리 널리 도를 홍포하며
마음을 쉬고 생각을 멸하면 이를 사문이라 한다네.

이른바 비구는 걸식을 지키는 것만이 아니니
삿된 행과 무엇을 바람과 이름을 구하는 것을 그치는 것이네.

죄업을 버리고 계율을 깨끗하게 닦으면
지혜는 능히 악함을 파괴하니 이를 비구라 한다네.

이른바 어질고 명철한 사람은 입으로 말하는 것이 아니니
마음씀이 정순하지 않고 밖을 좇는 것을 그치는 것이네.

마음에 함이 없어 안에서의 행이 맑고 깨끗하고
이것과 저것을 적멸하니 이를 어질고 명철한 이라 한다네.

이른바 도가 있는 사람은 한 물건만 구제하는 것이 아니고
두루 천하를 구제하지만 해로움도 없고 도도 없다네.

진리를 받들어 가지는 사람은 많은 말이 필요 없으니
비록 본디 적게 들었더라도 몸은 진리를 따라 행하고
도를 지켜 잊지 않으니 이를 진리를 받드는 이라 한다네.

 살차니건과 500제자는 부처님의 이 게송을 듣고 기뻐하며 깨달아 교만을 버리고 사문이 되었다. 살차니건은 부처를 이루겠다는 보리심을 일으켰고, 나머지 500제자는 아라한도를 증득하였다.

❀ 인간은 에베레스트 산을 가장 높게 여기지만, 개미는 작은 언덕을 가장 높은 산으로 여긴다. 그 이상의 높이는 볼 수도 분별할 수도 없기 때문이다. 바라문 살차니건은, 개미들이 작은 언덕을 가장 높은 산으로 여기듯, 자기의 알음알이를 교만하게 지녔다. 그러다 부처님을 만나 그 한계를 깨트린 것이다. 우리도 자기가 아는 적은 것을 절대라고 믿어 교만한 경우가 많다. 자기 세계를 깨지 않으면 더 높고 넓은 세계를 만나지 못한다.

제30 도행품道行品

● 도행품은 바른 길을 가는 중요한 요점을 설하고 있는데, 해탈의 도리가 가장 신묘神妙하다.

옛날에 한 바라문이 있었는데, 어려서 출가하여 도를 배웠으나 나이가 60살에 이르도록 도를 얻지 못하였다. 바라문법에는 60살이 되도록 도를 얻지 못하면 집으로 돌아와 부인을 맞아 가정을 이루어야 했다. 이후 남자아이를 낳았는데, 아주 단정하여 가히 사랑스러웠다. 아이가 7살에 이르러 글을 배우는데, 아주 총명하였고 또한 재주가 비상하여 말하는 것이 보통사람보다 월등히 나았다. 그런데 그 아이가 갑자기 중병에 걸려서 하룻밤 사이에 죽고 말았다. 바라문은 슬프고 애석한 마음 견딜 수 없어 아들의 시신 위에 엎드려 울며 기절하였다가 깨어나곤 하였다. 아이를 부둥켜안고 놓지 않는 바라문에게서 친척들이 시신을 빼앗아 관에 집어넣어 성 밖에 묻었다. 바라문은 이런 생각을 하였다.

'내가 지금 울고불고 하는 것은 아무 이익이 없구나. 염라대왕이 있는 곳을 찾아가서 내 아이의 목숨을 구해달라고 비는 것만 못한 일이다.'

이에 그는 목욕재계하고 꽃과 향을 가지고 집을 떠났고, 가는 곳마다 사람들에게 물었다.

"염라대왕이 다스리는 곳은 어디에 있습니까?"

그는 계속 사람들에게 물으며 수천 리를 가다 깊은 산중에 이르렀을 때에 득도한 바라문들을 만났다. 앞에서와 같이 묻자 오히려 바라문 수행자들이 질문하였다.

"그대는 염라대왕이 다스리는 곳을 묻는데, 무엇을 구하려고 하는가?"

그가 대답하였다.

"저에게는 아들 하나가 있었습니다. 지혜와 말재주가 남보다 뛰어났는데 갑자기 죽었습니다. 슬픔이 복받치고 고통스러운 것을 견딜 수가 없습니다. 염라대왕에게 빌어 아이의 목숨을 찾아 가지고 돌아와서 나의 늙음에 대비하고자 합니다."

바라문 수행자들은 그의 어리석음을 불쌍하게 여기면서 말하였다.

"염라대왕이 다스리는 곳은 살아있는 사람은 갈 수가 없다오. 그러나 방법을 알려주겠소. 이곳에서 서쪽으로 400여리를 가면 큰 하천이 있는데, 그 가운데 성이 있소. 그곳은 모든 천신들이 세간을 순찰하면서 하룻밤 쉬어 가는 곳이라오. 염라대왕은 매달 8일에 세간을 순찰하다가 반드시 이 성을 지나갈 것이오. 그대가 목욕재계하고 기다린다면 반드시 만날 수 있을 것이오."

그는 기뻐하면서 가르쳐 준 대로 길을 떠나서 그 하천에 이르렀다. 그곳에는 아주 훌륭한 성곽이 있었는데 궁전은 마치 도리천忉利天 같았다. 그는 성문에 이르러서 향을 사르고 서서 염라대왕을 만나기를 원하였다.

염라대왕은 문지기에게 그 사연을 묻게 하였고, 바라문이 말하였다.

"저는 늦게 아들 하나를 낳아서 늙음을 대비하고자 키웠는데 7살인 얼마 전에 죽었습니다. 오직 바라건대 대왕께서는 은혜를 베푸시어 제 아이의 목숨을 되돌려 보시해 주십시오."

염라대왕이 말하였다.

"아주 좋도다. 그대의 아이는 지금 동쪽 놀이동산에서 놀고 있으니, 가서 데리고 가시오."

그는 바로 가서 아들이 다른 아이들이 함께 놀고 있는 것을 보고, 즉시 나아가서 아들을 부둥켜안고 울면서 말하였다.

"나는 밤낮으로 너를 생각하느라 먹고 자는 것도 달갑지 않았는데, 너는 어찌 부모의 고통을 생각하지 않느냐?"

어린아이는 깜짝 놀라면서 도리어 꾸짖으며 말하였다.

"어리석은 노인장이 도리를 전혀 모르는군요. 7년 동안 잠시 머물러 있던 것으로 자식이라고 하는군요. 허망한 말을 하지 말고 빨리 돌아가세요. 지금 나는 이곳에 부모님이 있습니다. 만나자마자 불편하게 왜 껴안습니까?"

늙은 바라문은 실망하여 슬피 울면서 돌아와 생각하였다.

'내가 들으니 구담(고타마)사문이 인간의 영혼과 정신이 변화하는 도리를 안다고 하였다. 가서 물어 보아야겠다.'

이에 그는 곧장 되돌아 부처님 계시는 곳으로 갔으며, 그때 부처님께서는 사위성 기원정사에서 대중들을 위하여 설법하고 계셨다. 늙은 바라문은 부처님을 뵈옵고 머리를 조아리며 예를 갖추고는 자초지종을 부처님께 말씀드렸다.

"그 아이는 실제로 제 아들이었는데, 저를 보고도 인정하지 않았습니다. 도리어 저에게 어리석은 노인장이라고 하고, 잠시 맡겨 머문 자기를 자식이라고 한다고 하며, 부자의 정이 없으니 어떤 인연으로 이러합니까?"

부처님께서 그에게 말씀하셨다.

"참으로 어리석구나. 사람은 죽으면 영혼이 그 몸을 떠나 곧 다시 새로운 몸을 받게 된다. 부모와 아내와 자식의 인연으로 모여 사는 것은, 비유하자면 여관에 머문 손님이 아침에 일어나 떠나 흩어지는 것과 같은 것인데, 어리석고 미혹하고 속박되어 자기 것이라고 생각하고 집착하는 것이다. 우비고뇌憂悲苦惱의 근본을 알지 못하니 생사에 빠져서 윤회를 그치지 못하는 것이다. 그러나 지혜로운 사람은 은애恩愛를 탐하지 않고, 괴로움을 깨달아 습習을 버리고 부지런히 법과 계율을 수행하여 알음알이를 버리고 나고 죽음을 끝낸다."

이어서 부처님께서 게송으로 말씀하셨다.

人營妻子不觀病法　死命卒至如水湍驟[201]
인 영 처 자 불 관 병 법　사 명 졸 지 여 수 단 취

父子不救餘親何望　命盡怙親如盲守錠[202]
부 자 불 구 여 친 하 망　명 진 호 친 여 맹 수 정

慧解是意可修經戒　仂行度世一切除苦[203]
혜 해 시 의 가 수 경 계　륵 행 도 세 일 체 제 고

遠離諸淵如風却雲　已滅思想是爲知見[204]
원 리 제 연 여 풍 각 운　이 멸 사 상 시 위 지 견

智爲世長憺樂無爲　如受正敎生死得盡[205]
지 위 세 장 담 락 무 위　여 수 정 교 생 사 득 진

사람이 처자식을 이끌면서 괴로움의 진리를 보지 못하면
죽음이 갑자기 닥칠 때 물이 빠르게 덮치는 것과 같다네.

부모 자식도 구제하지 못하는데 어찌 다른 친척들에게 바라랴.
목숨이 다할 때 친척을 믿음은 맹인이 제기를 지키는 것과 같다네.

지혜로운 이는 그 뜻을 알아 법과 계율을 닦고
힘써 행하여 세상을 제도하고 일체 괴로움을 없앤다네.

---

201 법구경 도행품 제14게송.
202 법구경 도행품 제15게송.
203 법구경 도행품 제16게송.
204 법구경 도행품 제17게송.
205 법구경 도행품 제18게송.

모든 연못 멀리 떠남이 바람이 구름을 몰아내는 것 같나니
이미 온갖 생각과 망상을 멸하니 이를 지견이라 한다네.

지혜는 세상의 으뜸이니 편안히 즐기고 함이 없으면
바른 가르침을 받는 것과 같아 나고 죽음 다하게 된다네.

바라문은 이 게송을 듣고 홀연 뜻을 이해하였고, 생명은 무상하며 처자식이 모두 손님과 같음을 알았다. 그리고 머리를 조아려 모든 것을 바쳐 사문이 되기를 원하였다.
　부처님께서 말씀하셨다.
　"착하도다."
　그는 수염과 머리카락이 저절로 떨어지고 몸에 법의法衣가 입혀져 즉시 비구가 되었으며, 게송의 의미를 생각하면서 애욕을 없애고 생각도 끊더니 그 자리에서 바로 아라한도를 이루었다.

❇ 우리나라 사람들의 자식사랑은 유별나다 못해 심각한 사회문제로 대두되고 있다. 오로지 내 자식을 위해서 이 세상이 돌아간다는 듯 여기며 자식에 눈 먼 부모들이 너무도 많다. 시부모님이 오면 소독제로 손을 씻은 다음에야 아기를 안아보게 하는 며느리가 있다는 이야기까지 들린다. 치맛바람은 애교 수준이고, 이제는 이른바 헬리콥터 맘까지 등장하였다. 하지만 과도한 집착은 자식을 망치는 길일 뿐만 아니라 자신까지도 망치는 길이다. 모든 인연은 잠시 머물다 가는 무상한 것임을 알아 집착에서 벗어나야 한다.

제31 광연품廣衍品

◉ 광廣은 넓다는 뜻이고 연衍은 넘친다는 뜻이다. 작은 빗방울들이 모여 강이 범람하듯, 모든 선과 악은 작은 것이 쌓여 큰 것이 되며, 한 문장 한 게송의 가르침이 모여 깨달음으로 이끈다.

부처님께서 사위국에 계시면서 설법 교화하실 때 천, 용, 귀신, 제왕, 백성들이 삼시(三時; 인도에서 하루를 여섯으로 나누었는데, 낮의 삼시와 밤의 삼시다. 여기서는 낮의 삼시)에 와서 가르침을 들었다.

그때 국왕의 이름은 파사익이었는데, 사람 됨됨이가 교만하고 정욕情欲에 빠져 방탕하게 살고 있었다. 눈은 색에 미혹되었고, 귀는 소리에 혼란하였으며, 코는 향기로운 냄새에 집착하였고, 입은 다섯 가지 맛을 즐겼으며, 몸은 매끈매끈한 것만을 받아들였다.

입맛이 아주 까다로워 어느 음식에도 만족하지 않았으며, 식사를 마치고도 군것질을 많이 하고 항상 배가 고프다고 하였다. 그래서 왕궁의 주방은 늘 열려 있었으며 항상 먹는 것을 일상으로 삼고 있었다. 그러니 살이 쪄서 마차에 혼자 올라갈 수도 없고, 누웠다가 일어나면 호흡은 가쁘고 숨이 차 고통스러웠다. 잠을 잘 때는 기도가 막혀 숨이 끊어졌다가 시간이 지난 뒤 놀라서 깨어났으며, 앉아 있거나 누워 있을 때에는 항상 신음하며 몸이 고통스럽게 무거웠는데, 심지어 옆으로 돌아눕는데도 고통이 뒤따랐다.

어느 날 왕은 수레를 타고 부처님 계시는 곳에 가서 시종의 부축을 받으며 문안을 올리고 물러나 앉아 합장하고 부처님께 여쭈었다.

"세존이시여! 자주 뵈옵고 여쭙고자 하였으나 이곳까지 올 수가 없었습니다. 어떤 죄가 있길래 몸이 이렇게 스스로 살이 찌는지 알지 못하여 매양 걱정만 하고 있습니다. 그래서 자주 뵙고 예를 올리지 못하였습니다."

부처님께서 왕에게 말씀하셨다.

"사람에게 다섯 가지 일이 있어 사람을 살찌게 합니다.

첫째는 자주 먹는 것이며,

둘째는 잠자는 것을 즐기는 것이며,

셋째는 거만한 것을 즐기는 것이며,

넷째는 근심이 없는 것이며,

다섯째는 일이 없는 것입니다.

이 다섯 가지를 좋아하면 사람이 살찌게 됩니다. 만약에 살찌기를 바라지 않는다면 음식을 거칠고 마르게 하여 끊으십시오. 그러면 날씬해질 것입니다."

이어서 세존께서는 게송으로 말씀하셨다.

人當有念意 每食知自少 從是痛用薄 節消而保壽[206]
인당유념의　매식지자소　종시통용박　절소이보수

사람은 응당 유념하여 생각해야 하니
매번 식사 때 스스로 적게 먹을 줄 알아야 한다네.
이로부터 고통이 줄어들게 되니
절제하여 먹으면 목숨을 보전한다네.

왕은 이 게송을 듣고 한량없이 기뻤고, 곧 요리사를 불러 말하였다.
"이 게송을 외웠다가 식사할 때에 먼저 나를 위하여 이 게송을 말하고 식사를 하게 하여라."
왕은 부처님께 인사드리고 궁으로 돌아갔으며, 요리사는 음식을 내올 때마다 이 게송을 설하였다.
왕은 이 게송을 듣고 기뻐하면서 매일 한 수저씩 줄였고, 차츰 먹는 것이 적어지면서 몸이 가벼워져 예전처럼 날씬해졌다.
왕은 이와 좋아진 것을 기뻐하면서 부처님을 생각하였고, 곧장 부처님 처소까지 걸어가서 예를 갖추었다.
부처님께서는 앉으라고 하시고는 왕에게 물으셨다.
"마차와 따르는 사람은 어디에 두고 이렇게 걸어서 오셨습니까?"
왕은 기뻐하며 말하였다.

---

[206] 법구경 광연품 제10게송.

"이전에 부처님을 뵙고 가르침을 얻어 법답게 봉행奉行하였더니 지금과 같이 몸이 가벼워졌고, 이는 세존의 힘입니다. 이에 걸어오면서 어떻게 되었는지 알아본 것입니다."

부처님께서 왕에게 말씀하셨다.

"세상 사람들이 이와 같아서 모든 것이 변하는 무상을 알지 못하고, 몸의 정욕을 기르느라 복을 짓는 것은 생각지도 않습니다. 사람이 죽으면 정신은 사라지고 몸은 무덤에 있게 됩니다. 지혜 있는 사람은 정신을 기르고 어리석은 사람은 몸을 기릅니다. 이것을 이해하였다면 성스러운 가르침을 받들어 수행하십시오."

부처님께서 거듭하여 게송을 말씀하셨다.

人之無聞 老如特牛 但長肌肥 無有智慧[207]
인 지 무 문　노 여 특 우　단 장 기 비　무 유 지 혜

生死無聊 往來艱難 意倚貪身 更苦無端[208]
생 사 무 료　왕 래 간 난　의 의 탐 신　갱 고 무 단

慧人見苦 是以捨身 滅意斷欲 愛盡無生[209]
혜 인 견 고　시 이 사 신　멸 의 단 욕　애 진 무 생

사람이 듣고 배운 것이 없으면

나이 들어도 황소와 같아

단지 살만 비대해져서

---

207 법구경 노모품 제7게송.
208 법구경 노모품 제8게송.
209 법구경 노모품 제9게송.

지혜가 없다네.

나고 죽는 일 즐겁지 않고
가고 오는 일 힘들고 어렵지만
마음이 몸뚱이를 탐하고 의지해
괴로움이 끝이 없다네.

지혜 있는 사람은 고통을 보아
그것으로 말미암아 몸을 버리며
생각을 없애고 욕망을 끊고
애욕이 다하여 태어남 없다네.

왕은 거듭 이 게송을 듣고 기뻐하며 뜻을 이해하고는 위없이 바르고 진실한 도의 마음을 내었고, 함께 들은 사람들 모두 법안法眼을 얻었다.

❈ 불과 3~40년 전만 해도 먹을 게 부족했었는데, 지금은 너무 과해서 문제다. 비만이 단순히 개인의 건강문제를 넘어 사회문제로까지 되었지만, 방송에서는 먹방이 넘쳐난다. 먹어서 찌우고, 찌운 살을 빼느라 고생이다. 그야말로 악순환이다. 건강한 육체에 건강한 정신이 깃들 수 있다. 부처님께서 말씀하신 살찌는 원인을 살펴 건강한 몸을 가꾸어 가자. 그런 면에서 '절'은 매우 유용한 방편이다. 매일 "나무아미타불 관세음보살" 하며 절을 하면 수행도 되고 스트레스도

사라지고 몸도 건강해지는 일석삼조一石三鳥의 효과를 얻을 수 있을 것이다.

제32 지옥품地獄品

◉ 악을 행하면 악한 과보를 받아 고통을 받는다. 진리의 근본에서 벗어나는 어긋난 행동은 죄악이므로, 진리를 성찰하여 죄를 짓지 않아야 한다.

첫째 이야기

옛날 사위국에 부란가섭富蘭迦葉이라는 이름의 바라문 스승이 있었다. 그는 늘 500명의 제자가 함께 따라 다녔으며 국왕과 백성들이 모두 받들어 모셨다.

부처님께서 처음 도를 얻으시고 제자들과 함께 마가다국에서 사위국에 이르실 때, 몸은 상서로운 빛이 늘 감싸고 있었고 바른 가르침은 넓고 훌륭하였으므로 국왕과 대신들과 백성들이 받들고 존경하지 않는 사람이 없었다.

그러자 부란가섭은 질투하는 마음이 일어나 부처님을 무너뜨리고 혼자만 존경받기를 바랐으며, 바로 제자들을 거느리고 가서 파사익왕을 보고 말하였다.

"저희들 장로는 먼저 공부를 한 이 나라의 오랜 스승이었습니다. 구담(고타마)사문은 뒤에 태어나 도를 구하였으나 실제로는 신령하고 성스러움이 없는데도 스스로 부처라고 하고 있습니다. 그런데 왕께서는 저희를 버리고 오직 부처만을 받들려고 하고 있습니다. 지금 부처와 함께 도덕을 겨루어서 누가 뛰어난지 알고자 합니다. 왕께서는 이기는 자를 바로 종신토록 받들기를 바랍니다."

왕이 말하였다.

"매우 좋습니다."

왕은 바로 가마를 타고 부처님 계시는 곳에 가서 예를 갖추고 여쭈었다.

"부란가섭이 세존과 도력道力을 겨루고 신통변화를 보이려고 하는데, 세존이시여, 허락하시겠는지요?"

부처님께서 말씀하셨다.

"좋습니다. 7일 후로 기일을 정하여 신통변화를 겨루도록 하겠습니다."

왕은 성의 동쪽 넓고 좋은 평평한 땅에 2개의 높은 좌석을 세웠는데, 높이는 40장丈이고 칠보로 장엄하게 꾸몄으며 당번을 설치하고 좌석을 정리하였다. 두 좌석 사이의 거리는 2리里였는데, 양쪽 제자들이 제각기 그 아래에 앉았다. 국왕과 신하들과 대중들이 구름처럼 모여들어 두 사람이 신통변화를 겨루는 것을 보고자 하였다.

그때 부란가섭이 제자들과 함께 먼저 도착하여 높은 좌대 위로 올라갔다. 이때에 반사般師라는 이름의 귀신의 왕이 부란가섭과 그 제자들의 허망한 질투심을 보고 큰 바람을 일으켜서 그 높은 자리를 몰아쳤다. 방석들이 뒤집히고 당번幢幡은 날아가고 모래와 자갈이 날려서 눈을 뜰 수가 없었다.

그러나 부처님의 높은 자리는 조금도 흔들리지 않았다. 부처님께서 대중들과 함께 의젓하고 질서있게 오셔서 홀연히 높은 좌석 위로 올라가셨고, 대중들 모두는 조용히 차례대로 앉았다. 왕과 신하들은 존경심이 더욱 깊어져서 머리를 조아리고 부처님께 여쭈었다.

"원하옵건대 신통변화를 나타내시어 삿된 견해를 굴복시키시고, 또한 백성들로 하여금 명철하게 바르고 진실한 것을 믿게 하여 주십시오."

이에 부처님께서는 자리에서 홀연히 사라지더니 바로 허공에 나타나셔서 큰 광명을 일으키셨으며, 동쪽에 나타나셨다 사라져 서쪽에 드러내시며, 이렇게 사방에 이런 변화를 보이시고, 몸에서 물과 불이 나오고 위아래가 서로 뒤바뀌기도 하였다. 공중에서 앉고 눕고 하는 12가지 변화가 일어났으며, 몸이 없어져서 나타나지 않다가도 돌아보면 좌석 위에 앉아 계셨다. 천룡과 귀신들이 꽃과 향기를 공양하며 찬양하는 소리가 천지를 진동하였다.

부란가섭은 스스로 도가 없음을 깨닫고 머리를 숙이고 부끄러워하며 눈을 들고 보지 못하였다.

이때 금강역사가 금강저를 들고 나타나 금강저 꼭대기에 불을 일으켜 가섭에게 견주며 말하였다.

"어찌하여 그대는 신통변화를 일으키지 않는가?"

가섭은 몹시 두렵고 놀라 황급히 자리를 박차고 도망가 버렸고, 500명의 제자들도 파도처럼 흩어져 달아나 버렸다.

그러나 부처님의 태도와 얼굴에는 기뻐하거나 슬퍼하는 기색 없이 기원정사로 돌아가셨으며, 국왕과 군신들도 기뻐하면서 부처님께 예를 올리고 물러갔다.

한편 부란가섭과 제자들은 치욕을 받고 가다가 도중에 늙은 우바이를 만났는데, 이름은 마니摩尼로, 꾸짖어 말하였다.

"그대들 모두는 어리석어서 스스로 능력을 헤아리지 못하고 부처님과 도덕을 겨루려 하였으니, 어리석고 뻔뻔하면서도 부끄러운 줄 모르는구나. 어찌 그런 얼굴로 세상을 돌아다닐 수가 있겠는가."

부란가섭은 제자들에게 부끄러웠으나 강가에 이르자 제자들을 속여 말하였다.

"내가 지금 강물에 뛰어 들어 죽으면 반드시 범천에 태어날 것이다. 만약 내가 돌아오지 않으면 그곳에서 즐거움을 누리고 있다고 알라."

제자들은 강물에 뛰어든 스승을 기다렸지만 돌아오지 않자 함께 의논하여 말하였다.

"스승님께서 틀림없이 범천에 올라가셨는데, 우리들은 지금 왜 여기에 있어야 하는가?"

제자들은 한 사람 한 사람 강물에 몸을 던지며 응당 스승을 따르기를 원하였지만, 죄업에 이끌려 모두 지옥에 떨어지는 것을 알지 못하였다.

뒤에 국왕이 이와 같은 사연을 듣고 매우 놀랍고 괴이하여 부처님을 찾아뵙고 여쭈었다.

"부란가섭과 그 무리들은 어떤 인연으로 그렇게 미혹하고 우매한 것입니까?"

부처님께서 왕에게 말씀하셨다.

"부란가섭과 그 무리들의 무거운 죄는 두 가지가 있습니다. 첫째는 삼독三毒이 치성하면서도 스스로 도를 얻었다고 칭하였으며, 둘째는 여래를 비방하고 헐뜯어서 공경과 섬김 받기를 바란 것이니, 이 두 가지 죄로 인하여 지옥에 떨어졌습니다. 재앙이 재촉하고 핍박하여 강물에 떨어지게 한 것이니, 몸은 죽으나 정신은 가서 한량없는 고통을 받습니다.

그러므로 지혜 있는 사람은 그 마음을 지키어 다잡고, 안으로 악한 생각을 일으키지 않아 밖으로부터 죄가 이르지 않게 합니다. 비유하면 국경의 성이 적과 연속하여 접하고 있는데, 수비가 견고하면 두려움과 근심이 없어져서 안에 있는 사람은 안은하며 밖에서 도적들이 들어오지 못하는 것과 같습니다. 지혜 있는 사람이 스스로를 보호하는 것 역시 이와 같습니다."

이어서 부처님께서 게송으로 말씀하셨다.

妄證求賂行己不正　　怨譖良人以枉治世　　罪牽斯人自投於
망 증 구 뢰 행 이 불 정　　원 참 양 인 이 왕 치 세　　죄 견 사 인 자 투 어

坑[210]
갱

如備邊城中外牢固　自守其心非法不生　行缺致憂令墮地
여비변성중외뢰고　자수기심비법불생　행결치우령타지

獄[211]
옥

거짓 증득으로 재물을 구하고 행동이 이미 바르지 못하며
선량한 사람을 미워하고 모함하며 바르지 못하게 세상을 다스리면
죄가 이 사람을 끌어당겨 스스로 구덩이에 떨어진다네.

변방의 성을 방비할 때 안과 밖을 견고히 하는 것처럼
그 마음을 스스로 지키면 법 아닌 것이 생기지 않나니
행함에 흠이 있으면 근심이 와 지옥에 떨어지게 한다네.

부처님께서는 게송을 마치시고 거듭 왕에게 말씀하셨다.
"까마득한 옛날에 2마리의 원숭이 왕이 있었는데, 각기 500마리의 원숭이를 거느리고 있었습니다. 그런데 한 왕이 질투심이 일어나 다른 왕을 죽이고 혼자 모두를 통치하려고 가서 싸웠으나 번번이 뜻대로 되지 않자 몹시 부끄러워 물러나 큰 바닷가에 이르렀습니다. 바다가 굽이치는 가운데 바람이 세차게 불어 파도의 거품이 모인 것이 수백 장 높이로 쌓였습니다. 어리석은 원숭이 왕은 이를 설산雪山이라고 여기고 따르는 무리들에게 말하였습니다.

---

210 법구경 지옥품 제11게송.
211 법구경 지옥품 제12게송.

'예전에 듣기를, 바다 가운데 설산이 있는데, 그곳은 아주 즐거우며 달콤한 과실을 마음껏 먹을 수 있다고 했는데 오늘 비로소 보았다. 내가 당장 먼저 가서 보되, 만약 즐거우면 다시 돌아오지 않을 것이고, 즐겁지 않으면 응당 돌아와서 너희들에게 말하겠다.'

원숭이 왕은 나무 위로 힘을 다하여 올라갔다가 거품 속에 뛰어들었고 바다 밑바닥에 빠져 죽었습니다. 나머지 원숭이들은 나오지 않자 이상했지만 필시 큰 즐거움이 있으리라고 여겨 한 마리 한 마리 거품 속으로 떨어져 익사하였습니다."

부처님께서 왕에게 말씀하셨다.

"그때 질투한 원숭이 왕은 지금 부란가섭이고, 그 무리들은 지금 부란가섭의 500제자입니다. 다른 한 원숭이 왕은 바로 나의 몸입니다. 부란가섭은 전생에 질투심을 가지고 스스로 끌어당겨 거품에 뛰어들게 하여 무리가 끊어지고 종자가 단절되는 죄를 지었습니다. 지금 다시 비방하여 모두 강에 뛰어들었으니, 죄의 대가는 겁이 지나도 끝이 없을 것입니다."

왕은 부처님 말씀을 듣고 믿고 이해하였으며, 예를 올리고 물러갔다.

❋ 질투는 대개 열등감에서 비롯된다고 한다. 질투가 문제되는 것은 마음에 증오가 생기고 나중에는 어리석은 행동을 하기 때문이다. 부란가섭과 그의 전생인 어리석은 원숭이 왕이 그러했다. 남이 뛰어나면 박수를 쳐주자. 그리고 자신도 그렇게 되도록 노력하는 것이 정도다.

둘째 이야기

옛날에 일곱 비구가 있어 산에 들어가 도를 공부하였으나 12년 지나도록 도를 얻지 못하였다. 그러자 그들은 서로 의논하며 말하였다.

"도를 공부하는 것은 매우 어렵구나. 몸이 망가지면서도 절개를 지키지만 추위와 고통을 피할 길 없고, 죽을 때까지 탁발로 빌어먹으니 그 모욕을 받는 것도 이제 견디기가 어렵구나. 도는 갑자기 얻기 어렵고 죄도 없애기 어려운데, 되지도 않게 애쓰다가 산속에서 목숨을 마치겠구나. 집에 돌아가 부인을 얻고 자식을 키우면서 가문을 일으켜 이익 되는 일을 하며 즐겁게 사는 것만 같지 못하겠구나. 그 뒤에 올 일을 어찌 알겠는가?"

일곱 비구는 바로 일어나서 산을 내려갔다.

부처님께서는 멀리서 그들이 제도될 수 있음을 아셨고, 적은 고통을 참지 못하고 결국 지옥에 떨어질 것을 아주 가엾게 여기셨다.

부처님께서는 스님으로 변화하시어 산 입구에 이르러 일곱 비구를 만나셨다.

변화한 사문(부처님)이 물어보았다.

"오랫동안 도를 배워왔는데 어째서 하산하시려고 합니까?"

일곱 비구는 이구동성으로 대답하였다.

"도를 배우고자 고통을 참으면서 노력하였으나 죄의 근원은 없애기가 어려웠고, 문전마다 걸식하며 빌어먹으며 받는 모욕은 참기가 어려웠습니다. 또한 이 산중에는 공양하는 사람이 없어 형편없이 오랜 세월을 검소하고 절약하면서 지냈습니다. 하지만 스스로 곤궁하고 고통스러울 뿐 도를 얻지 못하였습니다. 우선 집으로 돌아가 가정에 널리 이익 되는 일을 구하여 큰 재산을 모은 후에 늙으면 도를 구하고자 합니다."

변화한 사문이 말하였다.

"그만 말을 거두시고 내 말을 들어보시오. 사람의 목숨은 무상無常하여 아침에 살아 있다고 저녁까지 보존하기 어렵습니다. 도를 공부하는 것이 비록 어렵다고 하여도 지금의 고통은 후에 즐거움이 됩니다. 가정을 꾸미는 것은 힘들고 고생스러워 억겁이 지나도 그치지 않으며, 처자식이 모여서 함께 편안하길 바라고 영원한 안락安樂을 원하지만 환란을 면할 수는 없는 것입니다. 이것은 병을 치료하는데 독을 먹는 것과 같아서, 병이 나아지는 것이 없어 손해만 입게 되는 것입니다. 삼계(三界; 욕계, 색계, 무색계)에 형체가 있는 것은 모두 근심과 고뇌가 있으며, 오직 믿음과 계율을 지니고 방일하는 생각이 없으며 정진하여 도를 얻으면 모든 고통에서 영원히 벗어나게 됩니다."

변화한 사문이 원래 부처님의 모습을 보이시니, 그 빛나는 모양은 높고 컸고, 바로 게송을 말씀하셨다.

學難捨罪難　居在家亦難　會止同利難　艱難無過有 [212]
학 난 사 죄 난　거 재 가 역 난　회 지 동 이 난　간 난 무 과 유

比丘乞求難　何可不自勉　精進得自然　終無欲於人 [213]
비 구 걸 구 난　하 가 불 자 면　정 진 득 자 연　종 무 욕 어 인

---

212 법구경 광연품 제11게송.
213 법구경 광연품 제12게송.

有信則戒成　從戒多致寶　亦從得諧偶　在所見供養[214]
유신즉계성　종계다치보　역종득해우　재소견공양

一坐一處臥　一行不放姿　守一以正心　心樂居樹間[215]
일좌일처와　일행불방자　수일이정심　심락거수간

배우기 어렵고 죄 버리기 어려우며
가정을 꾸려 사는 것 또한 어렵고
모였으나 같은 이익 그쳐 어렵나니
힘들고 어려움이 이를 초월하는 것 없다네.

비구가 걸식하기 어려우면
어찌 스스로 힘쓰지 않는가.
정진하면 자연히 얻으리니
마침내 남에게 바랄 게 없다네.

믿음이 있으면 곧 계율을 성취하고
계율을 좇으면 많은 보배 얻으리니
또한 계율을 좇으면 적합한 짝을 얻고
가는 곳마다 공양을 받는다네.

한 번 앉고 한 번 눕더라도
하나의 행동도 방종하지 말며

214　법구경 광연품 제13게송.
215　법구경 광연품 제14게송.

바른 마음으로 한결같이 지키면
숲속에 살아도 마음이 즐겁다네.

일곱 비구는 부처님 모습을 뵙고 이 게송을 듣자 부끄럽고 두려움에 떨면서 오체투지하며 부처님 발에 머리를 숙였다. 또한 마음을 가다듬고 죄를 뉘우치고 예를 갖추고 부처님 곁을 떠났다. 그들은 다시 산 속으로 들어가서 죽을 때까지 정진하였는데, 이 게송의 의미를 생각하면서 오로지 바른 마음을 지키며 한가로이 살면서 적멸寂滅에 들어 아라한도를 얻었다.

❀자기를 없애는 공부가 부처님 공부다. 우리는 무상無常을 알아야 가짜인 자아自我에 속지 않고 바르게 나갈 수 있다. 비구比丘란 빌어먹는 거지를 뜻하는 산스크리트 비쿠bhikku에서 나왔다. 일곱 비구는 자존심 때문에 계율에 따라 탁발하는 걸 모욕으로 느꼈다. 이미 근본에서 멀어진 것이다.

제33 상유품象喩品

◉ 상유품은 사람들에게 몸을 바르게 할 것을 가르친 것으로, 선을 행하면 선한 과보와 복된 과보를 받아 사람을 행복하게 해주는 진리를 말하고 있다.

첫째 이야기

라홀라(羅候羅, Rahula)가 깨달음을 얻지 못하였을 때에는 심성이 거칠고 사나웠으며 말에는 진실한 믿음이 적었다. 부처님께서 라홀라에게 꾸짖어 말씀하셨다.

"너는 현제정사賢提精舍에 가서 머물면서 입을 지키고 생각을 다잡으며 부지런히 법과 계율을 수행하라."

라홀라는 가르침을 받들고 예를 갖추고는 떠나갔다. 그리고 현제정사에서 90일 간을 머물면서 부끄러워하면서 스스로 뉘우치는 것을 밤낮으로 그치지 않았다. 부처님께서 이를 보러 오시자 라훌라는 기뻐하면서 부처님께 예를 갖추고는 평상을 펴고 의복을 받아들었다. 부처님께서는 평상에 앉아서 라훌라에게 말씀하셨다.

"대야에 물을 받아서 내 발을 씻겨다오."

라훌라는 말씀을 받들어 부처님의 발을 씻어드렸다. 발을 씻게 한 후 부처님께서는 라훌라에게 말씀하셨다.

"너는 대야 속의 발 씻은 물이 보이느냐?"

라훌라가 말하였다.

"네, 보입니다."

부처님께서 말씀하셨다.

"너는 이 물을 먹거나 손을 씻고 양치질로 사용할 수 있겠느냐?"

라훌라가 대답하였다.

"다시 사용할 수 없습니다. 왜냐하면, 이 물은 본래 실로 깨끗하였으나 지금은 발을 씻어서 더러워졌습니다. 그러므로 다시 사용할 수 없습니다."

부처님께서 라훌라에게 말씀하셨다.

"너도 또한 이와 같다. 비록 나의 자식이고 국왕의 손자이지만 세상의 영화로운 복을 버리고 사문이 되었으니, 정진하여 몸을 다스리고 입을 지키는 것을 생각하지 않는다면, 삼독의 죄악들이 늘 가슴에 품어져 있는 것이니, 이것은 이 물과 같아서 다시 쓸 수가 없는 것이다."

부처님께서 말씀하셨다.

"대야의 발 씻은 물을 버려라."

라훌라는 바로 대야의 물을 버렸고, 부처님께서 라훌라에게 말씀하셨다.

"발 씻은 대야가 비록 비었다고 하더라도 음식을 담는 데 사용할 수 있겠느냐?"

라훌라가 대답하였다.

"사용할 수가 없습니다. 왜냐하면 발 씻은 대야로 사용하여 이미 더러워졌기 때문입니다."

부처님께서 라훌라에게 말씀하셨다.

"너도 또한 이와 같다. 비록 사문이 되었지만 입은 진실함과 믿음이 없고, 심성은 억세고 정진을 생각지 않아 일찍부터 나쁜 평판을 받았으니, 저 발 씻은 대야에 음식을 담을 수 없는 것과 같다."

말씀을 마치고 부처님께서 발로 대야를 걷어차자, 대야는 몇 차례 뒹굴다가 멈추었다.

부처님께서 라훌라에게 말씀하셨다.

"너는 저 대야를 아까워하며 부서졌을까 걱정하였느냐?"

라훌라가 부처님께 대답하였다.

"손발을 씻는 그릇이고 값싼 물건이어서, 비록 조금 아까웠지만 크게 마음 쓰지 않았습니다."

부처님께서 라훌라에게 말씀하셨다.

"너도 또한 이와 같다. 너는 사문이 되었지만 몸을 다잡지 않고 입은 거친 말과 나쁜 욕설로 상처를 많이 주었으므로 대중들이 사랑하지 않고 지혜로운 이들이 아끼지 않는다. 몸이 죽으면 정신은 떠나 삼도(三途; 지옥, 아귀, 축생)를 유전하리니 스스로 나고 죽는 고통과 괴로움은 끝이 없을 것이다. 모든 부처님과 성현들이 애착하거나 애석해하지 않는다. 이는 네가 발 씻은 대야를 아까워하지 않는다고 말한 것과 같다."

라훌라는 부처님 말씀을 듣고는 부끄럽고 두려워 마음이 떨렸다.

부처님께서 라훌라에게 말씀하셨다.

"내가 비유로 말할 것이니 너는 잘 들어라.

옛적에 어느 국왕에게 커다란 코끼리 한 마리가 있었는데, 용맹스러우면서도 영리하여 꾀로서 싸우는데 그 힘이 약한 코끼리 500마리를 이기고도 남았다. 왕은 군사를 일으켜 적국을 정벌하고자 코끼리에게 철로 된 갑옷을 입히고 코끼리를 다루는 병사에게 몰게 하였다. 쌍으로 된 창을 코끼리의 두 어금니에 매달고, 다시 칼 두 자루를 코끼리의 두 큰 귀에 잡아 묶고, 기둥 같은 네 다리에는 갈고리처럼 휘어진 칼을 달고, 꼬리에는 쇠몽둥이를 달아서 휘두르게 하였다. 코끼리의 이런 아홉 가지 무기는 아주 예리하였다. 그러나 코끼리는 긴 코만큼은 열심히 보호하면서 싸우는 데에 사용하지 않았다. 코끼리를 모는 병사는 코끼리가 몸의 급소를 보호하는 것을 알고 기뻐하였다. 왜냐하면 코끼리의 코는 아주 연약하여 화살에 맞게 되면 바로 죽기 때문에 코를 내밀지 않고 싸우는 것이었다. 그런데 싸움이 오래되자 코끼리가 코를 내밀어서 칼을 달라고 하였지만 병사는 칼을 주지 않으며 생각하길, '이 용맹스러운 코끼리가 자기 몸과 생명을 아끼지 않는구나.' 코를 내밀어서 칼을 찾는 것은 코끝에 매달고자 하는 것이었으나, 왕과 신하들은 이 큰 코끼리를 아꼈으므로 다시 싸우지 않게 하였다."

부처님께서 이어서 라훌라에게 말씀하셨다.

"사람이 9가지 악을 범하더라도 오직 입만은 보호해야 한다. 저 큰 코끼리가 코를 보호하면서 코로 싸우지 않는 것과 같다. 왜냐하면 코에 화살을 맞아서 죽는 것이 두렵기 때문이다. 사람들도 이와 같아서 입을 보호하는 까닭은 당연히 삼도 지옥의 고통을 두려워하기 때문이다. 열 가지 악을 모두 범하고 입을 보호하지 않는 것은, 이 큰 코끼리와 같이 몸과 생명이 상하더라도 화살에 맞을 것을 생각하지 않고 코를 내밀어서 싸우는 것과 같다. 사람도 이와 같아서 열 가지 악을 범하는 것은 삼도의 쓰디쓴 고통을 생각하지 않는 것이다. 몸과 말과 뜻을 잘 섭수하여 열 가지 선善을 행하고 모든 악을 범하지 않으면 바로 도를 얻어 삼도三途를 멀리 여의고 생사의 근심이 없어지게 된다."

이어서 게송으로 말씀하셨다.

我如象鬪　不恐中箭　常以誠信　度無戒人[216]
아 여 상 투　불 공 중 전　상 이 성 신　도 무 계 인

譬象調伏　可中王乘　調爲尊人　乃受誠信[217]
비 상 조 복　가 중 왕 승　조 위 존 인　내 수 성 신

나는 싸움에 나간 코끼리가
화살을 맞는 것을 두려워하지 않듯이
항상 정성과 믿음으로
계율이 없는 사람을 제도한다네.

216　법구경 상유품 제1게송.
217　법구경 상유품 제2게송.

예컨대 잘 조복된 코끼리가
왕이 타기에 적당하듯
조복하여 존귀한 사람이 되면
이내 정성과 믿음 받는다네.

라홀라는 부처님의 간절하고 가슴 저리는 가르침을 듣고 감격하여 부처님 말씀을 뼈에 새겨 잊지 않고 정진하여 성품이 온화하고 부드러워져 인욕하니 마치 땅과 같았다. 또한 모든 분별과 생각이 사라지고 마음이 고요하여 바로 아라한도를 이루었다.

❀ 라홀라는 부처님의 육신의 아들이다. 어린 나이에 출가하여 사미가 된 라홀라는 철이 덜 들었다. 승단에는 아난존자를 비롯한 석가족 일곱 왕자들이 출가해 있었고, 할머니 마하파자파티까지 있었으며, 모든 제자들이 아버지인 부처님을 믿고 따르니 장난끼를 넘어 자신도 모르게 우쭐해지고 교만해졌을 것이다. 때로는 부처님을 친견하러 온 사람들에게 부처님이 계시는데도 안 계신다고 거짓말하여 헛걸음을 하게 하였다. 당연히 비판과 비난의 목소리가 높아졌다. 그러자 부처님께서 라홀라에게 이렇게 따끔한 가르침을 보이신 것이다.

둘째 이야기

부처님께서 사위성 기원정사에 계시면서 사부대중과 천룡과 귀신, 왕과 신하와 백성들을 위하여 큰 법을 설하셨다. 그때 아제담阿提曇이라는 장자 거사가 부처님 계시는 곳을 찾아와서 부처님께 예를 갖추고 한쪽에 물러나 앉아 합장하고 무릎을 꿇고 부처님께 여쭈었다.

"부처님께서 오랫동안 널리 중생을 교화하심을 흠모하고 우러르고 있었사오나 저의 궁핍함으로 인하여 찾아뵙지 못하였습니다. 원컨대 자비로운 마음으로 용서해 주십시오."

부처님께서는 앉으라고 하시고 물으셨다.

"어디에서 왔고, 이름은 무엇인가?"

아제담이 무릎을 꿇고 대답하였다.

"본래 거사의 씨족이며, 이름은 가제담입니다. 선왕이 계셨을 때에는 왕을 위하여 코끼리를 길들였습니다."

부처님께서는 거사에게 코끼리를 길들이는 방법에는 어떤 것이 있느냐고 물으셨다.

거사가 대답하였다.

"항상 세 가지를 사용하여 큰 코끼리를 길들입니다. 어떤 것이 세 가지인가 하면, 첫째는 강한 갈고리로서 고삐를 만들어 입을 채우는 것이며, 둘째는 음식물을 줄여서 항상 배가 고프게 하는 것이며, 셋째는 채찍으로 때려서 고통을 더하게 하는 것입니다. 이 세 가지 일로써 코끼리를 순하게 길들입니다."

부처님이 또 물으셨다.

"이 세 가지를 행하여 어떤 것을 다스리는가?"

거사가 대답하였다.

"철로 된 갈고리를 입에 채우는 것은 강함을 제어하려는 것이고, 입에 음식을 주지 않는 것은 몸이 사나워지는 것을 제어하려는 것이고,

채찍으로 때리는 것은 그 마음을 항복받으려는 것이니, 이와 같이 하면 잘 길들여집니다."

부처님께서 다시 말씀하셨다.

"이렇게 길들이면 어떤 쓸쓸이가 있는가?"

거사가 대답하였다.

"이렇게 길들여야 왕이 타시기에 적당하고, 싸울 때 뜻에 따라 앞뒤로 움직이게 하는 데 걸림이 없습니다."

부처님께서 거사에게 물었다.

"그 방법 외에 다른 것은 없는가?"

거사가 대답하였다.

"코끼리를 길들이는 방법은 이와 같을 뿐입니다."

부처님께서 거사에게 말씀하셨다.

"코끼리를 길들일 뿐만 아니라 스스로도 길들여야 한다."

거사가 부처님께 여쭈었습니다.

"스스로를 길들인다는 것이 무슨 뜻인지 잘 모르겠습니다. 원컨대 세존이시여, 제가 아직 듣지 못한 것을 말씀해 주십시오."

부처님께서 거사에게 말씀하셨다.

"나도 세 가지 방법으로 모든 사람들을 조복하고, 또한 나 스스로를 조복하여 무위無爲에 이르렀다.

첫째 지극한 정성(至誠)으로 구업口業을 제어하고,

둘째 자애로움과 바른 것으로써 몸의 거셈을 항복받고,

셋째 지혜로 마음의 어리석음과 번뇌를 없앤다.

이 세 가지를 지님으로써 모든 사람을 도탈시켜 삼악도三惡道를 벗어나게 하고, 스스로는 무위에 이르러 생사生死와 우비고뇌(憂悲苦惱; 근심, 슬픔, 고통, 괴로움)를 만나지 않는다."

이어서 세존께서 게송으로 말씀하셨다.

如象名財守 猛害難禁制 繫絆不與食 而猶暴逸象[218]
여 상 명 재 수　맹 해 난 금 제　계 반 불 여 식　이 유 폭 일 상

本意爲非行 及常行所安 悉捨降結使 如鉤制象調[219]
본 의 위 비 행　급 상 행 소 안　실 사 항 결 사　여 구 제 상 조

樂道不放逸 能常自護身 是爲拔身苦 如象出于陷[220]
락 도 불 방 일　능 상 자 호 신　시 위 발 신 고　여 상 출 우 함

雖爲常調 如彼新馳 亦取善象 不如自調[221]
수 위 상 조　여 피 신 치　역 취 선 상　불 여 자 조

彼不能適 人所不至 唯自調者 能到調方[222]
피 불 능 적　인 소 불 지　유 자 조 자　능 도 조 방

명예와 재물을 지키는 코끼리처럼
사납고 해로워 금하고 제어하기 어렵네.
밀치끈으로 매고 음식을 주지 않아도
오히려 난폭하게 날뛰는 코끼리라네.

---

218 법구경 상유품 제5게송.
219 법구경 상유품 제7게송.
220 법구경 상유품 제8게송.
221 법구경 상유품 제3게송.
222 법구경 상유품 제4게송.

본래의 생각은 순수한 행이 되나니
항상 행할 때 안온한 바이며
모두 버리고 번뇌를 항복받으니
갈고리로 코끼리를 제어하여 길들임과 같다네.

도를 즐기되 방일하지 말고
항상 스스로 몸을 지키면
이것이 몸의 고통 빼내리니
코끼리가 함정에서 나옴과 같다네.

비록 항상 길들여도
저를 새로 달리게 함과 같으니
훌륭한 코끼리를 취하여도
스스로 길들임만 같지 못하다네.

저들이 도달할 수 없다면
사람도 이르지 못하나니
오직 스스로를 길들인 자만이
길들이는 곳에 이르게 된다네.

거사는 부처님 게송을 듣고 기쁘고 경사스러움이 한량없었으며, 마음과 뜻이 열려 법안을 얻었고, 설법을 듣는 사람들 모두 도의 자취(道迹)를 얻었다.

❋내 몸과 마음을 어떤 것으로 길들일 것인가? 법과 계율로 길들이면 좋은 과보를 받을 것이고, 악함과 방일로 길들이면 좋지 못한 과보를 받을 것이다. 법과 계율로 길들여지면 의식하지 않고 생각하지 않아도 법답게 행해지니, 수행이란 바로 자신을 올바르게 길들이는 것이다. 길들임의 무서움을 일러주는 일화가 있다. 코끼리가 어릴 때 쇠말뚝에 끈으로 묶어두고 훈련을 시키면, 다 자라서 제 힘으로 쇠말뚝을 뽑을 정도가 되어도 코끼리는 그 끈의 범위 안에서만 움직인다고 한다. 어릴 때부터 묶인 끈의 길이에 길들여져서 어리석게도 앞으로 나아갈 생각을 못하는 것이다.

제34 애욕품愛欲品

◉ 사랑의 본질은 탐욕과 은애恩愛에 빠지는 천한 것이다. 하지만 세상 사람들은 이것을 모르고 사랑에 탐착하여 재앙과 해로움을 마다하지 않으니, 통재로다.

첫째 이야기

부처님께서 마가다국 왕사성 기사굴산의 정사에서 천인, 용, 귀신들을 위하여 큰 법륜法輪을 굴리시고 계셨다. 이때에 어떤 사람이 집과 처자를 버리고 부처님 계시는 곳에 와서 부처님께 예를 갖추고 사문이 되고자 하였다. 부처님께서는 이 사람을 받아들여 사문이 되게 하시고는 나무 아래에 앉아서 도덕을 사유하라고 하셨다.

그 비구는 가르침을 받들어 100여 리 떨어진 산 속에 이르러서 나무 아래에 홀로 앉아서 3년 동안 도를 생각하였다. 그러나 마음이 견고하지 못하여 물러나 돌아가길 바랐다. 그는 스스로 생각하길,

'집을 버리고 힘들고 고통스럽게 도를 구하는 것이 빨리 돌아가 아내와 자식을 보는 것만 못하다.'

이렇게 생각하고 그는 바로 산에서 나왔다.

부처님께서는 성스러운 신통력으로 그 비구가 응당 도를 얻을 수 있음에도 어리석어 집으로 돌아가려는 것을 보셨다. 부처님께서는 스님으로 변화하여 신족통으로 길을 거슬러 비구를 만났다. 그에게 변화한 사문이 말을 걸었다.

"어디에서 오십니까? 여기는 땅이 평탄하니 함께 앉아서 얘기나 합시다."

두 사람은 앉아 쉬면서 이야기를 나누었고, 변화한 스님에게 답하여 말하였다.

"저는 가정과 처자를 버리고 사문이 되었으나 이 깊은 산에서 도를 얻지 못하였습니다. 처와 자식과 이별하고 본래의 원도 이루지 못하고 부질없이 내 목숨만 잃을 것 같았습니다. 지금 집으로 돌아가 처자를 만나 즐겁게 살다가 후에 다시 생각하고자 합니다."

두 스님이 얘기를 나누는 사이에 늙은 원숭이가 나타났다. 그 원숭이는 숲을 벗어나 오랫동안 나무가 없는 곳에서 생활하고 있었다.

변화한 스님이 비구에게 물었다.

"이 늙은 원숭이는 어째서 혼자 이런 평지에 있을까요? 나무도 없는데 어떤 즐거움이 있을까요?"

변화한 스님의 의문에 이 산에 오래 산 비구가 말하였다.

"저는 오랫동안 이 늙은 원숭이를 보았는데, 두 가지 일로 여기에 와서 삽니다. 무엇이 두 가지인가 하면, 첫째는 처자식과 권속들이 많아서 좋아하는 음식을 마음껏 먹는 즐거움을 얻지 못하기 때문이고, 둘째는 항상 밤낮으로 나무 아래위를 올라 다니느라 다치고 피곤하여 쉬지 못하기 때문입니다. 이 두 가지 일로 인하여 늙은 원숭이는 숲을 벗어나 이곳에 머물러 있는 것입니다."

이런 말을 할 때 원숭이가 다시 나무 위로 오르는 것이 보였다. 이에 변화한 사문이 비구에게 말하였다.

"당신은 원숭이가 숲으로 돌아가는 것을 보았습니까?"

비구가 대답하였다.

"보았습니다. 저 늙은 원숭이는 참으로 어리석습니다. 숲에서 살다 처자와 권속들에 의해 심란하고 시끄러운 것을 피하려고 떠났으면서 다시 숲으로 돌아가다니요."

변화한 사문이 말하였다.

"그대도 이와 같습니다. 늙은 원숭이와 무엇이 다르겠습니까? 그대도 본래 두 가지 일로 인하여 이 산 속에 들어왔습니다. 어떤 것이 두 가지인가 하면, 첫째는 부인과 가정이 견고한 감옥과 같기 때문이고, 둘째는 자식과 권속들이 질곡과 같았기 때문입니다. 그대는 이런 까닭으로 도를 구하여 생사의 괴로움을 끊으려고 한 것입니다. 그대가 집에 돌아가고 하는 것은 다시 질곡에 매이고 감옥에 들어가 은애와 연모의 지옥을 향하는 것입니다."

변화한 사문이 부처님 본래 모습으로 6장(丈; 18미터) 길이의 금빛 광명을 나타내었다. 그 빛이 널리 산을 비추니 하늘을 나는 새와

땅위를 기어다니는 짐승들이 빛을 찾아 와서 모두가 전생의 숙명을 알고 마음속으로 잘못을 뉘우쳤다. 이에 세존께서 게송으로 말씀하셨다.

如樹根深固　雖截猶復生　愛意不盡除　輒當還受苦[223]
여 수 근 심 고　수 절 유 복 생　애 의 불 진 제　첩 당 환 수 고

玃猴如離樹　得脫復趣樹　衆人亦如是　出獄復入獄[224]
미 후 여 이 수　득 탈 복 취 수　중 인 역 여 시　출 옥 복 입 옥

貪意爲常流　習與憍慢幷　思想猗婬欲　自覆無所見[225]
탐 의 위 상 류　습 여 교 만 병　사 상 의 음 욕　자 복 무 소 견

一切意流衍　愛結如葛藤　唯慧分別見　能斷意根源[226]
일 체 의 류 연　애 결 여 갈 등　유 혜 분 별 견　능 단 의 근 원

夫從愛潤澤　思想爲滋蔓　愛欲深無底　老死是用增[227]
부 종 애 윤 택　사 상 위 자 만　애 욕 심 무 저　노 사 시 용 증

나무뿌리가 깊고 굳건하면
비록 베어내도 다시 자라나듯
애욕의 마음을 다 없애지 않으면
문득 돌아가 괴로움 받게 된다네.

223　법구경 애욕품 제8게송.
224　법구경 애욕품 제9게송.
225　법구경 애욕품 제10게송.
226　법구경 애욕품 제11게송.
227　법구경 애욕품 제12게송.

저 원숭이가 숲을 떠나
벗어났다가 다시 숲을 향하는 것처럼
사람들 역시 이와 같아
지옥을 나왔다가 다시 지옥에 들어간다네.

탐욕의 생각이 항상 흘러
습관과 교만이 함께하고
생각은 음욕에 묶이니
스스로를 덮어 보지 못한다네.

일체 생각이 흘러넘치니
애욕의 얽힘이 칡과 등나무 같다네.
오직 지혜로 분별해 보아야
생각의 근원을 끊을 수 있다네.

무릇 애욕이 윤택함을 따라
생각이 덩굴처럼 번성하니
애욕은 깊어 바닥이 없고
늙음과 죽음 늘어만 간다네.

집으로 돌아가려던 비구는 부처님의 빛나는 상을 보고, 또 게송을 듣고는 두려워 떨면서 부처님께 오체투지하며 참회하고 잘못을 사과하였다. 마음으로 스스로 꾸짖어 고치더니, 물러나 수식(數息; 나고드

는 숨을 세어봄으로써 상념을 정지하는 것)하였고, 부처님 앞에서 지관止
觀을 닦아서 응진(아라한)이 되었다. 모든 하늘사람들이 와서 듣고
모두 환희하고 꽃을 흩어서 공양하면서 한량없이 찬탄하였다.

❀ 혼자 사는 즐거움을 포기하고 처자식과 권속들이 우글거리는 번거로운 숲으로 다시 돌아가는 늙은 원숭이와, 열반으로 이끄는 수행을 포기하고 다시 가정으로 돌아가려는 비구의 대비가 명료하게 와닿는다. 세속을 떠나려는 본래 마음을 끊임없이 채찍질하지 않으면 애욕과 과거습이 불같이 일어나 마음을 흩트러놓는다.

제4권

제35 유애욕품喩愛欲品

● 앞 애욕품의 이야기가 이어진다.

둘째 이야기

부처님께서 사위성에 계시면서 하늘 사람들을 위하여 설법을 하실 때였다. 성 안에 재산이 무수히 많은 바라문 장자가 있었는데, 사람 됨됨이가 탐욕이 많고 인색하여 보시하는 것을 좋아하지 않았다. 식사 때에는 항상 대문을 잠그는데 사람들이 오는 것을 싫어하기 때문이었다. 식사 때에는 문지기로 하여금 문을 굳게 잠그게 하여 사람들이 문안에 들어오지 못하게 하였으므로, 걸식을 하러 오는 비구 스님이나 바라문 수행자들도 그의 얼굴을 볼 수가 없었다.

그때 장자는 갑자기 맛있는 음식이 생각나서 바로 부인에게 음식을 만들라고 하여 살찐 닭을 죽여서 향신료와 함께 이를 굽고 익히게 하였다. 여느 때처럼 문지기로 하여금 문을 잠그라고 하고 부부는 어린 자식과 함께 음식을 맛있게 먹고 있었다.

부처님께서는 탐욕스럽고 인색한 이 장자가 전생의 복덕으로 제도될 수 있음을 아시고 사문으로 변화하여 장자 가족이 식사하는 자리에 나타나셔서 축원하여 말씀하셨다.

"조금이라도 보시를 한다면 큰 부자가 될 것입니다."

장자는 머리를 들고 변화한 사문을 보고 꾸짖어 말했다.

"아니! 도사가 되어서 어떻게 수치심이 없고 예의를 모르오. 가족이 식사하는 자리에 초대도 받지 않고 어찌 이렇게 당돌하게 나타났소!"

사문이 대답하였다.

"그대는 어리석어서 수치스러운 것이 무엇인지 모르는구나. 비구인 내가 구걸하는 것이 어찌 수치가 된다는 말인가?"

인색한 장자가 되물었다.

"나는 식구들과 함께 즐기고 있는데 어떤 까닭으로 수치라는 것인가?"

사문이 대답하였다.

"그대는 아버지를 죽이고 어머니를 아내로 삼고 원수에게 공양하는 것이 수치인 줄 모르고 오히려 걸식하는 사문에게 어떻게 수치를 모른다고 하는가?"

이어서 사문이 게송을 말하였다.

所生枝不絕　但用食貪欲　養怨益丘塚　愚人常汲汲[228]
소생지불절　단용식탐욕　양원익구총　우인상급급

雖獄有鈎鍱　慧人不謂牢　愚見妻子飾　深著愛甚牢[229]
수옥유구섭　혜인불위뢰　우견처자식　심착애심뢰

慧說愛爲獄　深固難得出　是故當斷棄　不親欲爲安[230]
혜설애위옥　심고난득출　시고당단기　불친욕위안

자라나는 나뭇가지는 끊이지 않는데
단지 음식에만 탐욕을 부리니
원한을 키워 무덤만 늘리는 것으로
어리석은 사람은 항상 그것에만 급급하다네.

비록 감옥에 옥죄어 있다고 해도
지혜 있는 사람은 감옥이라 하지 않네.
어리석은 사람은 처자식의 꾸밈을 보고
깊이 애착하니 애욕이야말로 깊은 감옥이네

지혜로운 사람은 애욕을 감옥이라 하나니
깊고 견고하여 벗어나기 어렵다네.
그러므로 당장 끊어 버리고
탐욕과 가까이 않으면 편안하게 된다네.

---

228 법구경 애욕품 제13게송.
229 법구경 애욕품 제14게송.
230 법구경 애욕품 제15게송.

장자는 이 게송을 듣고 놀라서 물었다.

"도인께서는 어떤 까닭으로 이런 말씀을 하십니까?"

도인이 대답하였다.

"식탁 위의 살찐 닭은 바로 전생의 그대 아버지로, 인색하고 탐욕스러웠으므로 항상 닭으로 태어났으며 이제 그대가 먹게 된 것이오. 여기 이 꼬마 아이는 예전에는 나찰이었으며 그대는 큰 상인이소. 그대가 배를 타고 바다를 항해하다가 조난을 당해 나찰국에 떨어져서 나찰에게 먹혔었소. 나찰은 500세의 수명을 다하고 다시 태어나서 그대의 자식이 되었으며, 그 이유는 아직 해결 못한 나머지 죄업이 있기 때문으로, 그대에게 와서 그대와 살며 해를 입히고자 하는 것이오. 지금 그대의 부인은 그대 어머니로서 자식 사랑하는 마음이 깊고 견고한 까닭에 지금 다시 그대의 부인이 되었소. 지금 그대는 어리석어 전생 일을 알지 못하여 아버지를 죽여서 원수를 배불리고 어머니를 아내로 맞이한 것이오. 오도(五道; 천상계를 제외한 인간·아수라·축생·아귀·지옥계)에서 나고 죽으며 끊임없이 돌고 도니, 오도의 주위를 돎을 그 누가 알겠는가? 오직 도사만이 관찰하여 이것을 알며, 어리석은 사람은 알지 못하니 어찌 부끄럽지 않으리요?"

이에 장자는 소름이 돋아 온몸의 털이 곤두서며 두려움과 무서움에 떨었다. 부처님이 위신력을 드러내어 전생 일을 알게 하자, 장자는 부처님을 뵙고 즉시 전생 일을 알게 되었으며, 부처님께 참회하고 감사드리며 바로 오계를 받았다. 부처님께서 장자를 위하여 설법하시자 그는 바로 수다원과須陀洹果를 얻었다.

❀ 모르는 게 약이라는 말이 있다. 현실에서는 꽤 그럴 듯한 의미로 받아들여 처세의 한 방법으로 널리 애용되는 말이다. 하지만 불법 문중에서는 모르고 짓는 죄가 알고 짓는 죄보다 더 무겁다고 본다. 왜냐하면, 자기가 지금 죄를 짓고 있는지를 모르면 그 행위를 끝없이 반복할 수 있기 때문이다. 모르는 것이, 혹은 무식이 면죄부가 될 수 없다. 끊임없이 정법을 배우고 익히며, 그 잣대로 자신을 살피고, 참회하고, 고쳐 나가야 하는 이유이다.

셋째 이야기

부처님께서 사위성 기원정사에서 설법하고 계실 때였다. 한 젊은 비구가 성에 들어와서 걸식을 하다가 비할 데 없이 아름다운 한 어린 소녀를 보고 마음에 색욕色欲이 생겨 미혹되고 얽매어 풀려나질 못하였다. 마침내 병이 생겨서 음식을 먹지 못하였으며, 안색이 초췌하여지고 자리에 누워서 일어나지도 못하였다. 같이 공부하는 스님이 가서 물었다.

"어디가 그렇게 아픈가?"

젊은 비구는 자신의 마음을 다 설명하였다.

"도심道心을 무너뜨리고 저 애욕을 좇고자 하나 뜻대로 할 수 없어 시름이 맺혀 병이 되었습니다."

같이 공부하는 스님이 충고하였으나 젊은 비구의 귀에 들어가지 않았다. 그러자 도반 스님이 그를 강제로 부축하여 부처님이 계시는 곳에 이르러서 일의 상황을 상세하게 부처님께 말씀드렸다. 부처님께서는 나이 어린 비구에게 말씀하셨다.

"너의 원은 쉽게 얻을 수 있으니 근심스러워할 것 없다. 내가 마땅히 너를 위하여 방편으로 해결해줄 터이니 일어나서 음식을 먹어라."

젊은 비구는 부처님 말씀을 듣고 마음이 기쁘고 맺혀 있던 기운이 통하게 되었다.

이에 부처님께서는 이 비구와 대중들을 데리고 사위성에 들어가서 그 아름다운 여인의 집에 이르렀습니다. 그러나 그 아름다운 여인은 이미 죽어서 시신을 안치한 지가 3일이 되었고, 집안에서는 슬픈 곡소리가 들리고 매장하려고 하는 시체에서는 지독한 냄새가 나고 더러운 액체가 흘러나와서 참을 수 없는 지경이었다.

부처님께서 젊은 비구에게 말씀하셨다.

"네가 탐내고 혹했던 아름다운 여인이 지금 이와 같이 되었다. 만물은 무상無常하여 변하는 것은 호흡에 달려 있다. 어리석은 사람은 겉만 보고 그 악함을 보지 못하여 죄의 그물에 칭칭 얽혀 있으면서 이를 기쁘고 즐거운 일이라고 한다."

이에 세존께서는 게송으로 말씀하셨다.

見色心迷惑　不惟觀無常　愚以爲美善　安知其非眞[231]
견 색 심 미 혹　불 유 관 무 상　우 이 위 미 선　안 지 기 비 진

以婬樂自裏　譬如蠶作繭　智者能斷棄　不眄除衆苦[232]
이 음 락 자 리　비 여 잠 작 견　지 자 능 단 기　불 면 제 중 고

---

231 법구경 애욕품 제16게송
232 법구경 애욕품 제17게송.

心念放逸者　見婬以爲淨　恩愛意盛增　從是造牢獄[233]
심 념 방 일 자　견 음 이 위 정　은 애 의 성 증　종 시 조 뢰 옥

覺意減婬者　常念欲不淨　從是出死獄　能斷老死患[234]
각 의 감 음 자　상 념 욕 불 정　종 시 출 사 옥　능 단 노 사 환

색을 보고 마음이 미혹되어
무상을 관찰하거나 생각하지 않고
어리석은 사람은 아름다워 좋아하니
어찌 그것이 진실 아님을 알랴.

음욕의 즐거움으로써 자기 마음을 채우면
비유컨대 누에가 고치를 만듦과 같다네.
지혜로운 자는 능히 끊고 버려
곁눈질조차 않아서 모든 고통 없앤다네.

마음으로 방일을 생각하는 사람은
음행을 보고 깨끗하다고 여겨
은애의 생각 치성하고 늘어나니
이를 좇아 감옥을 만든다네.

생각을 깨우쳐 음욕을 줄인 사람은
음욕은 항상 더럽다고 생각하고

---
[233] 법구경 애욕품 제18게송.
[234] 법구경 애욕품 제19게송.

이로부터 죽음의 감옥에서 벗어나니
능히 늙고 죽는 근심 끊는다네.

이에 젊은 비구가 그 여인을 보니, 죽은 지 3일이 지나 아름답던 얼굴은 부풀어 올라 썩어 터졌으며, 그 악취 때문에 가까이 가기 어려웠다. 그는 부처님의 청정한 가르침과 게송을 듣고 슬퍼하다가 마음이 깨달아 스스로 미혹됨과 잘못을 알게 되었다. 그러자 젊은 비구는 부처님께 예를 갖추고 머리를 조아리며 잘못을 참회하였다. 부처님께서는 스스로 귀의하는 것을 받아들이시고 기원정사로 돌아오셨다. 젊은 비구는 목숨을 내걸고 정진하여 아라한도를 얻었으며, 부처님의 설법을 들은 무수한 대중들도 색욕이 더러운 것을 보고 무상의 증거를 믿게 되었으며 탐애貪愛하는 마음을 그치게 되어 역시 도의 자취를 얻었다.

❋ 동식물을 막론하고 아름다움, 화려함 등은 생존의 전략이라는 설이 있다. 꽃이 향기롭고 색이 화려한 이유는 번식을 위해 벌과 나비를 유혹하기 위한 것이다. 인간도 마찬가지이다. 시대에 따라 아름다움의 기준은 바뀌지만, 여성들의 아름다움은 생존과 자손의 안전을 위한 본능에서 기인한다고 한다. 그렇기 때문에 여성의 아름다움은 남자들에게 치명적인 무기이다. 수행자에게도 음욕, 성욕은 가장 극복하기 어려운 장애이다. 어렵게 생각할 것 없이, 우리 현실에서도 흔하게 볼 수 있지 않은가? 부정관을 수행하거나, 무상의 이치로 이를 극복해야 한다.

넷째 이야기

부처님께서 사위성 기원정사에 계시면서 하늘 사람과 용과 귀신을 위하여 설법하고 계실 때, 세간에 큰 장자가 있었는데, 재산이 헤아릴 수 없이 많았으며 열두세 살 난 아들이 있었다. 그런데 부모가 갑자기 임종하자 그 어린 아이는 나이가 너무나 어려서 생활의 이치나 가업의 일을 알지 못하였으므로 몇 년이 지나지 않아 그 큰 재산이 모두 없어졌으며, 그 후에 아이는 스스로 제 몸 하나 추스르지 못하고 밥을 빌어먹는 거지가 되었다.

죽은 아버지의 친구로 무수히 많은 재물을 가진 장자가 하루는 그 광경을 보고 이유를 물었다. 장자는 불쌍한 생각이 들어 집에 데려와 집안일을 맡기고 딸과 결혼을 시키고 노비와 마차와 말을 주었으며, 무량한 재물을 주고 집도 주어 가문을 이루게 하였다. 그러나 그는 사람이 게으르고 생각이 없어서 앉아서 재산을 탕진하여 날이 지나자 또 다시 곤궁하게 되었다. 장자는 그 딸 때문에 다시 재물을 주었지만 그는 다시 전과 같이 빈궁하게 되었다. 장자는 여러 번 도와주었으나 그가 활용하는 법을 몰랐으므로 '이루기 어렵다'고 생각하였고, 딸을 다시 빼앗아 다른 곳으로 시집보내는 문제를 집안사람들과 의논하였다. 우연히 딸이 이것을 엿듣고 돌아와서 그 남편에게 말하였다.

"우리 친정집은 세력이 강하여 저를 빼앗을 것입니다. 당신이 생활을 제대로 하지 못한 까닭에 이렇게 되었는데, 당신은 어떻게 할 계획이 있으신지요?"

남편은 아내의 말을 듣고 부끄러워하면서 생각하였다.

'이는 내가 박복하여 생긴 일이다. 일찍이 양친을 잃어서 가정을 꾸리고 생활하는 법을 배우지 못했다. 지금 당장 부인을 잃어버리면 전과 같이 구걸을 해야 하고, 이미 은애를 행하고 정이 들었는데 지금 생이별한다면 어찌 견디리오.'

이런 생각을 반복하다 문득 악한 생각이 일어나서 부인을 데리고 방에 들어갔다.

"지금 당장 당신과 함께 이곳에서 죽어 버립시다."

그렇게 말하고는 바로 부인을 찌르고 자신도 찔러 부부가 모두 죽고 말았다. 하인들이 놀라서 장인에게 가서 이 사실을 가서 알렸다. 장자와 식구들이 놀라 함께 가서 보니 이미 죽어 있었으므로 시신을 수습하고 나라에 법에 따라 장례를 지냈다. 장자와 식구들은 슬픔에 잠겨 딸을 생각하며 차마 발걸음을 떼지 못하고 있었다.

문득 부처님께서 세상에 계시면서 중생들을 위하여 교화하고 설법하시며, 부처님을 뵙는 사람들은 기뻐하며 근심과 걱정을 잊게 된다는 이야기를 듣고 부처님이 계시는 곳으로 갔다. 장자는 부처님 계시는 곳에 이르러서 예를 갖추고 한쪽으로 물러나 앉았다.

부처님께서 장자에게 물으셨다.

"어디서 왔습니까? 어째서 얼굴에 수심이 가득 쌓여 있습니까?"

장자가 부처님께 여쭈었다.

"제가 덕이 없어서 딸을 시집보냈으나 어리석은 남편을 만나 생활을 잘 하지 못하여 딸을 빼앗고자 하였더니, 남편이 딸을 죽이고 자신도 함께 죽고 말았습니다. 이들을 장사지내고 돌아오는 길에 부처님을 뵙는 것입니다."

부처님께서 장자에게 말씀하셨다.

"탐욕과 분노는 세상에 항상 존재하는 병이며, 어리석음과 무지는 근심과 해침으로 들어가는 문입니다. 이로 인하여 삼계三界와 오도五道의 연못에 떨어져 무수한 겁 동안 생사를 유전하면서 온갖 고통을 받는데도 오히려 후회할 줄 모릅니다. 하물며 어리석은 사람이 어찌 알 수 있겠습니까? 이와 같이 탐욕의 독은 자기 몸만 아니라 종족까지도 멸망시키는 것이며, 그 해가 중생 모두에게 미치거늘, 하물며 부부이겠습니까?"

이어 부처님께서 게송으로 말씀하셨다.

愚以貪自縛　不求度彼岸　貪爲財愛欲　害人亦自害[235]
우 이 탐 자 박　불 구 도 피 안　탐 위 재 애 욕　해 인 역 자 해

愛欲意爲田　婬怒癡爲種　故施度世者　福德無有量[236]
애 욕 의 위 전　음 노 치 위 종　고 시 도 세 자　복 덕 무 유 량

伴少而貨多　商人休惕懼　嗜欲賊害命　故慧不貪欲[237]
반 소 이 화 다　상 인 휴 척 구　기 욕 적 해 명　고 혜 불 탐 욕

어리석은 사람은 탐욕으로 스스로를 묶어

저 언덕으로 건너가려고 구하지 않으니

탐욕으로 재물을 사랑하고 집착하여

---

[235] 법구경 애욕품 제26게송.
[236] 법구경 애욕품 제27게송.
[237] 법구경 애욕품 제28게송.

다른 사람을 해치고 자신까지 해친다네.

애욕의 마음을 밭으로 삼고
음욕과 성냄과 어리석음을 씨앗으로 삼아
세간을 제도하는 이에게 보시하면
복덕이 헤아릴 수 없다네.

도반이 적고 재물이 많으면
상인은 경계하고 두려워한다네.
탐욕과 욕심의 도적은 목숨을 해치나니
지혜로운 사람은 탐하고 욕심내지 않는다네.

장자는 부처님이 설하신 게송을 듣고 아주 기쁘고 즐거워 근심을 잊고 걱정이 없어졌으며, 같이 앉아서 설법을 들은 일체 모든 사람들이 20억의 악을 부수고 수다원도를 증득하였다.

❋ 탐진치 삼독, 즉 탐욕과 성냄과 어리석음은 따로 존재하며 활동하지 않는다. 언제나 함께, 셋이서 한몸을 이룬다. 어느 하나가 원인이 되어 다른 두 친구를 불러들인다. 그리고 그 결과는 언제나 참혹하다. 반대로 이 중에 어느 하나를 제대로 다스리면 다른 두 가지는 저절로 다스려진다. 마치 그물의 벼리처럼.

다섯째 이야기

부처님께서 사위성 기원정사에 계시면서 하늘사람과 용과 귀신과 왕과 신하들과 백성을 위하여 설법하실 때, 방탕하며 즐기는 두 친구가 있었는데, 항상 서로 붙어 다니며 한 몸이나 다름이 없었다. 어느 날 두 사람은 함께 의논하여 사문이 되고자 하였고, 즉시 함께 부처님 계시는 곳에 가서 부처님께 예를 갖추고 무릎을 꿇고 합장하고 부처님께 말씀드렸다.

"저희들은 출가하여 사문이 되기를 원하옵니다. 허락하여 주십시오."

부처님께서는 곧 받아들여 사문이 되게 하였고, 두 사람으로 하여금 한 방에서 머물게 하셨다.

두 사람은 한 방에 같이 있으면서 단지 세상에서의 은애恩愛와 영화와 즐거움만을 생각하였다. 함께 정욕의 육체를 찬탄하고, 그 아름다운 자태를 말하여 집착하였으며, 이런 생각들이 끊이지 않아 버리지 못하였다. 그러므로 그들은 무상과 더러운 이슬의 깨끗하지 못함은 생각하지 않았다. 이에 마음이 답답하여 안으로 병이 생겼다.

부처님께서는 혜안慧眼으로 그들의 생각이 산란하고 마음이 치달리며, 욕망에 마음을 내맡겨 안주하지 못하므로 제도되지 못할 것을 아셨다.

부처님께서는 한 사문을 나가게 하시고 바로 그 사문으로 변화하여 방에 들어가서 물었다.

"우리들이 여자를 생각하는 것에서 벗어나지 못하니, 우리가 함께 가서 여자의 몸을 관찰하여 보고 어떤지 알아보자? 단지 공상만으로는 피로하기만 할 뿐 이익이 없다."

두 사람은 서로 상의하여 음녀촌에 이르렀다. 부처님께서는 음녀촌에 변화로 한 음녀를 만들어 놓았으며, 함께 그 집에 들어가 그녀에게 말하였다.

"우리들은 부처님의 금계(禁戒; 비구의 계율을 말함)를 받드는 도인으로 몸의 일을 범하지 않고 여자의 몸을 보고자 합니다. 응당 법대로 값을 치르겠습니다."

이에 변화한 여인은 바로 영락과 향기가 스며있는 옷을 던져 버리고 벌거벗은 몸으로 서 있는데, 냄새가 나는 곳은 가까이하기가 어려웠다. 두 사람은 더러운 이슬을 관찰하여 보았다. 변화한 사문이 다른 사문에게 말하였다.

"여자가 아름다운 것은 다만 화장품과 향기로운 꽃들로 목욕하고 향수를 뿌리기 때문이다. 또 형형색색의 옷들로 더러운 이슬을 가리고, 강한 향수로 자기를 봐주기를 바란다. 비유하면 가죽 주머니에 대변이 가득 찬 것과 같은데 어찌 탐을 내는 것인가?"

이에 변화한 비구가 게송을 말하였다.

欲我知汝本	意以思想生	我不思想汝	則汝而不有[238]
욕아지여본	의이사상생	아불사상여	즉여이불유

心可則爲欲	何必獨五欲	速可絶五欲	是乃爲勇士[239]
심가즉위욕	하필독오욕	속가절오욕	시내위용사

---

[238] 법구경 애욕품 제31게송.

[239] 법구경 애욕품 제29게송.

無欲無所畏　恬惔無憂患　欲除使結解　是爲長出淵[240]
무욕무소외　염담무우환　욕제사결해　시위장출연

내가 너의 근본을 알고자 하면
그 뜻은 생각에서 생기나니
내가 너를 생각하지 않으면
곧 너는 존재하지 않는다네.

마음이 받아들이면 곧 욕망이 되나니
어찌 반드시 다섯 욕망뿐이리오.
속히 다섯 욕망 끊을 수 있다면
이내 용맹스런 사람이 된다네.

욕망이 없으면 두려움 없고
마음이 편안하면 근심 걱정 없으니
욕망을 버리고 맺힘을 풀어버리면
이야말로 영원히 못에서 벗어남이라네.

부처님께서 게송을 마치고 빛나는 상호를 나타내시자, 비구는 이를 보고 부끄러워하면서 죄를 참회하며 오체투지하고 부처님께 예를 올렸다. 부처님께서 거듭 설법하시자 그는 기뻐하며 즉시 해탈하여 바로 아라한이 되었다. 다른 한 사문이 돌아와서 도반의 얼굴 모습을

---

[240] 법구경 애욕품 제30게송

보니 평상시 보다 아주 기쁜 모습이었다. 그는 바로 도반에게 물었다.

"어떻게 된 일인가?"

그는 사실대로 이야기하였다.

"부처님께서 대자비심으로 나를 연민히 여겨 이와 같이 나를 제도하셨다네. 이제 나는 부처님의 은혜를 입어 모든 고통을 면하게 되었다네."

이에 비구는 다시 게송으로 말하였다.

晝夜念嗜欲　意走不念休　見女欲汚露　想滅則無憂
주 야 념 기 욕　의 주 불 념 휴　견 여 욕 오 로　상 멸 즉 무 우

밤낮으로 감각적 욕망만을 생각하여
마음이 달음질하여 생각이 쉴 줄 모르더니
여자에 대한 욕망이 더러운 이슬임을 보고
생각이 없어지고 곧 근심도 없어졌다네.

그 도반 비구도 이 게송을 듣고 문득 스스로 사유하더니, 욕망을 끊고 생각이 없어져 곧 법안法眼을 얻었다.

❀ 이성에 대한 욕망과 집착을 경계하는 이야기가 다시 나왔다. 수행자에게는 그만큼 큰 장애라는 반증이다.

제36 이양품利養品

●자신의 몸을 도덕으로 다스려 탐욕을 막고 번뇌를 일으키지 않으며, 의義를 생각하여 더러운 삶을 살지 않아야 함을 말한다.

옛날에 부처님께서 제자들을 거느리시고 구담미국(코삼비국)의 미음정사(美音精舍: 코삼비에 있는 정사로 녹모강당鹿母講堂이라고도 부른다)에 이르셔서 모든 천인과 귀신과 용들을 위하여 설법하셨다.

그때 그 나라 왕의 이름은 우전(우다야나)이었고, 그의 첫째 왕비는 백성을 사랑하고 인자하여 온 나라 사람들이 존경했으며, 몸과 마음이 맑고 깨끗하였다. 왕은 그런 왕비를 귀하게 여기면서 항상 기뻐하고 사랑하고 공경하였다.

왕과 왕비는 부처님께서 오셔서 교화하신다는 말을 듣고 가마를 타고 함께 가서 부처님 계시는 곳에 이르렀다. 그리고 부처님께 예를 갖추고 물러나서 자리에 앉았다.

　부처님께서는 국왕과 왕비와 시녀들을 위하여 무상無常, 고苦, 공空을 말씀하셨다. 사람은 태어나게 되므로 회별이고(會別離苦; 만나면 헤어지게 되어 있는 고통)와 원증회고(怨憎會苦; 원수를 만나게 되는 고통)가 있게 되고, 복을 지으면 천상에 태어나고 악을 저지르면 지옥에 태어난다고 말씀하셨다. 국왕과 왕비는 기쁘게 믿고 이해하였으며, 오계를 받고 청신사와 청신녀가 되었다. 그리고 부처님께 예를 갖추고 물러 나와서 궁으로 돌아갔다.

　이때에 길성吉星이라는 바라문이 있었는데, 어여쁜 여자 아이를 낳아 기르니 세상에 비할 데가 드물었고, 16살이 되자 흠 잡는 사람이 없었다. 그러자 바라문 길성은 90일 동안 현상금 천 냥을 걸고서 '딸의 아름답지 못한 점을 지적할 수 있는 사람에게 현상금을 주겠다'며 지혜 있는 사람을 찾았으나 감히 응하는 사람이 없었다.

　딸이 자라나자 응당 시집보낼 곳을 생각하였다.

　'누구를 배필로 삼을까? 내 딸과 같이 용모 단정한 남자에게 딸을 주어야겠다. 들은 바에 의하면 사문인 구담(고타마)은 석가의 종족으로 용모가 금색으로 세상에서 아주 드무니, 당연히 딸을 데리고 가서 배필로 삼으리라.'

　그는 딸을 데리고 부처님 계시는 곳에 이르러서 부처님께 예를 갖추고 부처님께 여쭈었다.

　"제 딸은 아름답고 청결하여 세간에서 견줄 만한 여인이 없습니다. 나이가 차서 시집을 보내야 하는데, 세상에는 배필이 될 만한 사람이 없습니다. 구담 사문께서는 단정하시니 배필이 되실 수 있으므로 멀리서 딸을 데리고 와서 세존을 배필로 삼고자 합니다."

부처님께서 길성 바라문에게 말씀하셨다.

"그대의 딸이 단정한 것은 그대 집안에서 좋아하는 것이고, 내가 좋아하는 것은 모든 부처님이 좋아하는 것입니다. 내가 좋아하는 것은 그대와 같은 것이 아닙니다. 그대는 딸의 단정함과 아름다움을 영예로 여기는데, 비유하면 아름답게 장식한 병에 똥오줌이 가득 찬 것과 같은 것인데 무엇이 특별하며, 어디에 좋아할 곳이 있는지요? 눈, 귀, 코, 입에 집착하는 것은 몸의 큰 도적이며, 얼굴이 단정한 것은 몸의 큰 걱정거리입니다. 집안을 망치고 종족을 멸망하게 하고 어버이를 죽이고 자식을 해치는 것은 모두가 여색女色에 의한 것입니다. 나는 사문이 되어 혼자의 몸으로 독립하였는데도 위태롭고 두려운데, 하물며 재앙과 화난으로 잔인하게 해치는 물건을 받아들이겠습니까? 그대는 딸을 데리고 가십시오. 나는 그대의 딸을 배필로 맞이하지 않을 것입니다."

이에 바라문은 화를 내면서 곧바로 떠나갔다.

길성 바라문은 이번에는 딸을 데리고 우전왕이 있는 곳에 이르러서 딸의 아름다운 자태를 자랑하면서 왕에게 여쭈었다.

"제 딸은 응당 왕비가 될 만합니다. 이제 나이가 찼으니 대왕께 시집보내고자 합니다."

왕은 바라문의 딸을 보고 기뻐하면서 둘째 왕비로 맞이하였다. 왕은 인수와 금은과 진귀한 보배를 길성 바라문에게 내리고 재상으로 삼았다. 그런데 이 여자는 둘째 왕비가 되자 늘 왕비를 질투하고 요염한 자태로 왕을 미혹하게 홀렸으며, 자주 첫째 왕비를 헐뜯으니 이와 같은 일이 한 두 번이 아니었다. 왕은 거꾸로 꾸짖어 말하였다.

"그대의 요염하고 예쁜 말이 오히려 겸손하지 못하구려. 왕비의 지조있는 행동은 존귀한 일인데 오히려 헐뜯다니요."

그러나 그 여자는 더 질투하여 해치려고 하였고, 헐뜯는 것이 그치지 않자 왕도 조금은 미혹되어, 재계할 때를 기회로 하여 살피고자 하였다.

"오늘 연회를 베풀고 첫째 왕비를 청하시오."

그리고 왕은 바로 명령을 내려서 연회에 모두 모이라고 하였는데, 첫째 왕비는 재계齋戒를 지키느라 혼자만이 명령에 응하지 않았다. 반복하여 세 번이나 불렀는데도 재계를 모시면서 꿈적도 하지 않았다. 왕은 불같이 화를 내며 끌고 오게 하여 궁전 앞에 묶어 놓고 활을 쏘아 죽이려고 하였는데, 왕비는 어떤 두려움도 느끼지 않고 한마음으로 부처님께 귀의하고 있었다. 격분한 왕이 직접 활을 쏘았으나 화살은 왕을 향하여 되돌아왔고, 연신 화살을 쏘았으나 역시 모든 화살이 되돌아왔다. 이에 왕은 크게 두려워하며 왕비를 묶은 오랏줄을 스스로 풀어주면서 이 까닭을 물었다.

"당신은 어떤 요술을 부리기에 이런 일이 일어났소?"

왕비가 대답하였다.

"저는 오직 부처님을 섬기고 삼보에 귀의하여, 아침부터 부처님을 받들어 재계를 지키며 그 와중에는 먹지 않습니다. 여덟 가지 계율을 실천하고 몸을 장식하지 않습니다. 그것은 필시 부처님께서 가엾게 여기시어 돌보아 주신 것일 것입니다."

왕이 말하였다.

"선재로다. 어째서 진즉 말하지 않았소?"

왕은 길성 바라문의 딸을 부모에게 돌려보내고 첫째 부인으로 하여금 궁궐 안을 다스리게 하였다.

왕은 첫째 왕비와 후궁들과 태자들과 함께 수레를 타고 군신들을 거느리고 부처님 계시는 곳에 이르러 예를 갖추고 물러나 부처님께 합장하고 설법을 들었다.

왕은 부처님께 길성 바라문 딸이 일으킨 일을 소상하게 말씀드렸다.

부처님께서 왕에게 말씀하셨다.

"요염하게 홀리는 여자에게는 84가지 행태가 있고, 그중에 8가지 큰 행태가 있는데, 지혜 있는 사람은 싫어하는 것입니다.

첫째는 질투하는 것이고, 둘째는 괜히 화를 내는 것이고, 셋째는 남을 욕하는 것이고, 넷째는 저주하는 것이고, 다섯째는 힘으로 억누르는 것이고, 여섯째는 인색하고 탐내는 것이고, 일곱째는 아름답게 장식하는 것이고, 여덟째는 독을 품는 것으로, 이것이 8가지 큰 행태입니다."

그리고 부처님께서 게송으로 말씀하셨다.

天雨七寶欲猶無厭　樂少苦多覺之爲賢[241]
천 우 칠 보 욕 유 무 염　락 소 고 다 각 지 위 현

雖有天欲慧捨不貪　樂離恩愛爲佛弟子[242]
수 유 천 욕 혜 사 불 탐　락 이 은 애 위 불 제 자

---

241 법구경 이양품 제3게송.
242 법구경 이양품 제4게송.

하늘이 칠보를 비내려도 욕심많은 사람은 만족하지 않네.
즐거움은 적고 괴로움이 많음을 깨달으니 현자라 한다네.
비록 하늘 욕심이 있더라도 지혜로운 사람은 탐하지 않고 버리네.
은혜와 애정 떠남을 즐거워해야 부처님 제자가 된다네.

부처님께서 대왕에게 말씀하셨다.

"사람이 행하는 죄와 복은 제각기 그 본성이 있으며, 과보로 받는 것은 그림자와 같아 만 배의 차이가 있습니다. 만약 여섯 가지 덕(六德)을 행하고 재계를 지키면 복덕이 많아 모든 부처님의 칭찬을 받을 것이며, 생을 마치고는 범천에 태어나 복락福樂을 누릴 것입니다."

부처님께서 이렇게 말씀하셨을 때에 왕과 왕비와 시녀와 대신들 모두는 마음이 열려 도의 자취를 얻었다.

❀ 오래된 대중가요 가사에 "얼굴만 예쁘다고 여자냐~ 마음이 고와야 여자지~"라는 내용이 있다. 이론의 여지가 없는 말이지만, 현실 속에서는 그리 녹록치 않다. 예쁘고 요염한 여자의 손길과 감미로운 말을 뿌리치기는 쉽지 않다. 하지만 이는 파멸에 이르는 문이다. 애욕과 애착에서 벗어나는 것, 부처님의 가르침을 제대로 받드는 것이야말로 나도 이롭고 다른 사람도 이롭게 하는 길이다.

제37 사문품沙門品

◉ 올바른 법을 받들어 행하면 깨달음을 얻고 청정하게 되나니, 사문이 걸어가야 할 길을 말하고 있다.

옛날에 부처님께서 사위성 기원정사에 계시면서 하늘사람과 용과 귀신과 국왕과 백성을 위하여 설법하실 때 한 젊은 비구가 있었는데, 이른 아침에 가사를 걸치고 지팡이를 짚고 발우를 가지고 큰 마을에 들어가 걸식을 하였다.

그때 큰길 가에 관청의 채소밭이 있었는데, 밭 가장자리에는 기장을 심었으며, 그 밭 주위 풀 속에는 화살이 발사되도록 장치하여 놓았다. 만약 벌레나 짐승이나 도적이 와서 그물에 닿으면 화살이 발사되고 적중되어 바로 죽게 하였다.

단정하고 어린 한 소녀가 혼자서 이 농장을 지키고 있었는데, 사람들이 농장에 들어가려면 소녀에게 안내를 부탁해야만 했습니다. 그 도리를 알지 못하는 사람은 반드시 화살에 맞아 죽게 되어 있었다. 농장을 혼자 지키는 이 소녀는 외로움에 슬픈 노래를 부르곤 했는데, 목소리가 아리땁고 맑아 듣는 사람들이 가던 수레를 세우고 말을 멈추어 주변을 배회하며 그곳을 떠나지 못하고 앉아 노래를 들었다.

그때 걸식을 하고 돌아오던 젊은 비구는 소녀의 노래 소리를 듣고는 오정(五情; 희喜, 노怒, 애愛, 락樂, 욕欲)이 들끓었다. 마음이 어지러워지고 뜻이 산란하며 탐착하여 버리지 못하였다.

'이 여인은 굉장히 아름다울 것이다.'

보고 싶은 마음에 앉았다 일어났다 중얼거리기도 하며 배회하다가 그 밭을 향하여 갔으며, 중간에도 이르지 않아 마음과 생각이 황홀해져서 손에 있던 지팡이를 놓치고 어깨의 옷이 벗겨지고 발우도 놓쳤으나 깨닫지 못하였다.

부처님께서는 지혜로운 삼달(三達; 세 가지 신통력. 천안天眼, 숙명宿命, 누진漏盡)로 이 비구가 조금 더 앞으로 가면 화살에 죽으리라는 것과 전생의 복으로 응당 도를 얻을 수 있지만 어리석어서 욕망에 덮여 미혹되어 있음을 가엾고 불쌍히 여기시고 제도하고자 하셨다.

스스로 일반 속인으로 변화하시어 그 비구 옆에 나타나 게송으로 꾸짖으며 말하였다.

沙門若行如意不禁　步步著粘但隨思走[243]
사 문 약 행 여 의 불 금　보 보 저 점 단 수 사 주

---

[243] 법구경 사문품 제28게송.

袈裟被肩爲惡不損　行惡行者斯墮惡道[244]
가사피견위악불손　행악행자사타악도

截流自忖折心却欲　人不割欲一意猶走[245]
절류자촌절심각욕　인불할욕일의유주

爲之爲之必强自制　捨家而懈意猶復染[246]
위지위지필강자제　사가이해의유복염

行懈緩者誘意不除　非淨梵行焉致大寶[247]
행해완자유의불제　비정범행언치대보

不調難誡如風枯樹　自作爲身曷不精進[248]
부조난계여풍고수　자작위신갈불정진

사문이 행할 때 마음대로 하여 거리낌이 없으면
걸음걸음 달라붙어 다만 생각 따라 달리게 된다네.

가사를 어깨에 걸쳤더라도 악한 일 줄이지 않는다면
행마다 악한 행이니 이 사람은 악도에 떨어지게 된다네.

번뇌의 흐름을 끊고 스스로 헤아려 마음을 꺾고 욕망을 물리치리니
사람이 욕망을 끊지 못하면 오히려 한 생각으로 달리게 된다네.

---

244 법구경 사문품 제29게송.
245 법구경 사문품 제25게송.
246 법구경 사문품 제26게송.
247 법구경 사문품 제27게송.
248 법구경 사문품 제30게송.

하고 또 해서 반드시 강하게 스스로를 억제하리니
가정을 버리고도 게으르면 마음은 오히려 다시 물든다네.

수행이 게으르고 늘어지는 사람은 마음의 유혹을 없애지 못하고
계율을 지킴이 청정하지 않으니 어찌 큰 보배에 이르리오.

길들이지 못하면 삼가기 어려워 바람이 나무를 말리는 것과 같고
스스로 지음은 자신을 위함이거늘 어찌 정진하지 않는가.

이 게송을 마치시고 바로 부처님의 본래 모습으로 돌아가니, 상호가 밝게 빛나고 광명이 천지를 비추었다. 부처님의 상호를 본 사람은 미혹이 풀리고 산란함이 그쳤으며, 제각기 바라는 것을 얻었다. 그 비구도 부처님을 뵙고는 마음과 뜻이 빠르게 열려 어둠 속에서 밝은 빛을 보는 것과 같았다. 그 비구는 바로 오체투지하며 부처님께 예를 갖추고 머리를 땅에 부딪치면서 잘못을 부처님께 참회하였다. 그 비구는 지관止觀을 이해하여 바로 아라한도를 얻고 부처님을 따라 기원정사에 돌아왔으며, 부처님의 설법을 들은 무수히 많은 사람들이 모두 법안을 얻었다.

❀ 안이비설신의眼耳鼻舌身意 색성향미촉법色聲香味觸法, 육근은 깨달음으로 가는 통로이면서 장애이다. 항상 긴장하고 경계하지 않으면 어느 틈엔가 들어와 자신을 갉아먹는다. 눈으로 보고, 귀로 듣고, 코로 냄새 맡고, 혀로 맛보고, 몸으로 접촉하여 느끼는 어느 것 하나

소홀히 하지 않으면 안 된다. 백천간두에 서 있음을 인식하고, 항상 몸과 마음을 조심하고 또 조심해야 한다.

제38 범지품梵志品

◉ 말과 행동을 깨끗하게 하는 이치를 배워 탐욕과 분노와 어리석음에서 벗어나 더러움이 없어야 도를 배우는 사람이라고 할 수 있다.

옛날 사아첩국私訶牒國에 사휴차타私休遮他라는 이름의 큰 산이 있었다. 그 산 속에는 500명의 바라문 수행자가 있었는데, 제각기 신통을 성취하였다. 어느 날 그들은 서로 이런 말들을 하였다.

"우리가 얻은 것이 바로 열반이다."

부처님께서 세상에 처음 나오셔서 법의 북을 치시고 감로의 문을 여셨지만 그들은 듣고도 따르지 않았다. 그러자 부처님께서는 그들이 전생의 복으로 응당 제도될 수 있음을 아시고 혼자서 그들에게 가셨다. 그리고 그 입구에 이르러 한 나무 밑에 앉아 선정 삼매에 드시니 몸에서 광명이 나와 온 산을 비추었는데, 마치 산에 불이 나서 전부

태워버리는 것 같았다.

바라문들은 무섭고 두려워하며 주문을 외워 물로 불을 끄려고 신통력을 다하였으나 불을 끌 수가 없었다. 그들은 신통이 통하지 않는 것을 괴이하게 생각하며 모든 것을 버리고 길을 따라 달려서 산을 빠져나오다 부처님께서 나무 아래에서 좌선을 하고 계시는 것을 보았다. 비유하자면 마치 태양이 황금산 옆에서 떠오르는 것 같고, 상호는 밝게 빛나니 별들 가운데 달과 같았다. 그들은 괴이하게 여기며 '어떤 신인가?' 다가가 살펴보았다.

부처님께서는 바라문들에게 앉으라고 하고는 어디서 왔는지 물으셨고, 바라문들이 대답하였다.

"오랫동안 이 산 속에서 머물면서 도를 닦았는데, 갑자기 불이 나서 산에 있는 나무를 태우므로 두려워서 도망쳐 나왔습니다."

부처님께서 그들에게 말씀하셨다.

"그 불은 복의 불로 사람을 해치지 않으며, 그대들의 어리석은 번뇌의 때를 태우는 불이다."

바라문 스승과 제자들이 서로 말하였다.

"이분은 어떤 도사일까? 우리가 알고 있는 96종파에는 아직 이와 같은 스승이 없다. 일찍이 듣기로는 백정왕白淨王의 아들 실달이 성스런 지위를 좋아하지 않고 출가하여 장차 부처되기를 구한다고 하는데, 이분밖에 없다."

제자들이 스승에게 말하였다.

"부처님께 '우리 바라문 행하는 일이 법에 맞는지' 함께 여쭙는 것이 어떠신지요?"

스승과 제자들이 함께 일어나 부처님께 여쭈었다.

"바라문의 경법經法은 사무애(四無礙; 법法, 의義, 사辭, 낙설樂說)라고 이름하는데, 천문, 지리, 왕이 나라를 통치하고 백성을 영도하는 법 등 모두 96가지 도술의 적당한 행법이 있습니다. 이 가르침으로 이렇게 하는 것이 열반법인지요? 바라옵건대 부처님께서 해설하시어 아직 듣지 못한 것을 깨우쳐 주시기 바랍니다."

이에 부처님께서 바라문들에게 말씀하셨다.

"잘 듣고 생각해보라. 나는 전생에 무수한 겁을 지내면서 항상 이 가르침을 수행하였으며, 또한 오신통을 얻어 산을 움직이고 물을 멈추게 하였다. 그런데 다시 나고 죽음을 수없이 겪었는데도 열반을 얻지 못하였고, 도를 얻은 사람이 있다는 것도 듣지 못하였다. 그러므로 그대들이 행하는 것은 바라문법이라고 이름할 수 없다."

이어서 부처님께서 게송으로 말씀하셨다.

截流如渡無欲如梵	知行已盡是謂梵志[249]
절 유 여 도 무 욕 여 범	지 행 이 진 시 위 범 지
以無二法清淨渡淵	諸欲結解是謂梵志[250]
이 무 이 법 청 정 도 연	제 욕 결 해 시 위 범 지
非族結髮名爲梵志	誠行法行清白則賢[251]
비 족 결 발 명 위 범 지	성 행 법 행 청 백 즉 현

---

249 법구경 범지품 제1게송.
250 법구경 범지품 제2게송.
251 법구경 범지품 제11게송.

飾髮無慧草衣何益　內不離著外捨何益[252]
식발무혜초의하익　내불이저외사하익

去婬怒癡憍慢諸惡　如蛇脫皮是謂梵志[253]
거음노치교만제악　여사탈피시위범지

斷絶世事口無麤言　八道審諦是謂梵志[254]
단절세사구무추언　팔도심제시위범지

已斷恩愛離家無欲　愛著已盡是謂梵志[255]
이단은애이가무욕　애저이진시위범지

離人聚處不墮天聚　諸聚不歸是爲梵志[256]
이인취처불타천취　제취불귀시위범지

自識宿命本所更來　生死得盡叡通道玄　明如能嘿是謂梵志[257]
자식숙명본소갱래　생사득진예통도현　명여능묵시위범지

흐름을 끊으면 건넘과 같고 욕망이 없으면 바라문과 같으니
행이 이미 다함을 알면 이를 바라문이라 한다네.

둘이 없는 법으로써 청정하게 연못을 건너고
모든 욕망이 얽힘에서 벗어나니 이를 바라문이라 한다네.

---

252 법구경 범지품 제12게송.
253 법구경 범지품 제25게송.
254 법구경 범지품 제26게송.
255 법구경 범지품 제33게송.
256 법구경 범지품 제34게송.
257 법구경 범지품 제40게송.

머리카락을 한 무더기로 묶었다고 바라문이라 이름하지 않고
정성스런 행과 법다운 행으로 욕심없이 깨끗해야 현자라 한다네.

머리를 꾸미고 지혜 없으면 풀옷을 입은 듯 무슨 이익 있으랴.
안으로 집착을 여의지 못하고 밖으로 버린들 무슨 이익 있으랴.

음욕, 성냄, 어리석음, 교만 등 모든 나쁜 것을 떠나보내
뱀이 저 허물을 벗는 것과 같으니 이를 바라문이라 한다네.

세속의 일들을 모두 끊어 입에 거친 말이 없고
팔정도로 진리를 깨달으니 이를 바라문이라 한다네.

은혜와 사랑을 끊고 집을 떠나 욕망이 없으며
사랑과 집착 없으니 이를 바라문이라 한다네.

인간 세상을 떠나고 하늘 세상에도 떨어지지 않으며
모든 세상에 돌아가지 않으니 이를 바라문이라 한다네.

스스로 전생의 본분을 알아 다시 오는 바이러니
나고 죽음이 다하고 도의 현묘함에 밝게 통하면
밝음이 능히 어둠과 같으니 이를 바라문이라 한다네.

부처님께서 게송을 마치시고 바라문 수행자들에게 말씀하셨다.

"그대들이 수행한 것을 스스로 열반에 이르렀다고 말하지만, 이는 작은 물웅덩이에 있는 물고기와 같거늘 어떻게 영원한 즐거움이 있겠는가? 본래 없는 것을 합하는 것이다."

바라문들은 가르침을 듣고 다섯 감각기관에 큰 희열이 일어나, 무릎을 꿇고 부처님께 말씀드렸다.

"부처님의 제자가 되기를 원합니다."

그러자 머리카락이 저절로 떨어져 바로 사문이 되었고, 본래의 행이 청정하였으므로 도를 얻어서 아라한이 되었으며, 하늘사람과 용과 귀신들도 모두 도의 자취를 얻었다.

❈ 부처님께서도 아뇩다라샴먁삼보리, 무상정등정각無上正等正覺을 얻기 전에는 바라문 수행자이셨다. 그것도 전도유망(?)한 수행자로, 기존의 여러 종파의 스승들에게 인정을 받았으며, 자신의 후계자가 되어달라는 요청을 받기까지 하였다. 하지만 바라문 수행으로 얻을 수 있는 것은 한계가 있었다. 오신통을 얻을 수 있지만 딱 거기까지였다. 생사윤회의 흐름을 끊고, 모든 번뇌를 여의어 열반에 드는 것이야말로 최후의 경지였던 것이다.

제39 니원품泥洹品

◉ 다른 사람을 이기는 것은 진정한 승리가 아니다. 자신을 이기는 것이야말로 진정한 승리다. 마음이 고요하고 번뇌가 사라지며, 생사의 윤회를 끊고 열반에 드는 것이 자신을 이기는 것이다.

부처님께서 마가다국 왕사성의 영취산에 비구들 1,250인과 함께 계셨다. 그때 마가다 국왕의 이름은 아사세였고, 각기 족성의 이름을 가진 500 국가를 거느리고 있었다. 마가다국 가까이에 한 나라가 있었는데 이름은 월지越祇로, 왕의 명령에 순종하지 않았으므로 이 나라를 정벌하고자 하였다. 이에 국왕은 바로 군신들을 모아 의논하였다.

"월지국 사람들은 진귀한 보배를 많이 산출하여 부유함과 즐거움이 크게 일어나 나에게 복종하지 않는다. 군사를 일으켜서 이들을 정벌하는 것이 옳지 않겠는가?"

이때 나라에 어진 승상이 있었는데, 이름은 우사雨舍로, 왕에게 말하였다.

"원하시면 그러하실 수 있습니다."

왕이 우사에게 말하였다.

"부처님께서 멀지 않은 곳에 계신다. 성스럽고 명철하고 세 가지에 통달(三達: 천안天眼, 숙명宿命, 누진漏盡)하시어 꿰뚫지 못하는 일이 없으시다. 그대는 내 소식을 가지고 부처님 처소에 가서 경의 뜻과 지혜로 '저들을 정벌하고자 하는데 승리할 수 있는지' 여쭤보고 자세히 알아오시오."

승상은 명령을 받고 바로 마차를 장엄하고 부처님께서 계시는 정사에 도착하여 부처님 앞에 나아가 머리를 땅에 대고 부처님께 예를 갖추었다. 부처님께서는 앉으라고 하시고 승상이 앉자 물으셨다.

"어디서 오셨습니까?"

승상이 말하였다.

"왕의 사신으로 왔습니다. 부처님의 발에 머리를 조아리고 안부를 여쭙고 지내시기와 공양하시는 게 여전하신가? 문안드리라고 하셨습니다."

부처님께서는 승상에게 말씀하셨다.

"대왕과 나라의 백성들과 신하들 모두 편안하십니까?"

승상이 말하였다.

"대왕과 백성들 모두 부처님의 은혜를 입고 있습니다."

승상이 부처님께 여쭈었다.

"왕께서 월지국에 불만스러운 것이 있어서 이들을 정벌하고자 합니다. 부처님의 거룩하신 생각은 어떠신지요? 이길 수 있겠는지요?"

부처님께서 승상에게 말씀하셨다.

"월지국 사람들은 일곱 가지 법을 받들어 행하고 있으니 그들을 이길 수 없습니다. 왕께서는 자세히 살피고 생각하여 헛되이 거동하지 않는 것이 좋겠습니다."

승상은 바로 부처님께 여쭈었다.

"어떤 것이 일곱 가지 법입니까?"

부처님께서 말씀하셨다.

"월지국 사람들은 자주 서로 모여서 정법正法을 강의하고 복을 닦고 스스로를 지키는데, 항상 이렇게 하니, 이것이 첫째입니다.

월지국 사람들은 임금과 신하가 항상 화합하고, 맡은 임무에 충실하며 가르치고 타이르는 것을 받아들여 서로 잘못되지 않게 하니, 이것이 둘째입니다.

월지국 사람들은 법을 받들어 서로 이끌어주며 취함도 없고 버림도 없고, 감히 잘못을 저지르지도 않고 위아래가 관례를 잘 지키니, 이것이 셋째입니다.

월지국 사람들은 예로써 겸양하고 존경하며, 남녀의 구별이 있으며, 장유長幼에서는 서로 차례가 있어서 예법을 잃지 않으니, 이것이 넷째입니다.

월지국 사람들은 부모에게 효도하고 스승과 어른에게 겸손하고 공경하며, 훈계하여 가르치는 것을 받아들여 나라의 법칙으로 삼으니, 이것이 다섯째입니다.

월지국 사람들은 하늘을 받들고 땅을 본받아 사직(社稷; 사社는 토지신土地神, 직稷은 곡신穀神)을 공경하고 두려워하면서 사시(四時; 봄, 여름, 가을, 겨울)를 따라 힘쓰며 백성들이 농사짓기를 멈추지 않으니, 이것이 여섯째입니다.

월지국 사람들은 도를 존중하고 덕을 공경하여 도를 얻은 사문이나 응진(아라한)이 있어 멀리서 오면 의복과 잠자리와 약품을 공양하니, 이것이 일곱째입니다.

무릇 나라의 주인이 되어 이 일곱 가지 법을 행하면 위태로운 일은 생기지 않으니, 천하의 병사들이 모두 가서 공격하여도 이길 수 없습니다."

부처님께서 다시 재상에게 말씀하셨다.

"만약 월지국 사람들이 하나의 법만 지니고 있어도 공격할 수 없거늘, 하물며 모두 이 일곱 가지 법을 다 가지고 있으니 어떻겠습니까?"

이어 부처님께서 게송으로 말씀하셨다.

利勝不足恃 雖勝猶復苦 當自求勝法 已勝無所生[258]
이 승 부 족 시　수 승 유 복 고　당 자 구 승 법　이 승 무 소 생

승리의 이익은 믿고 만족할 것이 아니니
비록 이기더라도 다시 괴롭다네.
응당 스스로 승리하는 법을 구하고

---

[258] 법구경 니원품 제24게송.

승리하게 되면 태어나는 일 없으리라.

승상 우사는 부처님께서 말씀하시는 게송을 듣고서 바로 도의 자취(道迹)를 얻었고, 그때 모인 대중들 모두 수다원도를 얻었다. 승상은 곧 자리에서 일어나 부처님께 말씀드렸다.
"국사國事가 번잡하고 많아서 하직하고 돌아가고자 합니다."
부처님께서 말씀하셨다.
"모든 일은 마땅히 때를 알아야 합니다."
우사는 자리에서 일어나 부처님께 예를 갖추고 물러났다.
왕궁으로 돌아와 부처님이 말씀하신 사항을 왕에게 자세히 보고하자 즉시 공격을 중지하였다. 그리고 부처님의 엄중한 가르침을 지켜 나라를 교화하니, 월지국 사람들도 와서 왕의 명령에 순종하였으며, 위아래 사람 모두가 서로 받드니 나라가 번성하게 되었다.

❋ 나라를 지키는 가장 튼튼한 무기는 국내의 안정이다. 위 월지국의 예를 보면, 그것은 도덕이 확립되고, 사람들 사이에 예의가 있으며, 위아래가 서로 존중하고 받아들이며, 각자 맡은 바 일에 충실한 것 등에 달려 있다. 그리하여 사회 구성원들이 서로 믿고 화합하니, 이보다 강력한 무기는 없다는 것이다. 나라의 안정과 융성을 위해서는 무엇에 힘써야 하는지 여실히 보여준다.

제40 생사품生死品

◉ 사람은 자신이 행한 과보에 따라 다른 곳에 태어난다. 선행으로 좋은 곳에 태어나도록 하고, 나아가 바른 법을 따라 수행해서 생사윤회의 고리를 끊어야 한다.

옛날에 부처님께서 코살라국 사위성의 기원정사에 계시면서 하늘사람들과 국왕과 대신들을 위하여 신묘한 법을 널리 설하셨다.

이때 바라문 장자가 길 옆에 살고 있었는데, 재물이 부유하기가 헤아릴 수 없을 정도였다. 그에게는 20살 된 아들 하나가 있었는데, 새로 아내를 맞은 지 7일이 되지 않았다. 부부는 서로 공경하였고 말도 서로 거스르지 않았다. 하루는 아내가 남편에게 말하였다.

"후원에 가서 구경도 하고 놀고 싶은데, 그리 해줄 수 있는지요?"

때는 바야흐로 춘삼월, 부부는 함께 후원으로 갔다. 후원에는 큰

한 그루 암파라나무가 있었는데 꽃이 아름다웠다. 아내가 꽃이 가지고 싶었지만 꺾어줄 사람이 없었다. 남편이 암파라꽃을 원하는 부인의 마음을 알고 바로 나무위로 올라가서 꽃 한 송이를 취하였다. 그리고 다시 꽃을 취하러 나무위로 올라가 가는 나뭇가지를 디뎠고, 가지가 부러지면서 땅에 떨어져 상처를 입고 바로 죽게 되었다. 집안에 있던 모든 사람들이 파도처럼 아들이 있는 곳으로 내달려 몰려와 하늘을 부르고 울부짖으며 기절했다가 다시 깨어나곤 했다. 안팎의 친척들이 무수히 왔는데, 다들 매우 비통해하니 듣는 사람이 상심하지 않는 이가 없었고, 보는 사람도 비통하고 애석해하지 않는 이가 없었다.

부모와 아내는 하늘과 땅이 보호해 주지 않는다며 원망하였다.

옷을 입혀 염하고 관에 넣어 예법대로 장사를 지내고 집에 돌아와서도 울부짖으며 눈물을 그치지 않았다.

이에 부처님께서는 그들의 어리석음을 가엾게 여기시어 그 집을 방문하셨다. 장자의 가족들 모두는 부처님을 뵙자 슬픔에 젖어 예를 갖추고 나서 아픈 고통을 털어놓았다.

부처님께서 장자에게 말씀하셨다.

"마음을 진정하고 법문을 들으시오. 만물은 무상無常하여 오래 보존하기 어렵습니다. 태어나면 죽을 수밖에 없고, 죄와 복은 서로 뒤따릅니다. 이 젊은이는 삼처(三處: 욕계, 색계, 무색계)에서 울부짖고 울게 하였으며, 괴로워 기절하게 하고 견디기 어렵게 하니, 이 젊은이는 누구이며, 누가 친척입니까?"

부처님께서 게송으로 말씀하셨다.

命如華菓熟　常恐會零落　已生皆有苦　孰能致不死[259]
명여화과숙　상공회영락　이생개유고　숙능치불사

從初樂愛欲　可婬入胞影　受形命如電　晝夜流難止[260]
종초락애욕　가음입포영　수형명여전　주야류난지

是身爲死物　精神無形法　假令死復生　罪福不敗亡[261]
시신위사물　정신무형법　가령사복생　죄복불패망

終始非一世　從癡愛久長　自作受苦樂　身死神不喪[262]
종시비일세　종치애구장　자작수고락　신사신불상

목숨은 꽃과 과일이 익은 것과 같아
시들어 떨어짐을 항상 두려워한다네.
이미 생겨난 것은 다 괴로움이 있나니
어느 누가 죽지 않겠는가.

처음에 애욕을 즐기는 것으로부터
음행으로 그림자처럼 태에 들어가고
받은 몸과 목숨은 번개와 같아
밤낮으로 흘러 멈추기 어렵다네.

이 몸은 죽게 될 물건이고
정신은 모양과 법이 없나니

---

259 법구경 생사품 제1게송.
260 법구경 생사품 제2게송.
261 법구경 생사품 제3게송.
262 법구경 생사품 제4게송.

가령 죽었다 다시 살아나도
죄와 복은 없어지지 않는다네.

끝남과 시작은 한 세상만이 아니고
어리석음과 애욕을 좇아 오래 길어진다네.
스스로 지어서 고통과 즐거움 받나니
몸은 죽어도 정신은 죽지 않는다네.

아들을 잃은 장자는 이 게송을 듣고 뜻을 이해하고는 근심을 잊어버리고서 무릎을 꿇고 부처님께 여쭈었다.

"제 아들은 전생에 어떤 죄를 지었기에 한창 피어나는 좋은 나이에 요절하였는지요? 원컨대 아들이 전생에 지은 죄를 이해할 수 있게 설해주십시오."

부처님께서 장자에게 말씀하셨다.

"오래 전 옛날에 한 어린아이가 활과 화살을 가지고 신기한 숲속에 가서 놀았습니다. 나무 위를 살펴보니 공작새가 있었으며 어린아이는 활을 쏘려고 하였습니다. 숲속에 세 사람이 있었는데, 세 사람이 권하여 말하였습니다.

'만약 공작새를 적중시킨다면 세상사람들이 씩씩한 사내라고 부를 것이다.'

어린아이는 의기양양하여 활을 당겨 쏘아 맞추니 공작새는 바로 땅에 떨어져 죽었습니다. 세 사람은 함께 웃으면서 아이를 기쁘게 해주고 각자 떠나갔습니다. 그 일로 헤아릴 수 없는 겁을 생사윤회하며 이들은 함께 만나서 죗값을 받았습니다. 그 세 사람 중에서 한 사람은 복이 있어서 지금은 천상에 태어났고, 한 사람은 용왕으로 변화하여 태어나 바다 속에서 살고 있으며, 한 사람은 지금 장자 자신입니다.

그 어린아이는 천상에 태어나기 전에 하늘사람의 아들이었는데, 목숨을 마치고 인간세상에 내려와 장자의 아들이 되었고, 나무에서 떨어져 목숨이 끊어진 다음 바로 바다 가운데 태어났으며, 용왕의 아들로 태어났으나 태어난 즉시 금시조왕이 먹어 치웠습니다.

지금 세 곳(하늘, 땅, 바다)에서 괴로워하고 눈물 흘리며 우는 것을 어찌 말로 다하겠습니까? 전생에 그 아이가 기뻐하도록 도와주었기 때문에 이 세 사람은 눈물 흘리며 우는 과보를 받은 것입니다."

부처님께서 다시 게송으로 말씀하셨다.

識神造三界 善不善五處 陰行而默至 所往如響應[263]
식 신 조 삼 계　선 불 선 오 처　음 행 이 묵 지　소 왕 여 향 응

欲色不色有 一切因宿行 如種隨本像 自然報如影[264]
욕 색 불 색 유　일 체 인 숙 행　여 종 수 본 상　자 연 보 여 영

마음이 삼계를 만드나니
착하거나 착하지 않은 다섯 곳이네.
몰래 행하여도 묵묵히 이르게 되니
가는 것이 메아리 소리가 따름과 같다네.

---

263 법구경 생사품 제8게송.
264 법구경 생사품 제9게송.

욕계 색계 무색계는
모두가 전생의 행에서 비롯된 것이니
종자가 본래의 모양을 따르듯
자연히 그 과보도 그림자와 같이 따른다네.

부처님께서 게송을 마치시고 장자가 뜻을 이해하기를 바라면서 도력道力으로 아들의 전생일을 보여주셨다. 장자는 천상과 용궁의 일을 모두 보고 부처님의 뜻을 이해하고 기뻐하면서 꿇어앉아 합장하고 부처님께 말씀드렸다.

"저희 가족 모두가 부처님의 제자가 되어 오계를 받아 받들고 우바새가 되기를 원하옵니다."

부처님께서 즉시 계를 주시고 거듭 무상의 뜻을 설법하시니 모두가 기뻐하였으며, 모두 수다원도를 증득하였다.

❋ 인과는 한 치의 어긋남도 없다는 사실을 명심해야 한다. 다른 목숨을 끊은 과보는 자신의 목숨을 잃는 것으로, 웃으며 저지른 죄과는 울음으로 갚아야 하는 것이다. 위 이야기는 죄를 짓는 것을 옆에서 부추기고 함께 기뻐하는 것만으로도 커다란 업보가 뒤따른다는 것을 적나라하게 보여준다. 요즘은 음주운전자만이 아니라 음주운전을 부추기거나 심지어 말리지 않았어도 처벌을 받는다. 우리 모두는 동업중생이다. 다른 사람이 잘못을 저지르면 지적하고 일깨워주어야 한다. 눈감고 귀 막는다고 자유로워지는 것은 아니다.

제41 도리품 道利品

● 국왕과 아버지와 스승은 몸을 경계하여 참된 도리를 좇아 법과 계율에 맞게 행하여 아랫사람을 바르게 인도해야 함을 말한다.

첫째 이야기

옛날 어떤 국왕이 있었는데, 바른 법으로 나라를 다스려 백성들이 교화를 우러러 받들었으나 태자가 없어 근심하고 걱정하였다.

　부처님께서 그 나라에 들어오시자 왕은 바로 나와 부처님을 우러러 뵈었다. 부처님의 가르침을 듣고 기뻐하며 오계를 받았고, 한마음으로 받들고 공경하며 오로지 자식이 있기를 바라면서 밤낮으로 정진하기를 한시도 게을리 하지 않았다.

　그때 시종 중에 11살짜리 아이가 항상 왕의 심부름을 하고 있었는데,

충심과 신의가 있으며 법을 받들면서 위의威儀를 잃지 않았다. 겸손하게 자기를 낮추고 인욕 정진하면서 한마음으로 경과 게송을 배우고 외웠으며, 때를 알아 먼저 일어나 향불을 준비하였는데, 수년 동안 이와 같이 정진하면서도 힘들어하지 않았다.

그런데 갑자기 중병을 얻어 이내 죽고 말았는데, 그 영혼이 되돌아와 왕의 자식이 되었다. 왕은 젖을 먹여 길렀고, 15살이 되자 태자로 삼았다.

부왕이 목숨을 마치자 그가 대를 이어 왕이 되었는데, 그는 교만하고 방자하며 음탕함을 즐거워하여 밤낮으로 빠져들어 나라를 다스리지 않고 신료들의 조회도 폐지하니 백성들이 고통을 받았다.

부처님께서는 왕의 행동이 전생일을 알지 못함에 있음을 아시고는 제자들을 데리고 그 나라에 가셨다. 왕은 부처님께서 오신다는 소식을 듣고 선왕의 법과 같이 대중과 함께 영접하여 맞이하였으며, 머리를 땅에 대어 예를 갖추고 물러나 왕의 자리에 앉았다.

부처님께서 왕에게 말씀하셨다.

"나라의 백성들과 관리들 모두 여전한지요?"

왕이 대답하였다.

"제가 나이가 어려 사람들을 편안하게 교화하지 못하고 있습니다만, 모두 성스러운 부처님의 은혜를 입어 나라에 별다른 일은 없습니다."

부처님께서 왕에게 말씀하셨다.

"왕께서는 자신이 본래 어디에서 왔으며, 어떤 공덕을 지어 왕위를 얻게 되었는지 아시는지요?"

왕이 말하였다.

"제가 미련하고 어리석고 이치에 통달하지 못하여서 전생에 어느 곳에서 왔는지를 알지 못합니다."

부처님께서 왕에게 말씀하셨다.

"전생의 다섯 가지 일로써 국왕이 되었습니다. 어떤 것이 다섯 가지인가 하면,

첫째는 보시하여 국왕이 되었으니, 만백성이 받들고 궁전과 전각을 바쳐 재물이 끝이 없는 것입니다.

둘째는 절을 세워서 삼보에 침상과 휘장을 공양하여 국왕이 되었으니, 궁궐에 있으면서 나라를 다스리는 것입니다.

셋째는 친히 몸으로써 삼보와 모든 덕이 있는 분들에게 예의로 공경하여 왕이 되었으니, 모든 백성들이 예를 갖추는 것입니다.

넷째는 인욕하면서 몸으로 짓는 세 가지 업과 입으로 짓는 네 가지 업과 뜻으로 짓는 업에 악함이 없어서 왕이 되었으니, 보는 사람들 모두 기뻐하는 것입니다.

다섯째는 학문을 배우고 항상 지혜를 구하여 왕이 되었으니, 국사를 결정하면 받들어 행하는 것입니다.

이 다섯 가지를 행하여 세세생생 왕이 된 것입니다."

이어서 부처님께서 게송으로 말씀하셨다.

人知奉其上　君父師道士　信戒施聞慧　終吉所生安[265]
인 지 봉 기 상 　 군 부 사 도 사 　 신 계 시 문 혜 　 종 길 소 생 안

---

[265] 법구경 도리품 제1게송.

宿命有福慶　生世爲人尊　以道安天下　奉法莫不從[266]
숙명유복경　생세위인존　이도안천하　봉법막불종

王爲臣民主　常以慈愛下　身率以法戒　示之以休咎[267]
왕위신민주　상이자애하　신솔이법계　시지이휴구

處安不忘危　慮明福轉厚　福德之反報　不問尊以卑[268]
처안불망위　려명복전후　복덕지반보　불문존이비

사람은 윗사람을 받들 줄 알아야 하니
임금과 부모와 스승과 도사(비구)로
믿음과 계율과 보시와 배움과 지혜이니
마침내 길하여 나는 곳마다 편안하다네.

전생에 착한 복 지으면
세상에 태어나 존경받는 사람이 되고
도로써 천하를 편안하게 하며
법을 받드니 따르지 않는 사람이 없다네.

왕은 신하와 백성의 주인이니
항상 자비로써 아랫사람을 사랑하고
법과 계율로써 몸을 다스리며
그렇게 보임으로써 허물이 그치게 된다네.

266　법구경 도리품 제2게송.
267　법구경 도리품 제3게송.
268　법구경 도리품 제4게송.

편안한 곳에 있으면서 위태로움을 잊지 않으며
근심은 밝음되어 복이 두터워지니
복덕의 되돌리는 과보는
존귀하고 비천함을 묻지 않는다네.

부처님께서 왕에게 말씀하셨다.
"왕은 전생에 부왕의 시종이었습니다. 부처님을 받드는 데 믿음으로써 하였고, 법을 받드는 데 있어서는 청정으로 하였고, 스님을 받드는 데 존경으로 하였고, 어버이를 받드는 데 효도로써 하였고, 임금을 받드는 데 충성으로 하였습니다. 항상 한마음으로 정진하고 보시를 행하였으며, 몸이 피로하고 괴로워도 처음부터 게으르지 않아서 복이 몸을 따라와 왕자가 되었고 마침내 왕이 되는 영광을 가지게 되었습니다. 그러나 지금은 부귀로 인해 반대로 게으르고 나태해졌습니다.

무릇 국왕이 되면 마땅히 다섯 가지를 행해야 합니다. 어떤 것이 다섯 가지인가 하면,

첫째는 만백성을 이치에 맞게 다스려 억울함이 없어야 합니다.

둘째는 장수와 선비를 육성하되 때에 맞춰 봉록을 하사하는 것입니다.

셋째는 근본에 합당한 일을 생각하고 닦아서 복덕이 끊이지 않아야 합니다.

넷째는 충신의 정직한 간언을 믿고, 정직함을 해치는 헐뜯는 말을 받아들이지 않아야 합니다.

다섯째는 욕망과 탐욕과 즐기려는 마음을 절제하여 방일하지 않아야 합니다.

이와 같은 다섯 가지를 행하면 왕의 명성이 사해에 떨치게 되어 복록이 저절로 올 것이며, 이 다섯 가지를 버리면 기강들이 서지 않고, 백성들은 곤궁하게 되어 반란을 생각하고, 선비들은 힘들게 되어 세력이 일어나지 않을 것입니다. 그리하여 복이 없고 귀신이 도와주지 않고 스스로 다스리는 큰 이치도 잃게 됩니다. 충신도 감히 간언하지 못하고 마음이 방일하여 나라를 잘 다스리지 못하면 신하들이 근심하고 백성들이 원망할 것입니다. 만약 이와 같으면 좋은 명성을 잃어버리고 뒤에는 복도 없을 것입니다."

부처님께서 다시 게송으로 말씀하셨다.

夫爲世間將 修正不阿枉 調心勝諸惡 如是爲法王[269]
부위세간장 수정불아왕 조심승제악 여시위법왕

見正能施惠 仁愛好利人 旣利以平均 如是衆附親[270]
견정능시혜 인애호리인 기리이평균 여시중부친

무릇 세간의 장수가 되어
바르게 닦아 삿됨에 영합하지 않고
마음을 다스려 모든 악을 이기면
이와 같은 이를 법왕이라 한다네.

---

269 법구경 도리품 제5게송.
270 법구경 도리품 제6게송.

바르게 보아 은혜를 베풀고
어짊과 사랑으로 다른 사람 이익되게 함을 좋아하며
이익되게 하되 공평하고 고르게 하니
이와 같으면 사람들이 따르고 친하게 된다네.

부처님께서 게송을 마치시자 왕은 크게 환희하여 부처님 앞에서 오체투지로 참회하고 사죄하였으며 바로 오계五戒를 받았다. 부처님께서 거듭 설법하시니 수다원도를 증득하였다.

❇중생들의 삶을 보면, 좋은 일과 안 좋은 일들이 뒤섞여 존재한다. 한평생 좋은 일만 있는 것도 아니고, 한평생 나쁜 일만 생기는 것도 아니다. 모두가 전생에 행한 업의 과보일 뿐이니, 전생에 행한 착한 일과 악한 일이 금생에 좋은 과보와 나쁜 과보로 나타나는 것이다. 그러니 현생에 복을 받았다고 그것을 즐기고 누리기만 해서는 후생에 복을 받을 수 없다. 현생에서는 후생에 받을 복을 지어야 한다. 자신이 처한 위치와 그것에 맞는 도리를 생각하고, 그 도리를 지키는 것이 선업을 닦는 기본이다.

둘째 이야기

옛날에 부처님께서 사위성 기원정사에서 모든 천인과 국왕과 대신과 사부대중을 위하여 위없이 수승한 큰 법문을 설하고 계셨다.

그때 사위성 남쪽의 깊은 산속에서 항상 야생 코끼리가 출현하였는데, 희고, 푸르고, 검은 세 가지 색을 띠고 있었다.

　국왕은 늠름하고 이름있고 싸움 잘하는 큰 코끼리를 가지고 싶어 했다. 그래서 사람을 보내 코끼리를 잡아와서 코끼리 조련사에게 맡겨 길들였으며, 3년이 지나면 올라탈 수 있고 전투도 할 수 있었다.

　이때 용에서 태어난 신비한 코끼리가 한 마리 있었으니, 몸은 눈처럼 하얗고, 꼬리는 경명주사처럼 붉고, 상아는 황금색 같았다. 사냥꾼은 예사롭지 않은 이 늠름한 코끼리를 보고 돌아가서 국왕에게 말하였다.

　"큰 코끼리가 있는데 그 모습이 이와 같으니 대왕께서 타시기에 적당합니다."

　왕은 바로 코끼리를 잡을 사람 30여명을 모집하여 이 코끼리를 사로잡아 오라고 명령하였다. 사냥꾼들은 코끼리가 있는 곳에 도착하여 그물을 펼쳐서 코끼리를 잡으려고 하였다. 그러나 이 신비한 코끼리는 사람들의 생각을 알고 즉시 앞으로 와서 그물 속으로 들어갔다. 사냥꾼들이 모두 와서 코끼리를 잡으려고 하자 코끼리는 곧 성을 내며 짓밟고 날뛰었다. 그로 인하여 가까이 있던 사람들은 즉사하고 멀리 있던 사람들은 도망쳤으나 코끼리는 계속 쫓아갔다.

　이때 그 산기슭에 나이가 젊은 도인들이 있었는데, 힘이 세고 용맹하고 건장하였다. 산 속에서 오랫동안 도를 배웠으나 아직 선정의 뜻을 얻지 못하고 있었다. 멀리서 그 코끼리가 사람들을 뒤쫓아 죽이려고 하는 것을 보고 도인들은 그들이 불쌍하고 가여웠으며, 자기들의 용맹과 건장함을 믿었기 때문에 가서 사람들을 구하려고 하였다.

　부처님께서는 멀리서 보시고 그 비구들이 신비한 코끼리에게 죽게 될까봐 걱정하시어 즉각 곁으로 가서 큰 광명을 놓으셨다. 코끼리는 부처님의 광명을 보자 분노가 그치고 성내는 마음이 풀어져서 더 이상 사람을 죽이려 쫓아가지 않았다.

비구들은 부처님을 뵙자 예를 갖추어 맞았으며, 부처님께서는 이 비구들을 위하여 게송으로 말씀하셨다.

勿妄嬈神象　以招苦痛患　惡意爲自殺　終不至善方[271]
물 망 뇨 신 상　　이 초 고 통 환　　악 의 위 자 살　　종 부 지 선 방

헛되이 신비한 코끼리를 희롱하지 말지니
고통과 근심을 불러온다네.
악한 생각은 스스로를 죽이는 것이니
끝내 좋은 곳에 이르지 못한다네.

비구들은 게송을 듣고 바로 머리를 조아려 참회하고 사죄한 뒤, 자신을 꾸짖고 책망하면서 잘못되었음을 깊이 생각하더니, 바로 부처님 앞에 나아가 응진(아라한)이 되었다. 이때 코끼리를 잡으려던 사람들이 모두 소생하였고, 도망갔던 사람들도 찾아 돌아와 모두 도의 자취(道迹)를 얻었다.

❀ 좋고 아름다운 것에 대한 애착은 괴로움의 원인이 된다. 나아가 욕망은 자기 자신을 해치고 죽이는 치명적인 무기이다. 스스로를 고통과 근심의 구렁텅이로 몰아넣기 때문이다. 악한 생각을 끊고 선한 생각과

---

[271] 법구경 도리품 제8게송.

행동을 해야 좋은 과보를 받는다.

셋째 이야기

옛날에 부처님께서 왕사성 영취산에 계실 때, 국왕인 병사(甁沙; 빔비사라)에게는 한 대신이 있었는데, 죄를 범하여 관직에서 물러나 남쪽 산으로 이주하였다. 나라에서 천 리나 떨어져 지금까지 사람이 살지 않고 오곡도 익지 않는 곳이었다. 그런데 대신이 오자 샘물이 흘러넘치고 오곡이 잘 여물었다. 그러자 사방 여러 나라의 굶주리고 추위에 떨던 사람들이 모두 이 산에 모여들었다. 이렇게 몇 년이 지나자 3~4천 가구가 되었으며, 오는 사람들은 밭과 땅을 공급받아 생활할 수 있게 하였다.

그곳에 세 사람의 지혜로운 노인들이 있었는데 어느 날 함께 의논하였다.

"나라에 임금이 없는 것은 몸에 머리가 없는 것과 같다."

그리고 함께 대신에게 가서 대신에게 국왕이 되기를 권하였고, 대신은 장로들에게 말하였다.

"만약 나를 왕으로 삼으려면 마땅히 여러 국왕의 법과 같아야 합니다. 좌우로 대신과 문무백관이 있고 상하의 조정 직제가 있어야 하며, 궁녀를 선발하고 궁을 채우고, 곡물과 견직물로 세금을 걷되 마땅히 백성이 지킬 수 있어야 합니다."

노인들이 말하였다.

"알겠습니다. 명을 받들어 일심으로 왕의 법을 따르겠습니다."

즉시 그들 왕으로 세우고, 대신과 위아래 문무백관을 뽑았으며, 백성들을 선발하여 성을 쌓고 집과 궁전과 누각을 지었다. 그로 인하여 백성들은 감당할 수 없는 고통을 받게 되자 왕을 제거하기로 계책을 꾸몄다. 어느 날 간신 무리들이 왕을 데리고 사냥을 나갔는데, 성 밖 3~40리 떨어진 광야의 연못에 왕을 끌고가 죽이려고 하였다.

왕이 좌우를 돌아보며 물었다.

"무슨 이유로 나를 죽이려고 하는가?"

그들이 대답하였다.

"백성들은 풍요롭고 즐겁기를 바라서 예로써 왕을 받들었소. 그러나 백성들이 곤궁하니 반역하여 집을 부수고 나라를 도모하려는 것이오."

왕이 말하였다.

"그대들이 스스로 한 일이지 내가 본래 만든 것이 아니다. 내가 누명을 쓰고 죽는 것은 천지신명이 알 것이다. 다만 내가 한 가지 소원이 있으니, 들어주면 죽어도 여한이 없겠다."

왕은 바로 원하는 것을 말하였다.

"나는 본래 황무지를 개간하고 곡식을 생산해서 백성들에게 먹였으니, 찾아오는 사람들 모두 생활이 부유하고 즐거워 끝이 없었다. 그리고 그대들 스스로 함께 나를 천거하여 국왕으로 세웠고, 여러 나라의 법안에 의거하여 스스로 함께 이렇게 만든 것이다. 그런데 지금은 거꾸로 나를 죽이려고 하니, 나는 참으로 이 나라 백성들에게 나쁜 일을 하지 않았다. 만약 내가 죽는다면 원컨대 나찰이 되어 돌아와 몸속에 들어가 응당 이 원한을 갚을 것이다."

그러나 그들은 왕을 목졸라 죽이고 시신을 팽개쳐두고 가버렸다.

3일 후에 왕은 나찰이 되어 몸속으로 들어갔으며 스스로 아라사阿羅娑라고 이름하였다. 곧 일어나서 궁궐로 들어가 새로운 왕을 교살하고 후궁과 시녀와 좌우의 간신들을 모두 죽였다. 그리고 나찰은 분노하며 궁궐을 나와 사람들을 다 죽이고자 하였다.

나라 안의 세 장로가 풀을 새끼를 꼬아 스스로를 묶고 나찰에게 와서 자수하였다.

"이것은 간신들이 저지른 일이며 미약한 백성들은 알지 못하는 일입니다. 빌고 비오니 저희를 용서하시고 원컨대 다시 돌아와서 나라를 다스려 주십시오."

나찰이 대답하였다.

"나는 나찰인데 어떻게 사람들과 함께 일을 할 수 있겠는가? 내가 먹는 음식은 당연히 사람고기이고, 나찰은 성질이 급하여 화가 나면 어려움을 생각하지 않는다."

세 장로가 말하였다.

"이 나라는 왕께서 일으키신 것입니다. 고로 응당 전과 같이 하시면 됩니다. 음식은 저희가 마땅히 서로 차례를 가려 하겠습니다."

장로들은 함께 나가서 백성들에게 법령을 선포하여 모두 함께 산算가지를 뽑게 하였고, 이로써 차례가 되는 집에서 어린아이 한 명을 내보내 산 채로 나찰왕이 먹을 음식이 되어야 했다.

나라의 3~4천 가정에서 한 집만이 부처님의 제자였는데, 집에서 정진하며 오계를 범하지 않았다. 백성들을 따라서 산가지를 잡았는데 첫 번째 산가지를 잡았으므로 이 집의 어린아이 한 명이 제일 먼저 나찰왕의 먹이가 되게 되었다. 현자들 모두 한탄하고 목놓아 울면서 멀리 기사굴산의 향하여 부처님께 예를 올리며 잘못을 참회하고 자책하였다.

부처님께서 도안道眼으로 그 괴로움을 보시고 스스로 말씀하셨다.

"저 어린아이로 인하여 곧 무수한 사람이 제도되리라."

부처님께서는 곧 혼자서 공중을 날아 나찰이 있는 문에 이르러서 빛이 나는 모습으로 변하여 궁궐 안을 비추셨다. 나찰은 빛을 보자 이상한 사람이라고 의심하며 바로 나와서 부처님을 보았으며, 곧 독한 마음을 일으켜 부처님을 삼켜버리려고 하였다. 그러자 광명이 눈을 찔렀고, 나찰이 산을 들어 올리고 불을 토하니 모두 먼지로 변화하였다. 그렇게 오래 되어 피곤하고 지친 연후에 항복하였고, 부처님께 들어오길 청하여 머리를 조아리고 예를 갖추었다. 부처님께서 가르침을 설하시니 한마음으로 법을 듣고 곧 오계를 받아 우바새가 되었다.

그런데 마을 관리가 음식을 재촉하여 아이를 빼앗아 데려왔고, 그 가족들은 울면서 길을 따라 왔다. 보는 사람들마다 모두 슬프고 서러워하였다. 관리는 아이를 안아서 음식으로 나찰 앞에 놓았다.

나찰은 바로 이 어린아이를 음식처럼 높이 들고 부처님 앞에 이르러서 무릎을 꿇고 부처님께 말씀드렸다.

"나라 백성들이 서로 순서를 정하여서 어린아이를 음식으로 바칩니다. 그러나 저는 지금 부처님의 오계를 받았으므로 이 어린아이를 먹지 않겠습니다. 이 어린아이를 부처님께 드리오니 부처님의 시종이으로 삼아 주시길 청하옵니다."

부처님께서는 이를 받아들이고 즉시 축원하시니, 나찰은 기뻐하며 수다원도를 증득하였다. 부처님께서는 어린아이를 발우에 넣어 궁궐 문을 나오셔서 부모에게 돌려주며 말씀하셨다.

"이 아이는 잘 자랄 것이니 더 이상 근심 걱정하지 마시오."

사람들이 부처님을 뵙고 깜짝 놀랐다.

'괴이하다. 이분은 어떤 신이신가? 이 어린아이는 어떤 복이 있어서 홀로 구제되고, 나찰의 음식에서 벗어나 부모에게 돌아왔는가?'

부처님께서는 대중 가운데 계시면서 게송으로 말씀하셨다.

戒德可恃怙　福報常隨己　見法爲人長　終遠三惡道[272]
계 덕 가 시 호　복 보 상 수 기　견 법 위 인 장　종 원 삼 악 도

戒愼除恐畏　福德三界尊　鬼龍邪毒害　不犯有戒人[273]
계 신 제 공 외　복 덕 삼 계 존　귀 룡 사 독 해　불 범 유 계 인

계율의 공덕은 부모처럼 믿을 만하니
복의 과보가 항상 자기를 따른다네.
법을 보면 사람의 으뜸이 되어
마침내 삼악도에서 멀어진다네.

계율을 삼가고 따르면 공포와 두려움 없어지고
그 복덕 삼계에서 가장 높으리니
귀신과 용과 삿된 독의 해침이

---

[272] 법구경 도리품 제9게송.
[273] 법구경 도리품 제10게송.

계율 지키는 이를 범하지 못한다네.

부처님께서 게송을 마치시자 무수한 사람들이 부처님의 빛나는 모습을 보고, 지극히 존귀하여 삼계三界에 비할 데가 없음을 알았다. 모두 귀의하여 부처님 제자가 되었고, 게송을 듣고 환희하더니 모두 도의 자취(道迹)를 증득하였다.

※ 화장실 들어갈 때 마음과 나올 때의 마음이 다르다는 말을 많이들 한다. 사람의 마음이 그만큼 간사하다는 의미이다. 어렵고 힘들 때의 마음과 넉넉하고 평화로울 때의 마음이 다르면 안 된다. 수행자도 마찬가지다. 초지일관, 어떤 상황에서도 흔들리지 않고 법과 계율에 의거하여 생각하고 행동해야 한다.

넷째 이야기

부처님께서 바라나시의 녹야원에 계시면서 천인, 용, 귀신과 국왕과 신하와 백성 등 헤아릴 수 없는 대중들을 위하여 법을 설하셨다.
이때 대국의 왕태자가 소국의 왕세자 500여 명을 데리고 부처님 계시는 곳에 와서 부처님께 예를 갖추고 한쪽으로 물러나 앉아 설법을 들었다. 태자들이 부처님께 말씀드렸다.
"부처님의 도는 청묘(淸妙; 맑고 오묘하다는 뜻)하고 현원(玄遠; 그윽이 멀다는 뜻)하여 미치기 어렵습니다. 자고이래로 국왕이나 태자나 대신이나 장자의 아들로서 나라와 관리와 백성의 은애와 영화와 즐거움을 버리고 사문이 된 사람이 있습니까?"

부처님께서 태자들에게 말씀하셨다.

"세간의 국토와 영화와 즐거움과 은애는 허깨비와 같고 그림자와 같고 꿈과 같고 메아리와 같아서, 갑자기 오고 갑자기 가니 항상 보존할 수 없습니다. 또 국왕과 태자는 세 가지 일 때문에 도를 얻을 수가 없다. 어떤 것이 세 가지 일인가 하면,

첫째는 교만하고 방자하여 부처님 법의 오묘한 뜻을 배워 정신의 근본을 구제하려고 생각하지 않는 것입니다.

둘째는 탐욕하여 취하면서 빈곤하고 어려운 아랫사람들에게 보시하려고 생각하지 않는 것입니다. 그러니 문무 신하들도 가지고 있는 재물과 보배를 백성들에게 같이 베풀지 않는 것을 재물의 근본으로 배웁니다.

셋째는 색욕과 애욕의 즐거운 일들을 버리고 근심과 번뇌의 감옥을 버리고 멀리 떠나며, 사문이 되어 온갖 괴로움과 어려움을 없애는 것을 몸의 근본으로 닦지 않는 것입니다.

그러므로 보살이 태어나 왕이 되면 이 세 가지 일을 버려야 스스로 부처가 될 수 있습니다.

또 세 가지 일이 있는데, 어떤 것이 세 가지 일인가 하면,

첫째는 젊어서는 학문을 열중하여 나라를 이치로 다스리고 백성을 이끌고 교화하여 십선十善을 행하도록 하는 것입니다.

둘째는 빈궁한 고아나 과부에게 재물을 베풀어서 문무백관이 백성과 함께 기뻐해야 합니다.

셋째는 항상 무상을 생각하고 목숨은 오래 머물지 않음을 생각하여

마땅히 출가하여 사문이 되어 고통의 인연을 끊고 다시는 나고 죽지 말아야 합니다.

　세 가지 일을 베풀지 않고 혼자 얻는 것은 없습니다."

　그리고 부처님께서 스스로의 일을 풀어놓으셨다.

　"옛날에 나는 전륜성왕으로 이름이 남왕황제였습니다. 칠보로 둘러싸인 궁궐과 목욕 연못과 행궁과 놀이정원이 있었고, 신하 태자 부인 궁녀 코끼리 말 요리사들이 각기 84,000명이었습니다. 아들이 1,000명이 있었는데 용맹하고 정예精銳하기가 한 사람이 천 사람을 감당하였고, 허공을 날아 사방을 다니는 것이 자재하여 앞에서 당할 사람이 없었습니다. 그 수명은 84,000살이었고 법으로써 정사를 다스리니 백성들은 억울해하지 않았습니다. 이때 전륜성왕이 문득 스스로 생각하였습니다.

　'사람의 목숨은 짧아 무상하여 보존하기 어렵다. 다만 복을 지어서 참된 도를 구해야 한다. 항상 세간의 백성들에게 보시할 것을 생각하고, 가지고 있는 재물을 백성에게 나누어주어야 한다. 이와 함께 이미 복덕을 심었으면 응당 출가하여 사문이 되어 탐욕을 끊고 괴로움을 없애야 한다.'

　왕은 바로 머리를 빗는 사람에게 말하였습니다.

　'만약 흰 머리카락이 보이면 바로 나에게 말하여라.'

　수만 세가 지나자 머리를 빗는 사람이 말하였습니다.

　'흰 머리카락이 생겼습니다.'

　그것을 뽑게 하여 책상 위에 놓고는, 왕은 흰 머리카락을 보면서 눈물을 흘리며 생각하였습니다.

'첫 번째 사자가 홀연히 와서 지금 머리가 희었으니 응당 출가하여 사문이 되어 자연도自然道를 구하여야겠다.'

왕은 그 머리카락을 손바닥에 올려놓고 스스로 게송을 설했습니다.

今我上體首　白生爲被盜　已有天使召　時正宜出家[274]
금 아 상 체 수　백 생 위 피 도　이 유 천 사 소　시 정 의 출 가

지금 내 상체의 머리에
흰 머리카락이 생겨 도둑을 맞았네.
이미 하늘의 부름을 받았으니
출가할 때로 아주 적당하다네.

왕은 바로 신하들을 불러 태자를 왕으로 삼고 사문이 되어 산에 들어가 도를 닦았습니다. 사람의 수명을 마치고 바로 제2천第二天에 태어나서 제석천의 태자가 되었고, 이후 천하를 다스렸으며 역시 대왕과 같이 머리 빗는 사람에게 다시 명을 내렸습니다.

'만약 흰 머리카락이 보이면 바로 나에게 말하여라.'

오랜 시간이 되어 다시 일깨워주었습니다.

'흰 머리카락이 생겼습니다.'

왕은 그 머리카락을 손바닥에 올려놓고 스스로 게송을 설했습니다.

今我上體首　白生爲被盜　已有天使召　時正宜出家
금 아 상 체 수　백 생 위 피 도　이 유 천 사 소　시 정 의 출 가

---

[274] 법구경 도리품 제20게송.

지금 내 상체의 머리에
흰 머리카락이 생겨 도둑을 맞았네.
이미 하늘의 부름을 받았으니
출가할 때로 아주 적당하다네.

  왕은 바로 신하들을 불러 태자를 왕으로 삼고 사문이 되어 산에 들어가 도를 닦았습니다. 사람의 수명을 마치고 다시 천상에 태어나 제석천이 되었으며, 앞의 제석천은 하늘의 수명을 마치고 세간에 내려와 태어나서 전륜성왕의 태자가 되었습니다. 이 세 성왕은 다시 부자父子가 되었는데, 천상에서는 제석천이 되고, 세간에서는 전륜성왕이 되었으며, 그 중간에는 태자가 되었습니다. 각각 36번 반복하면서 수천만 년 동안 죽고 나면서 이 세 가지 일을 행하여 스스로 부처가 되기에 이른 것입니다.
  그때 아버지는 지금 나의 몸이고, 태자는 사리불이고, 왕손은 아난으로, 서로 좇아 바뀌어 태어나 돌면서 왕이 되어 천하를 교화하여 삼계에 비할 바 없이 존귀하게 되었습니다."
  부처님께서 말씀을 마치자 국왕의 태자와 소국의 세자들 모두 크게 환희하고 부처님의 오계를 받아 우바새가 되어 수다원도를 증득하였다.

❀금강경의 유명한 사구게 중 하나는 '일체유위법 여몽환포영 여로역여전 응작여시관(一切有爲法 如夢幻泡影 如露亦如電 應作如是觀)'이다. 일체 모든 것은 꿈, 허깨비, 물거품, 그림자, 이슬, 번개와 같다는

말이다. 즉 중생이 다섯 감각기관으로 보고 듣고 느끼는 모든 것들은 다 허망하고 찰나와 같으니 집착하고 얽매이지 말라는 것이다. 인생도 마찬가지다. 시간은 마냥 기다려주지 않으니 공부의 때를 놓치지 말아야 한다.

제42 길상품吉祥品

● 항상 인욕하며 부지런히 자신을 닦아 수행하여 악을 멀리하고 선을 행하면 후에 복덕福德이 길상하다.

옛날에 부처님께서 왕사성 영취산에서 천인과 용과 귀신을 위하여 삼승三乘의 법륜法輪을 굴리셨다.

이때 산 남쪽의 항하강 가에 니건尼揵바라문이 있었는데, 그는 일찍 출가한 덕망높은 노인으로 널리 통달하여 아는 것이 많았으며, 덕은 오신통에 근접하고 고금의 일을 명철하게 알았다. 500여 명의 문도를 육성하여 교화하고 지도하니 모두 천문, 지리, 별자리, 인생사에 통달하였고, 안과 밖을 관찰하여 경영하니 우러러보지 않음이 없었고, 길흉화복과 풍요와 검소함이 나타나고 사라짐을 모두 알았다. 바라문의 제자들은 전생에 부처님 처소에서 수행하였으므로 응당 도를 얻을 수 있을 터였다. 그들은 함께 강가에 이르러서 둘러앉아 서로 물으면서 논의를 하였다.

"세상 모든 나라 백성들이 행하는 것에서 어떤 일을 세상의 길상吉祥이라고 할까?"

그들은 결론을 얻지 못하자 스승에게 가서 예를 올리고 합장하고 여쭈었다.

"저희들은 오랫동안 배워서 배운 것은 이미 통달하였습니다. 그러나 모든 나라의 백성들이 무엇을 길상이라고 하는지는 듣지 못하였습니다."

스승 니건이 말하였다.

"묻는 것이 좋구나. 염부제의 땅에는 16대국大國이 있고, 84,000의 작은 나라가 있다. 모든 나라가 제각기 길상을 가지고 있는데, 금이나 은, 수정, 유리, 명월 마니주, 코끼리, 말, 수레, 옥녀玉女, 산호, 가패珂貝, 기락妓樂, 봉황, 공작, 혹은 일월성신, 보병, 사화四華, 브라만, 도사이다. 이것이 모든 나라 사람들이 기뻐하고 좋아하는 길상의 상서로운 감응이니, 만약 이것을 본다면 한량없이 좋다고 찬탄한다. 이 상서로운 감응이 나라의 길상이다."

제자들이 말하였다.

"살아서는 몸에 이익이 있고 죽어서는 천상에 태어나는 특수한 길상이 있는지요?"

니건이 대답하였다.

"옛날 스승 때부터 내려오면서 아직 이것을 넘어서는 것은 서적에도 기재되어 있지 않다."

제자들이 말하였다.

"근래에 들으니, 석씨 종족이 출가하여 도를 이루었는데, 6년 동안 단정히 앉아서 마군을 항복받고 부처를 이루어 세 가지에 통달(三達; 천안, 숙명, 누진)하여 걸림이 없다고 합니다. 시험삼아 함께 가서 물어서 그 지식을 알아보고자 하는데 스승님 생각은 어떠신지요?"

스승과 그를 따르는 제자 500명이 산길을 걸어서 부처님 계시는 곳에 이르러 부처님께 예를 올리고 바라문 자리에 앉아 합장하여 무릎을 꿇고 부처님에게 여쭈었다.

"모든 나라의 백성들이 좋아하는 길상이 이와 같습니다. 혹여 이보다 뛰어난 것이 있습니까?"

부처님께서 말씀하셨다.

"그대들이 논하는 세간의 일은 순응하면 길상이고 거스르면 흉악한 화이다. 그러므로 사람의 정신을 구제하여 괴로움을 건너게 하지 못한다. 내가 들은 바로는, 길상의 법을 행하는 사람은 복을 얻고 영원히 삼계를 떠나 스스로 열반에 이른다."

이에 부처님께서 게송으로 말씀하셨다.

佛尊過諸天	如來常現義	有梵志道士	來問何吉祥[275]
불존과제천	여래상현의	유범지도사	래문하길상

於是佛愍傷	爲說眞有要	已信樂正法	是爲最吉祥[276]
어시불민상	위설진유요	이신락정법	시위최길상

---

275 법구경 길상품 제1게송
276 법구경 길상품 제2게송.

亦不從天人　希望求僥倖　亦不禱神祠　是爲最吉祥[277]
역불종천인　희망구요행　역불도신사　시위최길상

友賢擇善居　常先爲福德　敕身承貞正　是爲最吉祥[278]
우현택선거　상선위복덕　칙신승정정　시위최길상

去惡從就善　避酒知自節　不婬於女色　是爲最吉祥[279]
거악종취선　피주지자절　불음어여색　시위최길상

多聞如戒行　法律精進學　修己無所爭　是爲最吉祥[280]
다문여계행　법률정진학　수기무소쟁　시위최길상

居孝事父母　治家養妻子　不爲空之行　是爲最吉祥[281]
거효사부모　치가양처자　불위공지행　시위최길상

不慢不自大　知足念反復　以時誦習經　是爲最吉祥[282]
불만부자대　지족념반복　이시송습경　시위최길상

所聞常欲忍　樂欲見沙門　每講輒聽受　是爲最吉祥[283]
소문상욕인　락욕견사문　매강첩청수　시위최길상

持齋修梵行　常欲見賢明　依附明智者　是爲最吉祥[284]
지재수범행　상욕견현명　의부명지자　시위최길상

已信有道德　正意向無疑　欲脫三惡道　是爲最吉祥[285]
이신유도덕　정의향무의　욕탈삼악도　시위최길상

---

[277] 법구경 길상품 제3게송.
[278] 법구경 길상품 제4게송.
[279] 법구경 길상품 제5게송.
[280] 법구경 길상품 제6게송.
[281] 법구경 길상품 제7게송.
[282] 법구경 길상품 제8게송.
[283] 법구경 길상품 제9게송.
[284] 법구경 길상품 제10게송.
[285] 법구경 길상품 제11게송.

等心行布施　奉諸得道者　亦敬諸天人　是爲最吉祥[286]
등 심 행 포 시　봉 제 득 도 자　역 경 제 천 인　시 위 최 길 상

常欲離貪婬　愚癡瞋恚意　能習成道見　是爲最吉祥[287]
상 욕 리 탐 음　우 치 진 에 의　능 습 성 도 견　시 위 최 길 상

若以棄非務　能勤修道用　常事於可事　是爲最吉祥[288]
약 이 기 비 무　능 근 수 도 용　상 사 어 가 사　시 위 최 길 상

一切爲天下　建立大慈意　修仁安衆生　是爲最吉祥[289]
일 체 위 천 하　건 립 대 자 의　수 인 안 중 생　시 위 최 길 상

智者居世間　常習吉祥行　自致成慧見　是爲最吉祥[290]
지 자 거 세 간　상 습 길 상 행　자 치 성 혜 견　시 위 최 길 상

부처님의 존귀함은 모든 하늘 넘어서고
여래는 항상 올바른 도리를 드러내시니
어떤 바라문과 도사가 와서
어떤 것이 길상인지 묻는다네.

이에 부처님께서는 가엾게 여기시어
그들 위해 진실하고 중요한 것을 말하니
바른 법을 믿고 즐거워하면
이것이 최상의 길상이라네.

---

[286] 법구경 길상품 제12게송.
[287] 법구경 길상품 제13게송.
[288] 법구경 길상품 제14게송.
[289] 법구경 길상품 제15게송.
[290] 법구경 길상품 제18게송.

또한 하늘 사람을 좇지 않고
요행을 찾아 바라지 않으며
또한 신령을 모신 사당에 빌지 않으면
이것이 최상의 길상이라네.

어진 벗과 좋은 곳을 골라 살며
언제나 먼저 복덕을 짓고
몸을 경계하고 곧고 바름을 받들면
이것이 최상의 길상이라네.

악함을 버리고 착함을 따라 좇고
술을 피하고 스스로 절제할 줄 알며
여색에 빠져 음란하지 않으면
이것이 최상의 길상이라네.

많이 배우고 계를 잘 지키며
법과 율을 정진하여 배워
자기를 닦아 다툼이 없으면
이것이 최상의 길상이라네.

집에서는 부모님을 효로써 섬기고
집안을 보살펴 처자식을 부양하며
헛된 행동을 하지 않으면

이것이 최상의 길상이라네.

교만하지 않고 스스로 잘난 체하지 않으며
만족할 줄 알아 반복해서 생각하며
때때로 경전을 외우고 익히면
이것이 최상의 길상이라네.

배운 바대로 항상 욕망을 참고
사문을 보고자 하고 즐거워하며
언제나 익히고 듣고 받아들이면
이것이 최상의 길상이라네.

재계를 지키고 범행을 닦으며
항상 현명한 사람 보기를 원하고
명철하고 지혜로운 사람을 의지하면
이것이 최상의 길상이라네.

도와 덕이 있음을 믿고
바른 뜻으로 의심할 바 없이 향하며
삼악도를 벗어나고자 하면
이것이 최상의 길상이라네.

평등한 마음으로 보시를 행하고

도를 얻은 사람들을 받들며
더불어 하늘 사람들을 공경하면
이것이 최상의 길상이라네.

항상 탐욕과 음욕과
어리석음과 성내는 마음을 여의고자 하며
이를 배우고 익혀 도의 견해 이룬다면
이것이 최상의 길상이라네.

만약 힘써야 할 일 아니면 버리고
부지런히 도를 닦아 행하며
항상 옳은 일을 하면
이것이 최상의 길상이라네.

일체 행이 천하를 위하고
큰 자비의 뜻을 세우며
어짊을 닦아 중생을 편안하게 하면
이것이 최상의 길상이라네.

지혜 있는 사람이 세상에 살고
항상 배우고 익혀 길상을 행하고
스스로 지혜의 견해를 이루어 도달하면
이것이 최상의 길상이라네.

바라문 스승과 제자들은 부처님께서 게송 설하시는 것을 듣고 흔연히 뜻을 이해하고는 매우 크게 기뻐하며 앞에 계신 부처님께 말씀드렸다.

"아주 미묘합니다. 세존이시여! 세상에서 드문 일입니다. 지금까지 미혹하여 명확하게 배우지 못하였습니다. 오직 바라건대 부처님께서 저희들을 불쌍히 여기시고 제도하여 주십시오. 원컨대 저희들 스스로 불법승 삼보에 귀의하여 사문이 되고자 하옵고, 부처님 문하에서 수행하고자 합니다."

부처님께서 말씀하셨다.

"아주 좋구나. 어서 오너라. 비구들이여!"

그들은 바로 사문이 되어 마음으로 안반(安般: 들숨, 날숨)을 생각하여 응진(아라한)이 되었으며, 설법을 들은 무수히 많은 사람 모두가 법안法眼을 얻었다.

❂세상에서 가장 좋고 상서로운 일은 무엇일까? 세간의 눈으로 보면 금이나 은, 진귀한 보석, 쾌락적 즐거움 등이 가장 길상한 것일 것이다. 하지만 이것들은 다 허망한 것이다. 오로지 삼보에 귀의하여 올바른 가르침을 배우고 익혀 탐진치 삼독을 여의고 깨달음을 얻는 것, 이것이야말로 세상에서 최고의 길상이다.

범연凡然 이동형李東炯

경북 안동 출생
고려대학교 졸업
한양대학교 공학박사
역·저서에 『금강경 육조대사구결』, 『화엄경요해』,
『반야심경 강의』, 『선림보훈 주해』, 『불교의 효』,
『지장경 효사상』, 『대장부론』, 『육묘법문』 등이 있다.

법구비유경

초판 1쇄 인쇄 2017년 3월 3일 | 초판 1쇄 발행 2017년 3월 10일
이동형 역 | 펴낸이 김시열
펴낸곳 도서출판 운주사

(02832) 서울시 성북구 동소문로 67-1 성심빌딩 3층
전화 (02) 926-8361 | 팩스 0505-115-8361

ISBN 978-89-5746-482-3　03220　값 18,000원
http://cafe.daum.net/unjubooks 〈다음카페: 도서출판 운주사〉